企业管理会计的创新研究

张玉伟 ◎ 著

吉林出版集团股份有限公司
全国百佳图书出版单位

图书在版编目（CIP）数据

企业管理会计的创新研究 / 张玉伟著. -- 长春：
吉林出版集团股份有限公司，2023.5
ISBN 978-7-5731-3402-8

Ⅰ．①企… Ⅱ．①张… Ⅲ．①企业会计－管理会计－
研究 Ⅳ．①F275.2

中国国家版本馆CIP数据核字(2023)第093504号

QIYE GUANLI KUAIJI DE CHUANGXIN YANJIU

企业管理会计的创新研究

著　　者	张玉伟	
责任编辑	张婷婷	
装帧设计	朱秋丽	
出　　版	吉林出版集团股份有限公司	
发　　行	吉林出版集团青少年书刊发行有限公司	
地　　址	吉林省长春市福祉大路 5788 号（130118）	
电　　话	0431-81629808	
印　　刷	北京昌联印刷有限公司	
版　　次	2023 年 5 月第 1 版	
印　　次	2023 年 5 月第 1 次印刷	
开　　本	787 mm×1092 mm　1/16	
印　　张	11.125	
字　　数	250 千字	
书　　号	ISBN 978-7-5731-3402-8	
定　　价	76.00元	

前　言

　　管理会计进入一个崭新的发展阶段。进入 21 世纪后，伴随着美国注册管理会计师（CMA）考试和英国特许管理会计师公会（CIMA）考试陆续进入中国并顺利开考，管理会计日益深入人心，其实务地位日益提高。然而，管理会计理论与实务发展的日新月异，并没有解决长期以来存在的现实问题：管理会计理论框架的构建、课程内容交叉等问题的存在，使管理会计的地位备受质疑。

　　随着信息时代和经济全球化新经济格局的发展，企业经济管理对于新形势下的企业而言尤为重要。企业要形成真正的核心竞争优势，在激烈的国内和国际市场上立于不败之地，就必须跟上世界经济发展的步伐，进行企业经济的创新管理，实现企业的特色发展，从而提高市场占有率。会计作为经济管理的重要组成部分，其职能作用的发挥对于企业财务管理影响巨大。会计作为企业经济管理的核心，不仅以其特殊的方法、手段为企业的经济管理提供有效的决策参考，为企业的经济管理提供正确的财务运营信息，也能以其反映、监督、控制的职能来调控、指导企业经济管理活动运行，从而彰显企业的经济管理目标或者管理活动的进程与见效程度，保证企业的经济管理活动合法、有效地进行。

目　录

第一章　企业管理基础

企业是国民经济的细胞。企业生存和发展取决于诸多因素。在现实经济生活中人们往往强调企业的改革和发展，常常忽视企业管理基础工作。掌握企业管理基础的基本知识有助于企业的健康发展。

第一节　企业与企业管理概述

一、企业的概念

（一）企业的概念论述

企业（enterprise）是集合土地、资本、劳动力、技术、信息等生产要素，在创造利润的动机和承担风险的环境中，有计划、有组织、有效率地进行某种事业的经济组织。为生存，它必须创造利润；为创造利润，它必须经受环境的考验，因此必须承担风险；为降低风险，增加利润，它必须讲求效率；为提高效率，它必须注意经营方法，进行有计划、有组织、有效的控制。

企业是从事生产、流通、服务等经济活动，为满足社会需求和获取盈利，依照法定程序成立的具有法人资格，进行自主经营，享受权利和承担义务的经济组织。企业是一个与商品生产相联系的历史概念，它经历了家庭生产时期、手工业生产时期、工业生产时期和现代企业时期等发展阶段。

企业包括工业（industry）、商业（business）等行业。工业是将原料加工，使其变换形状或性质，进而以科学方法生产，扩展市场达到销售的目的。商业是以营利为目的，直接或间接供应货物或劳务，以满足购买者的需求。货物包括原料、半成品、产成品等，劳务则指以劳动形式为他人提供某种服务的活动。

综上所述，可将企业的含义归纳为以下几个要点：

（1）企业是个别经济单位，或为工业，或为商业，在一定时期内，自主经营、自负盈亏。

（2）从事经济活动，集合土地、资本、劳动力等生产要素，创造货物及劳务，以满足顾客需求。

（3）企业是一种营利组织，其生存的前提在于利润的创造。

（二）企业系统

现代企业具有明显的系统特征，具有整体性、相关性、目的性和动态环境适应性等特征。因此，也可以把企业看成一个"输入—转换—输出"的开放式循环体，其中企业的输入就是企业从事生产经营活动所必需的一切要素资源，转换和输出就是企业合理地配置这些资源要素，运用物理的、化学的或生物的方法，按照预期的目标向消费者生产或提供新的产品或服务，实现物质变换和增值，满足社会需求，获得经济效益。

企业系统的基本资源要素主要包括人力资源、物力资源、财力资源和信息资源等。

（1）人力资源，包括机器操作人员、技术人员、管理人员和服务人员等。人力资源是企业的主体和灵魂，人的素质的高低决定企业经营的成败。

（2）物力资源，包括土地资源、建筑物和各种物质要素，也就是企业生存的物质环境，主要有机器设备、仪表、工具等劳动手段；天然资源或外购原材料、半成品或成品，属于劳动对象。企业的生产效率和质量在很大程度上取决于这组物质要素。

（3）财力资源，即资金，这是物的价值转化形态。资金周转状况是反映企业经营好坏的晴雨表。

（4）信息资源，包括各种情报、数据、资料、图纸、指令、规章制度等，它是维持企业正常运营的神经细胞。企业信息吞吐量是企业对外适应能力的综合反映，信息的时效性可以使企业获得利润或产生损失。

企业系统是由人设计和控制的系统，它是由许多子系统构成的多层、多元的大系统。

（三）企业应具备的条件

企业应具备以下条件：

（1）企业要有一定的组织机构，有自己的名称、办公和经营场所、组织章程等要素。

（2）企业应自主经营、独立核算、自负盈亏、具有法人资格，必须依据国家的相关法律法规设立，承担社会的责任，履行义务，拥有相应的权利，依法开展经营活动，受到法律的保护。

（3）企业是一个经济组织，包括物质资料的生产、流通、交换和分配等领域，铁路、民航、银行、矿山、农场、电站、轮船制造等都是企业。它区别于学校、医院、政府机构、慈善机构等非经济组织。

二、现代企业的特征

现代企业又被称为大机器工业，是在自然经济条件下的个体手工业和工场手工业的基础上发展起来的，表现出鲜明的特征：

（一）比较普遍地运用现代科学技术手段开展生产经营活动

采用现代机器体系和高技术含量的劳动手段开展生产经营活动，生产社会化、机械化、自动化、计算机化程度较高，并比较系统地将科学知识应用于生产经营过程中。

（二）生产组织日趋严密

内部分工协作的规模和细密程度极大地提高，劳动效率呈现逐步提高的态势。

（三）经营活动的经济性和营利性

现代企业必须通过为消费者提供商品或服务，借以实现企业价值增值的目标。经济性是现代企业的显著特征。企业的基本功能就是从事商品生产、交换或提供服务，通过商品生产和交换将有限的资源转换为有用的商品和服务，以满足社会和顾客的需求。一切不具备经济性的组织都不能称为现代企业。现代企业作为一个独立的追求利润的经济组织，它是为营利而展开商品生产、交换或从事服务活动的。

营利是企业生存和发展的基础条件，也是企业区别于其他组织的主要依据。

（四）对员工福利和社会责任的重视，形成特有的企业精神

现代企业具有公共性和社会性，要想谋求长远发展，必须得到股东、员工、顾客及社会公众的支持，因此，利润、员工福利和社会责任构成企业存在的三个基本因素。企业的一切经营活动，尤其是生产规模的扩大，无不借资金以成之，而资金最可靠的来源，则是企业的盈余。企业的利润是企业存续的第一要素。企业是生产设备和员工组成的一种经济组织，而人是机器设备的主宰者。生产效率的高低受人为因素的影响最大，因此，现代企业为求生存，必须尊重员工，重视员工的福利，以提高士气，建立互信。企业是构成整个社会的重要组成部分，若不重视社会大众的利益，甚至剥夺其利益，妨害社会安宁，污染环境，则必然遭到全社会的谴责和抵制，以致不能生存，因此，现代企业的管理者，无不重视社会责任。

现代企业是现代市场经济和社会生产力发展的必然产物，它较好地适应了现代市场经济和社会发展的客观要求，具有自己独有的特征。

三、企业的功能及强化企业管理的意义

（一）企业的功能

企业具有以下功能：

（1）对社会慈善机构及服务机构而言，可以提供救济金、奖学金和各种服务基金等。

（2）对政府而言，按期纳税，执行政府的相关政策，与政府共谋经济发展。

（3）对股东而言，报告企业的财务状况及经营情况，分配优厚而稳定的股息，保障股东投资安全。

（4）对职工而言，提供良好的工作环境和合理的工作报酬，提供适当的工作保障，重视工作的安全性，提供员工发表意见的机会。

（5）对顾客而言，提供价格合理的产品或服务，源源不断地提供充足且品质良好的商品。

（6）对供应商而言，创造合理的采购条件，准时支付货款。

（二）强化企业管理的意义

在宏观经济体制转变、微观管理转型的形势下，企业管理仍然处于重要的地位。

（1）企业管理是企业长寿的根基，是培育企业核心竞争力的重要途径。

生产经营活动是企业的基本活动，企业的主要目的是进行商品生产或提供服务。因此生产什么样的产品、生产多少、什么时候生产，从而满足用户和市场的需求，就成为企业经营的重要指标。企业管理就是要把处于理想状态的经营目标，通过组织产品制造过程转化为现实。

（2）市场力量对比的变化对企业管理提出更高的要求。

在卖方市场条件下，企业是生产型管理。因为产品在市场上处于供不应求的状态，所以只要产品生产出来，就能够卖出去。企业管理关心的是如何提高生产效率，增加产量。但是，在市场经济条件下，市场变成了买方市场。在这种条件下，竞争加剧，市场对商品的要求出现多元化趋势，不但要求品种多、质量高，而且要求价格便宜、服务周到、交货准时。这种对产品需求的变化，无疑对企业管理提出新的挑战。

（3）企业领导角色的转化要求强化企业管理。

在现代市场经济条件下，企业的高层管理人员要集中精力，做好与企业的长期发展密切相关的经营决策，这需要有一套健全、有力的企业管理系统作为保证，否则，如果企业的高层管理人员将时间和精力浪费于日常管理活动，便难以做好企业的宏观决策。从这个意义上讲，企业管理属于企业发展的基础性工作。

第二节　企业管理的原理

企业管理的基本原理是指经营和管理企业必须遵循的一系列最基本的管理理念和规则。目前，关于企业管理基本原理的表述存在着不同的观点，可以说是仁者见仁、智者见智，意见颇不一致，本节仅介绍其中的主要观点。

一、系统原理

（一）系统的概念与特点

系统是由两个或两个以上相互区别又相互联系、相互作用的要素组成的，是具有特定功能的有机整体。一般来说，系统具有整体性、相关性、目的性、层次性、环境适应性等特点。系统本身又是它从属的一个更大系统的组成部分。从管理的角度看，系统具有以下基本特征：

（1）目的性。任何系统的存在，都是为了一定的目的，为达到这一目的，必有其特定的结构与功能。

（2）整体性。任何系统都不是各个要素的简单集合，而是各个要素按照总体系统的同一目的，遵循一定规则组成的有机整体。只有依据总体要求协调各要素之间的相互关系，才能使系统整体功能达到最优。

（3）层次性。任何系统都由分系统构成，分系统又由子系统构成。最下层的子系统由组成该系统基础单元的各个部分组成。

（4）独立性。任何系统都不能脱离环境而独立存在，只能适应环境。只有既受环境影响，又不受环境左右而独立存在的系统，才是具有充分活力的系统。

（5）开放性。管理过程中各种因素都不是固定不变的，组织本身也在不断变化。

（6）交换性。管理过程中的因素必须不断地与外部社会环境交换能量与信息。

（7）相互依存性。管理的各要素之间是相互依存的，而且管理活动与社会相关活动之间也是相互依存的。

（8）控制性。有效管理系统必须有畅通的信息与反馈机制，使各项工作能够及时有效地得到控制。

系统作为一种方法，在研究、分析和解决问题时必须具备以下观点：

（1）整体观点。整体的功效应大于各个个体的功效之和。

（2）开放性与封闭性观点。若系统与外部环境交换信息与能量，就可把它看成开放的系统；反之，就可把它看成一个封闭的系统。

（3）封闭则消亡的观点。凡封闭的系统，都具有消亡的倾向。

（4）模糊分界的观点。将系统与其所处的环境分开的"分界线"是模糊的。

（5）保持"体内动态平衡"的观点。开放的系统要生存下去，至少从环境中必须摄取足够的投入物来补偿它的产出物和其自身在运动中所消耗的能量。

（6）信息反馈观点。系统要达到体内动态平衡，就必须有信息反馈。

（7）分级观点。每个系统都有子系统，同时它又是一个更大系统的组成部分，它们之间是等级形态。

（8）等效观点。在一个社会系统内，可以用不同的输入或不同的过程实现同一个目标，不存在唯一的、最好的方式。

（二）企业管理系统的特点

企业管理系统是一个多级、多目标的大系统，是国民经济庞大系统的一个组成部分。企业管理系统具有以下主要特点：

（1）企业管理系统具有统一的生产经营目标，即生产出适应市场需要的产品，提高经济效益。

（2）企业管理系统的总体具有可分性，即将企业管理工作按照不同的业务需求可分解为若干不同的分系统或子系统，使各个分系统、子系统互相衔接、协调，形成协同效应。

（3）企业管理系统的建立具有层次性，各层次的系统组成部分各司其职，具有各层次功能的相对独立性和有效性，上层次功能统率其隶属的下层次功能，下层次功能为上层次功能的有效发挥起到辅助作用。

（4）企业管理系统具有相对的独立性，任何企业管理系统都处在社会经济发展的大系统之中，因此，必须适应这个环境，但又要独立于这个环境，才能使企业管理系统处于良好的运行状态，达到企业管理系统的最终目的——获利。

二、分工原理

分工原理产生于系统原理之前，其基本思想是在承认企业及企业管理是一个可分的有机系统前提下，对企业管理的各项职能与业务按照一定的标准进行适当分类，并由相应的单位或人员承担各类工作。

分工是生产力发展的要求。早在17世纪机器工业开始形成时期，英国经济学家亚当·斯密就在《国民财富的性质和原因的研究》一书中系统地阐述了劳动分工理论。20世纪初，泰勒又对该理论做了进一步的研究。分工的主要好处如下：

（1）分工可以提高劳动生产率。劳动分工使工人重复完成单项操作，从而提高劳动的熟练程度，带来劳动生产率的提高。

（2）分工可以减少工作损失时间。劳动分工使工人长时间从事单一的工作项目，中间可以减少因变换工作而损失的时间。

（3）分工有利于技术革新。劳动分工可以简化劳动，使劳动者的注意力集中在一种特定的对象上，有利于劳动者创造新工具，改进设备。

（4）分工有利于加强管理，提高管理工作效率。泰勒将管理业务从生产现场分离出来之后，随着现代科学技术和生产的不断发展，管理业务得到进一步的发展，成立了相应的职能部门，配备了有关专业人员，从而提高了管理工作效率。

分工原理适用范围广泛。从整个国民经济来说，可分为工业、农业、交通运输、邮电、商业等部门。从工业部门来说，可按产品标识进行分工，设立产品专业化车间；也可按工艺标识进行分工，设立工艺专业化车间。在工业企业内部还可按管理职能不同，将企业管理业务分解为不同的类型，分别由相应的职能部门实施和完成，从而提高管理工作效率，使企业处于正常、良好的运转状态。

分工要讲究实效，要根据实际情况进行认真分析。一般企业内部分工既要职责分明，又要团结协作，在分工协作的同时又要建立必要的制约关系。分工不宜过细，但界面必须清楚，才能避免推脱、扯皮现象的出现。在专业分工的前提下，按岗位要求配备相应的技术人员，是企业产品质量和工作质量得到保证的重要措施。在搞好劳动分工的同时，还要加强对职工的技术培训，以适应新技术、新方法不断发展的要求。

三、弹性原理

弹性原理，是指企业为了达到一定的经营目标，在企业外部环境或内部条件发生变化时有能力适应这种变化，并在管理上表现出灵活的可调节性。现代企业是国民经济巨系统中的一个子系统，它的投入与生产都离不开国民经济这个巨大的系统；它所需要的生产要素由国民经济的各个部门投入，它所生产的产品又需要向其他部门输出。可见，国民经济巨系统是企业系统的外部环境，是企业不可控制的因素，而企业内部条件则是企业本身可以控制的因素。当企业外部环境发生变化时，企业可以通过改变内部条件适应这种变化，以保证达到既定的经营目标。

弹性原理在企业管理中应用范围广泛。计划工作中留有余地的思想、仓储管理中保险储备量的确定、新产品开发中技术储备的构想、劳动管理中弹性工作时间的应用等，都在管理工作中得到广泛的应用，并且取得了较好的成果。

近年来，在实际管理工作中，人们自觉或不自觉地把弹性原理应用于产品价值领域，收到意想不到的效果，被称为产品弹性价值。产品价值由刚性价值与弹性价值两部分构成。形成产品使用价值所消耗的社会必要劳动被称作刚性价值；伴随在产品使用价值形成或实现过程中附着在产品价值中的非实物形态的精神资源，如产品设计、制造者、销售者、商标及企业的声誉价值，都属于产品的弹性价值，又称无形价值或精神价值，是不同产品的一种"精神级差"。这种"精神级差"是产品市场价值可调性的重要标准，是企业获得超额利润的无形源泉，在商品交换过程中呈弹性状态，是当今企业不断追求的目标之一。

四、效益原理

效益原理，是指企业通过加强管理工作，以尽量少的劳动消耗和资金占用，生产出尽可能多的符合社会需要的产品，不断提高企业的经济效益和社会效益。

提高经济效益是社会主义经济发展规律的客观要求，是每个企业的基本职责。企业在生产经营管理过程中，一方面要努力降低消耗、节约成本；另一方面要努力生产适销对路的产品，保证质量，增加附加值，从节约和增产两个方面提高经济效益，以求得企业的生存与发展。

企业在提高经济效益的同时，也要注意提高社会效益。经济效益与社会效益是一致的，但有时也会发生矛盾。一般情况下，企业应从大局出发，在保证社会效益的前提下，追求经济效益最大化。

五、激励原理

激励原理，是指通过科学的管理方法激励人的内在潜力，使每个人都能在组织中尽其所能、展其所长，为完成组织规定的目标而自觉、努力、勤奋地工作。

人是生产力诸要素中最活跃的因素。创造稳定和谐的环境，满足职工不同层次的需求，正确运用奖惩办法，实行合理的按劳分配制度，开展不同形式的劳动竞赛等，都是激励原理的具体应用，都能较好地调动人的劳动热情，激发人的工作积极性，从而达到提高工作效率的目的。

激励理论主要有需求层次理论、期望理论等。严格地说，激励有两种模式，即正激励和负激励。对工作业绩突出的个人实行奖励，在更大程度上调动其积极性，使其完成更艰巨的任务，属于正激励；对由于个人原因而使工作失误且造成一定损失的人实行惩罚，迫使其吸取经验教训，做好工作，完成任务，属于负激励。在管理实践中，按照公平、公正、公开、合理的原则，正确运用这两种激励模式，可以较好地调动人的积极性，激发人的工作热情，充分挖掘人的潜力，使其把工作做得更好。

六、动态原理

动态原理，是指企业管理系统随着企业内外环境的变化而不断更新自己的经营观念、经营方针和经营目标，为达到此目的必须相应地改变管理方法和手段，使其与企业的经营目标相适应。企业在发展、事业在前进，要管理跟得上，关键在更新。运动是绝对的，静止是相对的，因此企业既要随着经营环境的变化，适时地调整自己的经营方法，又要保持管理业务上的适当稳定，没有相对稳定的企业管理秩序，也就失去了高质量的管理基础。

在企业管理中与此相关的理论还有矛盾论、辩证法。好与坏、多与少、质与量、新与老、利与弊等都是一对矛盾的两个方面；在实际操作过程中，要运用辩证的方法，正确、恰当地处理矛盾，使其向有利于实现企业经营目标的方向转化。

七、创新原理

创新原理，是指企业为实现总体战略目标，在生产经营过程中，根据内外环境变化的情况，按照科学态度，不断否定自己，创造具有自身特色的新思想、新思路、新经验、新方法、新技术等，并加以组织实施。

企业创新一般包括产品创新、技术创新、市场创新、组织创新和管理方法创新等。产品创新主要是指提高质量，扩大规模，创立名牌；技术创新主要是指深入科学技术研究，不断开发新产品，提高设备技术水平和职工队伍素质；市场创新主要是加强市场调查研究，提高产品的市场占有率，努力开拓新市场；组织创新主要是指企业组织结构的调整要符合发展的需要；管理方法创新主要是指企业生产经营过程中的具体管理技术和管理方法的创新。

八、可持续发展原理

可持续发展原理，是指企业在整个生命周期内，要随时注意调整自己的经营策略，以适应变化的外界环境，从而使企业始终处于兴旺发达的发展阶段。现代企业家追求的目标，不是企业一时的兴盛，而是长盛不衰。这就需要按可持续发展原理，从历史和未来的高度，全盘考虑企业资源的合理安排，既要保证近期利益的获取，又要保证后续事业得到蓬勃的发展。

第三节　现代企业制度

党的十四届三中全会通过的《中共中央关于建立社会主义市场经济体制若干问题的决定》指出，以公有制为主体的现代企业制度是社会主义市场经济的基础，建立现代企业制度，是发展社会化大生产和市场经济的必然要求，是我国国有企业改革的方向。现代企业制度的提出，标志着我国国有企业改革由以放权让利为主要内容的改革，转变为以理顺产权关系为重要内容的制度的建立。因此，建立现代企业制度，在我国社会主义市场经济建立过程中，对转换经营机制有着重要的促进作用，特别是为国有大中型企业的改革指明了方向。

一、现代企业制度的概念与特征

（一）现代企业制度的概念

现代企业制度是指在市场经济条件下，以规范和完善的法人制度为主体，以有限责任制度为核心，以股份有限公司为重点的产权清晰、权责明确、政企分开、管理科学的现代公司制度。它是为适应我国企业制度创新的需要而提出来的特定概念，是企业制度的现代形式。

现代企业制度包括以下几层含义：第一，现代企业制度是企业制度的现代形式。企业制度在不断发展变化，现代企业制度是从原始企业制度发展而来的，是市场经济及社会化大生产发展到一定阶段的产物。第二，现代企业制度是由若干具体制度相互联系构成的系统，是一种制度体系，它是由现代企业法人制度、现代企业产权制度、现代企业组织领导制度、现代企业管理制度等有机结合的统一体。第三，现代企业法人制度是现代企业制度的基础，是企业产权的人格化。企业作为法人，有其独立的民事权利能力和民事行为能力，是独立享受民事权利和承担民事义务的主体。规范和完善的法人企业享有充分的经营自主权，并以其全部财产对其债务承担责任，而终极所有者对企业债务责任的承担仅以其出资额为限。因而，在此基础上产生了有限责任制度。我们强调建立现代企业制度，转换国有企业经营机制，实质内容之一就是在我国确立规范、完善的现代企业法人制度，使国有企业成为自主经营、自负盈亏、自我约束、自我发展的市场竞争主体，使作为终极所有者的国家承担有限责任。第四，现代企业产权制度是现代企业制度的核心。构成产权的要素有所有权、占有权、处置权和收益权等，现代企业制度是以终极所有权和法人财产权的分离为前提的。现代企业产权制度就是企业法人财产权制度。在此制度下，终极所有权的实现形式主要是参与企业的重大决策，获得收益；法人企业则享有其财产的占有权、处置权等。这也是建立现代企业制度改造我国国有企业的核心所在。因为只有建立现代企业产权制度，才能使国家公共权力与法人企业民事权利分离开，才能使国家所有权与法人企业财产分离开，做到真正的政企分开。第五，现代企业制度以公司制为主要组织形式。当然，公司制是一种现代的企业组织形式，是现代企业制度的一项组成内容，而不是唯一的内容。我国建立现代企业制度主要是针对国有企业改革出现的问题。对于国有企业改革而言，主要是应该建立现代公司制度，现代公司制度主要是指股份有限公司和有限责任公司，但不是说建立了公司制就是建成了现代企业制度，因为它还有其他丰富的内容，股份有限公司和有限责任公司只是现代企业制度公司制的典型代表，不能因此而否定其他有效的形式。

（二）现代企业制度的特征

现代企业制度的基本特征概括起来就是产权明晰、权责明确、政企分开、管理科学等。

1. 产权明晰

产权明晰是指产权概念清晰，产权边界清晰。首先，要明确企业资产出资者的权利和责任，明确企业与其所有者之间的基本财产关系，厘清企业的产权关系。企业中的国有资产属全民所有，即国家所有，由代表国有资产所有者的政府所授权的有关机构作为投资主体，对经营性国有资产进行配置和运用，作为企业中国有资产的出资人，依法享有出资者权益，并以出资额为限对企业承担有限责任。其次，要建立所有权与经营权科学分离的体制，建立经营权对所有权负责的体制，建立所有权对经营权监督、约束的体制。

2. 权责明确

权责明确是指出资者与企业法人之间的权益、责任关系明确，并用法律和经营制度来保障。一方面，要求企业法人依法自主经营、自负盈亏，以独立的法人财产对其经营活动负责，以其全部资产对企业的债务承担责任。同时，企业法人行使法人财产权，要受到出资者所有权的约束和限制，必须依法维护出资者的权益，对所有者承担资产保值、增值的责任。另一方面，应保证出资者按照投入企业的资本额享有所有者的权益，即出资者的所有权表现为以所有者的身份享有资产收益权。同时，应明确企业内部所有者、经营者及生产者的义务和责任，使这些利益主体之间关系分明、利益分配合理，既相互制衡又协同一致。

3. 政企分开

政企分开是指政府、企业职责分开，职能到位。政府、企业职责分开是指政府的社会经济管理职能应与其国有资产所有者的职能分开，将国有资产的管理职能和运营职能分开，建立国有资产的运营与管理体系，企业作为市场活动的主体，要按照价值规律、市场经济规律的要求，自主组织生产和经营。职能到位则是指要改变政府办企业、企业办社会的管理方式，把企业目前承担的社会职能分离出来，改由政府和社会组织来承担；虽然政府对国家经济具有宏观管理职能，但不能对企业生产经营活动进行直接干预，只能通过经济手段、法律手段，发挥中介组织的作用，对企业的生产经营活动进行调节、引导、服务和监督等；政府与企业之间不存在上下级关系，企业不存在行政级别，企业管理人员也不享受公务员待遇。

4. 管理科学

管理科学是指在科学的管理思想和管理理念指导下，建立科学、完善的组织机构，并通过规范组织制度，使企业权力机构、决策机构、执行机构和监督机构之间职责明确，并形成相互制约的关系。从社会化大生产的要求来看，社会内部应具有科学的职能管理和岗位管理制度。职能管理的内容很多，涉及生产力方面的主要有计划管理、生产管理、质量管理、设备管理、物流管理等，涉及生产关系方面的主要有劳动人事制度、现代企业财会制度、企业领导制度等。岗位管理制度是为保证各个工作岗位有条不紊地进行工作，有利于提高劳动生产率的各种规章制度。科学的企业内部管理制度能使出资者、经营者和生产者的积极性都得以调动，行为都受到约束，利益都得到保障，做到出资者放心、经营者精心、生产者用心，使企业和谐稳定地不断向前发展。

二、现代企业的公司治理结构

（一）公司治理结构的内涵

现代企业所有权与经营权分离的特点，要求在所有者与经营者之间形成一套相互制衡的机制，依靠这套机制对企业进行管理和控制。这套机制被称为公司治理结构，又被称为法人治理结构，也就是企业领导制度。它是指企业工作机构的设置和企业最高权力的划分、归属、制衡和运行制度，也就是说，企业有哪些最高权力、每一种权力由谁掌管、向谁负责、如何行使及各种权力之间的相互关系。

具体来说，公司治理结构是有关所有者、董事会和高级经理人员（执行者）及其他利益相关者之间权力分配和制衡关系的一种制度安排，表现为明确界定股东大会、董事会、监事会和经理人员职责与功能的一种企业组织结构。公司治理结构其实是企业所有权安排的具体化，是有关公司控制权和剩余索取权分配的一整套法律、制度性安排，这样的安排决定了公司的目标、行为，决定了公司的利益相关者在什么状态下由谁来实施控制、如何控制、风险和收益如何分配等有关公司生存和发展的一系列重大问题。所以说，公司治理结构是现代公司运行和管理的基础，在很大程度上决定了企业的效率。良好的公司治理结构可以激励董事会和经理层通过更有效地利用资源去实现那些符合公司和股东利益的奋斗目标。

公司治理结构的要求标准：首先要给经营者足够的控制权，使其自由经营管理公司，发挥其职业企业家的才能；其次要完善激励与约束机制，保证经营者能从股东利益出发，而不是从个人利益出发来行使权力；最后要保证股东自由买卖股票，使股东充分独立于职业企业家，给投资者以流动性的权利，充分发挥开放公司的关键性优势。当然，这些标准在实际执行中很难完全实现，因为它们是相互冲突和矛盾的。而公司治理结构就是要在各利益相关者的权益和利益的矛盾中寻求动态平衡。

（二）公司治理结构的内容

1.公司治理结构的组织形式

公司治理结构坚持决策权、执行权、监督权三权分立的原则，由此形成了股东大会、董事会、监事会和经理层的"三会一层"的组织结构。

2.各机构的职责及相互关系

（1）股东大会。

股东大会是公司的最高权力机构。国家授权投资的机构和国家授权的部门及其他出资者，选派代表参加股东大会并依法行使权力。股东大会的职权包括以下几个方面：

①人事权。股东大会选举和更换公司的董事与监事，并且决定他们的报酬。

②重大事项决策权。如批准和修改公司章程，批准公司的财务预算、决策方案，决定公司的投资计划等。

③收益分配权。股东大会批准公司的利润分配方案和亏损弥补方案。

④股东财产处置权。如公司增加或减少注册资本，公司的合并、分立、解散或破产清算等涉及股东财产的重大变动，需由股东大会做出决议。

股东大会从资产关系上对公司的董事会形成必要的制约。

（2）董事会。

董事会是公司的经营决策机构。董事会对外代表公司，由公司董事组成。按照《中华人民共和国公司法》规定，有限责任公司的董事会由3~13人组成，其中，国有独资公司的董事会由3~9人组成；股份有限公司的董事会由5~19人组成。董事人选通常由股东推荐，经股东大会选举产生。《中华人民共和国公司法》还特别规定，国有独资公司、两个以上的国有企业或者其他两个以上投资主体设立的有限责任公司，其董事会的成员中应当有公司职工代表，职工代表由公司职工民主选举产生；董事会设董事长1人，副董事长若干人。不同类型的公司，董事长、副董事长的产生办法由公司章程决定；股份有限公司的董事长、副董事长由全体董事的过半数选举产生。

董事会对股东大会负责，执行股东大会的决议。董事会的主要职权包括以下几个方面：

①对公司的经营做出决策，如经营计划、投资方案等。

②决定公司内部管理机构的设置和基本管理制度。

③制定公司财务预算、决策方案，利润分配和亏损弥补方案，公司增减资本和发行公司债券方案等。

④人事权。负责任免公司总经理、副总经理、财务负责人，并决定其报酬。

董事会实行集体决策，一般采取一人一票和多数通过的原则。每个出席董事会的成员应当在会议记录上签名并对董事会的决议承担责任。董事会决议违反法律法规或公司章程，导致公司遭受严重损失的，参与决策的董事对公司负赔偿责任。但在表决时曾表明异议并记录在案的，可免除责任。

（3）总经理。

总经理依照公司章程和董事会授权，统一负责公司的日常生产经营和管理工作，总经理由董事会聘任或解聘，对董事会负责。总经理的职责有以下几个方面：

①组织实施董事会决议。

②组织实施公司年度经营计划和投资方案。

③人事权。总经理提请董事会聘任或解聘公司副总经理和财务负责人，直接聘任或解聘其他管理人员。

公司总经理可以从外部聘任，也可经公司董事会决定由董事成员兼任。

（4）监事会。

监事会是公司的监督机构，成员一般不少于3人。监事会成员可由股东代表和一定比例的职工代表组成，职工代表由工会或职工民主选举产生。监事会的主要职责有以下两个方面：

①对公司董事、经理执行公司职务时是否有违反法律法规或公司章程的行为进行监督，防止他们滥用职权，发现其行为有损公司利益时，有权要求其予以纠正，必要时可向股东大会报告，提议召开临时股东大会，采取解决办法。

②检查公司的财务。为保证监督的独立性，公司的董事、经理及财务负责人一律不得兼任监事。

综上所述，公司治理结构的各部分间的相互关系是很密切的，它作为联系并规范所有者（股东）、支配者（董事）、监督者（监事）、经营管理者（经理）等相互权力和利益关系的制度安排，是为了处理好股东大会、董事会、监事会和经理层之间的关系，在股东大会、董事会、监事会和经理层之间建立相互制衡的有效运行机制。股东大会对董事会是一种委托代理关系，董事会对总经理是一种授权经营关系，而监事会有各自不同的职权。有效的治理结构可以保证企业权能在四者之间合理分配，形成权责分明、相互制衡、运行合理、管理科学的公司治理结构。

（三）公司治理结构的原则

在世界经济全球化迅速发展的今天，国际企业的联合、重组、投资的范围和规模越来越大。为此，1999 年 5 月经济合作与发展组织（OECD）通过了《OECD 公司治理原则》。

（1）治理结构框架应保护股东权利。

（2）治理结构框架应确保所有股东，包括小股东和非国有股东受到平等对待。如果其权利受到损害，应有机会得到有效补偿。

（3）治理结构框架应确认利益相关者的合法权利，并且鼓励公司和利害相关者在创造效益和工作机会及为保持企业良好财务状况方面积极地进行合作。

（4）治理结构框架应保证及时准确地展示与公司有关的任何重大问题，包括财务状况、所有权状况和公司治理状况的信息。

（5）治理结构框架应确保董事会对公司的战略性指导和对管理人员的有效监督，并确保董事会对公司的股东负责。

这些基本原则总结了状况良好的公司治理所必备的共同要素，可供我国企业治理借鉴。

三、积极建立和不断完善现代企业制度

建立产权清晰、权责明确、政企分开、管理科学的现代企业制度是党的十四届三中全会提出来的目标。经过多年积极探索和实践，目前在国有大中型企业建立现代企业制度方面已取得了重大进展，但还要不断完善、深化改革力度，不断更新观念、解放思想、勇于创造，使现代企业制度更加完善。

（一）更新旧观念，树立新观念

建立和完善现代企业制度是我国企业改革的方向。因此，在思想上要更新旧观念，树立新观念，勇于创新。

（1）用生产力标准作为衡量各项改革措施的标准。现代企业制度的建立，使我国国有企业从原来的体制中脱离出来，转变成适应市场经济需求，能够在市场竞争中求生存、求发展的独立市场主体。这个转变过程要求人们不能简单地或单一地用生产关系作为判断标准，而要大胆探索，突破影响生产力发展的体制性障碍，建立和完善现代企业制度。

（2）树立"吸收世界文明，共享人类精神财富"的观念。现代企业制度是市场经济和社会化大生产发展的结果，是人们在经济实践活动中总结出来的成果，具有科学性。在我们建立和完善社会主义市场经济体制、发展市场经济的过程中，可以借鉴、吸收，为我所用。

（二）总结经验，进一步深化国有企业改革

（1）按照有关规定，要建立健全责权统一、运转协调、有效制衡的公司法人治理结构，需要对大中型国有企业进行规范的公司制改革，对国家垄断经营的少数企业可改制为国有独资公司，而对其他大中型国有企业可通过规范上市、中外合资、相互参股等形式，逐步将其改变为多元持股的有限责任公司或股份有限公司。

（2）建立分工明确的国有资产管理、经营和监督体制，使国有资产出资人尽快到位，

授权有条件的国有企业或国有资产经营公司行使出资人职能，强化对国有资产经营主体的外部监督。

（3）深化企业内部改革，强化科学管理，建立健全行之有效的激励机制和约束机制。

（三）建立和完善现代企业制度必须积极推进配套改革

建立和完善现代企业制度必须积极推进配套改革，这包括进行宏观经济管理、市场体系、社会保障体系等方面的综合性的配套改革。

（1）政企职责分开。促进政府职能转变，是建立现代企业制度的关键。政府要从百般干预企业经营活动，转向运用经济手段、法律手段和必要的行政手段管理国民经济，制定经济和社会发展目标，引导企业实施产业政策。

（2）大力培育市场，建立完备的市场体系。它包括理顺价格关系，以法律法规的形式规范各类市场的经营交易规则和程序，建立相应的市场管理、协调及监督组织，建立与完善产权交易市场、生产资料市场和劳动力市场。

（3）建立与完善社会保障体系，为企业深化改革和劳动力自主流动创造条件。完善的社会保障制度是实行现代企业制度的基础，因为只有建立统一的社会保障制度，才能突破各类不同产业、不同企业及不同身份职工之间的界限，保证企业或职工在同等外部条件下公平竞争。

第四节　企业组织类型

一、按照企业组织形式分类

（一）单一企业

单一企业是指由一个工厂或一个商店构成的企业。这类企业的经营领域比较单一和专业化，独立核算，自负盈亏。

（二）多元企业

多元企业是指由两个以上不具备法人资格的工厂或商店组成的企业，它是按照专业化、联合化及经济合理的原则，由若干分散的工厂或商店组成的法人组织。如由两个以上分公司组建的公司，由一些分店组成的连锁企业等。

（三）经济联合体

经济联合体是指由两个以上的企业在自愿互利的基础上，打破所有制、行业、部门和地区界限，本着专业化协作和合理分工的原则，进行部分或全部统一经营管理所形成的经济实体。它是一个具有法人资格的经济组织，主要形式有专业公司、联合公司、总公司和各类合资经营企业等。

（四）企业集团

企业集团是企业联合组织中最成熟、最紧密和最稳定的企业运行模式，是由两个或两个以上的企业以资产为基础而形成的有层次的企业联合组织，其中的成员企业都是相对独立的企业法人。其特点是规模大型化、经营多元化、资产纽带化。企业集团一般分为四个层次：第一层为核心层，通常由一个或几个大企业构成，如集团公司、商业银行、综合商社等，它们对集团中其他成员企业有控股或参股行为；第二层为紧密层，一般由核心层的控股子公司构成；第三层为半紧密层，由紧密层的子公司或核心层的参股公司构成；第四层为松散层，主要是由与前三个层次的企业有协作或经营关系的企业构成，彼此无资产纽带关系，但可以有资金融通关系。

二、按照企业规模分类

就经济学原理而言，企业规模的大小取决于"内部经济原理"与"内部不经济原理"两者的权衡。"内部经济"是指产业的生产规模扩大，则在某一限度内，其单位成本降低，效率增加，收益提高。"内部不经济"是指生产规模扩大到某一限度之后，若再扩大生产规模，则单位成本提高，效率降低。因此企业规模与效率大小的关系可以表述为：企业规模的大小在不超过合理限度时，则效率随其规模的扩大而提高。

企业规模的大小，一般是按照企业的年销售额、投资额的大小、生产能力、资产总额、员工人数等指标来进行分类的，一般可以分为大型企业、中型企业和小型企业三类。

第二章 企业战略管理

第一节 企业战略管理概述

一、企业战略

什么是企业战略？由于战略是多变量的又是权变的，目前在各种文献中对企业战略并没有一个统一的定义。有的认为企业战略应包括企业的目的与目标（广义的企业战略），战略就是目标、意图和目的，以及为达到这些目的而制订的主要方针和计划的一种模式；有的则认为企业不应该包括这一内容（狭义的企业战略），企业战略就是决定企业将从事什么事业，以及是否从事这一事业。尽管存在着不同认识，随着经济全球一体化，目前确定竞争范围已经成为企业战略研究的首要话题。大多数学者认为，企业战略的四个构成要素包括：

（1）经营范围，是指企业从事生产经营活动的领域，它反映出企业目前与其外部环境相互作用的程度，也可以反映出企业计划与外部环境发生作用的结果。

（2）资源配置，是指企业过去和目前对资源和技能配置的水平和模式，资源配置的好坏会极大地影响企业实现自己目标的程度，是企业开展生产经营活动的支撑点。

（3）竞争优势，是指企业通过其资源配置的模式与经营范围的决策，在市场上所形成的与其竞争对手不同的竞争地位。

（4）协同作用，是指企业从资源配置和经营范围的决策中所能获得的各种共同努力的效果，就是说分力之和大于各分力简单相加的结果。

综合上述观点，企业战略实质上是一个企业在清醒地认识和把握外部环境和内部资源的基础上，为求得生存和长期发展而做出的一系列根本的、全局性的、长远性的、指导性的谋划。一个完整的企业战略可以分为三个层次：企业总体战略、经营单位战略和职能战略。

（1）企业总体战略。决定和展示企业的愿景、使命和目标；确定企业重大方针与计划，企业经营业务类型和企业组织类型，企业应对用户、职工和社会的贡献。企业总体战略还应包括发展战略、稳定战略和紧缩战略等。

（2）经营单位战略。在总体战略的指导下，主要解决企业如何选择经营行业和如何选择在一个行业中的竞争地位问题。这一战略主要涉及企业在某一经营领域中如何竞争、在竞争中扮演什么样的角色、各经营单位如何有效地利用分配到的资源等问题。

（3）职能战略。为实现总体战略和经营单位战略，对企业内部的各项关键的职能活动做出的具体化统筹安排。职能战略包括财务战略、营销战略、人力资源战略、组织结构战略、研究开发战略、生产战略等。

在此基础上可以进一步定义：广义的企业战略管理就是运用战略对整个企业进行管理，而狭义的企业战略管理是指对企业战略的制定、实施、控制和修正进行的一个动态管理。目前，战略管理的主流学者大多持狭义定义，故本章节也采用狭义战略管理的主张。

二、企业战略管理的作用

在管理中，实践证明，许多企业正是因为重视战略管理而在激烈的市场竞争中脱颖而出。这些企业有的在专业领域内长期独领风骚，有的则在经过长期的市场考验后获得了市场认可和丰厚回报。国内外许多企业的成功证明了这一点，比如因特尔的技术创新战略、格力空调的专业化经营战略、格兰仕的规模化低成本战略、哈药集团的品牌战略、海尔先人一步的国际化战略等。

在企业战略管理方式中，指导企业全部活动的是企业战略，全部管理活动的重点是制定和实施战略。战略管理最根本的作用是帮助企业通过采用更系统的、更具逻辑和数理的方法选择战略而制定企业的更佳战略。

研究证明，一个使用了战略管理方法的企业比没有使用战略管理方法的企业获得的利益更多（包括经济利益和非经济利益）、更容易取得成功。如根据对美国 101 个零售、服务和机械行业制造企业连续 3 年跟踪研究得出结论：在业务管理上使用了战略管理的企业，在产品的销售、利润和生产效益方面比没有系统规划活动的企业有更大的改善。而低效运作的企业由于未能有效地采用战略管理的手段，没有准确分析企业的内、外部优劣势，对外界变化没有予以足够重视（如科技方法的改变、国外竞争对手的出现），导致企业运作困难，难以控制各种事件。这些事实和研究成果不仅表明了企业战略的指导作用，也证实企业战略管理增强了企业经营活动对外部环境的适应性，有利于充分利用企业的各种资源，同时调动了企业各级管理人员的积极性。

三、企业愿景与战略目标

愿景即由组织内部的成员所制定，通过团队讨论并获得组织一致的共识而形成的愿意共同全力以赴的未来方向。企业愿景大都具有前瞻性的计划或开创性的目标，是企业发展的指引方针。马克·利普顿在《愿景引领成长》一书中认为一个企业的愿景必须回答三个问题：企业存在的理由是什么？如何达成企业存在的理目的？企业的价值观是什么？愿景形成后，企业高层应对内部成员做简明扼要的陈述以激发内部士气，并应落实为组织目标和行动方案进行具体推动实施。通过愿景，企业能有效地培育与鼓舞组织内部的所有人，激发个人潜能，激励员工竭尽所能，提高组织生产力，达到顾客满意度的目标。在愿景的指引下，企业最高管理层、企业文化、企业组织结构和员工管理过程共同赋予了愿景真正的生命力，确保了战略方向的连贯性。

（一）企业愿景

愿景说明了一个企业将来的发展目标，对企业实现长期成长与定位意义深远。愿景不会年年改变，相反它是一个历久弥坚的承诺。愿景是一张令人激动的图画，它描绘了企业渴望成为的形象，以及使这个形象成为现实的方法。制订企业愿景时，企业主要依据顾客的需求分析、新的技术发展态势、进入有吸引力的外国市场的机会、业务成长或衰退等重要信号。

愿景驱动思想强调了企业的愿景在企业战略中的重要作用。在 20 世纪 50 年代管理大师彼得·德鲁克推行的目标管理中，愿景就已经得到了充分的重视。1994 年詹姆斯·柯林斯在《基业长青》一书中，从《财富》杂志 500 强工业企业和服务类公司两种排行榜中挑选了 18 家企业、公司进行了追根究底式的研究，得出的结论是：那些能够长期维持竞争优势的企业，都有一个基本的经营理念——愿景，这些基本理念为企业战略确定某些重要的开端和主要的方向，集中企业决策中的某些关键的意图和思路，愿景在数代首席执行官手中得以延续，从而引导企业战略沿着一条正确的"路线"不断前进。愿景驱动的基本原理是通过高远的目标来极大地激励企业的追求与动力，使各级管理者向着理想不断前进。

一个完整的企业目标体系不仅有愿景，还包括使命和目标。愿景比较宽泛而使命比较具体，战略目标将企业使命具体化为可操作的指标。在战略管理论中与"愿景"一词紧密相连的就是企业使命（mission）。使命是一个组织存在的理由，是对组织长期目标和发展宗旨的陈述，是企业在社会进步和社会经济发展中所应当承担的角色。使命不仅包括企业的目标，也包括企业竞争的基础和竞争的优势，为企业目标的确立与战略的制定提供依据，企业使命要表明企业的追求，将本企业与其他企业相区别。文字叙述要足够清楚以便在组织内被广泛理解，内容具体到要足以排除某些风险、宽泛到足以使企业有创造性的增长。评价企业使命主要从用户、产品和服务、市场、技术、企业对生存和增长及盈利的关心、哲学、自我认知、企业对公众形象的关心、企业对雇员的关心九个方面着手。

（二）战略目标

战略目标是企业为完成使命，在一定时期内需要达到的特定业绩目标。战略目标必须以定量的术语进行陈述，并且有实现的期限。企业的目标体系使企业的管理者做出承诺：在具体的时间框架下，达到具体的业绩目标。战略目标是企业愿景和使命的具体化，因此企业的战略目标是多元化的，既包括经济目标，又包括非经济目标，既包括定性目标，又包括定量目标。尽管如此，各个企业需要制订目标的领域却是相同的，彼得·德鲁克在《管理的实践》一书中提出了八个关键领域的目标。

（1）市场方面的目标：表明本企业希望达到的市场占有率或在竞争中达到的地位。

（2）技术改进和发展方面的目标：对改进和发展新产品、提供新型服务内容的认知及措施。

（3）提高生产力方面的目标：有效地衡量原材料的利用，最大化地提高产品的数量和质量。

（4）物资和金融资源方面的目标：获得物资和金融资源的渠道及其有效利用。

（5）利润方面的目标：用一个或几个经济目标表明希望达到的利润率。

（6）人力资源方面的目标：人力资源的获得、培训和发展，管理人员的培养及其才能的发挥。

（7）职工积极性发挥方面的目标：对职工激励等措施。

（8）社会责任方面的目标：注意企业对社会产生的影响。

由于企业战略执行时间一般都较长，不仅要制订企业的长期战略目标，还要制订相应的短期执行性目标。不仅企业高层要制订企业总体战略，各经营单位和职能部门还须确立相应的经营单位战略和职能战略，于是战略目标制订过程通过企业组织结构层次向下继续分解落实至个人。为了监测目标体系运作过程并使其愿景能够实现，在每阶段末建立一套阶段指标对目标进行考核和控制。短期目标是长期目标的执行性目标，一般期限在一年以内。

四、企业文化与企业战略

现代企业之间最高层次的竞争即文化的竞争，企业文化影响着企业运作的一切方面。企业文化实质就是企业适应不断变化的环境的能力和让这种能力延续发展的能力，是一种适合高度信息化与个性化环境的人性化管理方式，是企业经营理论的人性化的反映。设计和培育积极、有效的企业文化必须以企业战略作为指导依据。企业文化可能会给某种战略的实施带来一定的成本，但并不能认为企业文化决定了企业战略。

企业文化影响了企业对环境因素和自身资源能力的评价，不同的企业文化可能导致不同的关于机会、威胁、优势、劣势的认识，当环境变动需要企业做出的战略反应符合企业现有文化时，企业能接收这些环境变动信息；否则，这种变动信息很可能被暂时忽视。

企业文化影响了企业对战略方案的选择。在内外环境条件大致相同的情况下，不同的企业文化可能导致不同的战略决策。如果一个企业的文化是以稳定性为主，那么增长型战略的实施就要克服相应的文化阻力。

企业文化影响了企业战略的实施。战略与企业文化相匹配，企业文化有力地促进战略的实施，又通过战略实施得到强化和发展；战略与企业文化相悖，则面临战略实施失败的风险。冲突越大，风险越大；风险过大，逼迫企业在修改战略和改变文化两者中进行抉择。企业战略与企业文化的方向应该是一致的，当企业战略做调整的时候，企业文化也要跟着调整。在企业战略转变的重大关头，企业往往采取重大的人事变动推动战略的实施，进行企业文化的变革。

第二节　企业战略分析

企业战略分析，就是要从战略的高度对企业外部环境和企业自身条件的现状及其发展趋势做出分析。由于企业对环境的依存关系，将企业宏观环境、行业环境及企业内部条件结合起来进行战略分析成为企业战略管理工作的基本出发点。

一、企业外部环境分析

（一）企业外部环境分析的必要性

企业外部环境是企业生存和发展的重要条件，它包括政治与法律环境、经济环境、社会与自然环境、科技环境、行业环境。对企业外部环境进行分析，就是对外部环境进行调查和分析，预测其发展趋势、掌握其变化规律。对企业外部环境进行分析的必要性在于：

1. 保证战略决策的科学性和正确性

企业进行战略决策，必须客观、认真地研究实际掌握的大量的资料、数据，了解国内外政治、经济和科学技术发展动向，了解党和国家方针、政策、法律、规范，调查国内外市场的需求量和供应量及发展趋势。只有掌握这些情况，企业才可能使战略决策符合当前实际和客观发展趋势，保证战略决策的科学性与正确性。

2. 保证战略决策的及时性和灵活性

企业外部环境千变万化，有时会有有利于企业发展的机会出现，有时会有不利于企业生存的风险出现，如果企业重视对外部环境的分析，一旦出现有利于企业的机会企业就可以及时把握住这种信息，敏感性地做出相应的决策，促进企业的发展，当出现不利于企业的因素时企业就能及时研究对策避开风险。保证战略决策的及时性和灵活性，能大大加强企业的适应能力。

3. 提高战略决策的稳定性和效益性

随着企业战略方案的实施，企业的外部环境在不断发生变化，特别是市场上出现各种新的需求时企业的战略就需要做出适当的调整，但战略决策又要求保持稳定，以最小的代价取得较好的经济效益，这就要求企业加强对环境的调查、分析和预测，提高战略决策工作的预见性，尽可能预见到未来一定时期的发展趋势，减少企业战略调整带来的损失，保证企业在较长时期内健康稳定地发展。

（二）企业宏观环境分析

企业宏观环境，是指那些能给企业造成市场机会或环境威胁的主要社会力量，它们将直接或间接地影响企业的战略管理。一般来说，宏观环境因素可以概括为以下四类：

1. 政治与法律环境

政治与法律环境是指那些制约和影响企业的政治要素、法律系统及其运行状态，如国家的政治制度、权力机构，国家制定的法律、法规等。政治与法律环境的变化能显著地影响企业的经营行为和利益。

2. 经济环境

经济环境是指构成企业生存和发展的社会经济状况及国家的经济政策，包括社会经济结构、经济体制、宏观经济政策等要素。衡量这些要素的经济指标是平均实际收入、平均消费水平、消费支出分配规模、实际国民生产总值、利率和通货供应量、政府支出总额等。与其他环境力量相比，经济环境对企业的经营活动有更广泛直接的影响，宏观经济的状况和趋势常常是企业确定经营战略的重要依据。

3. 社会和自然环境

社会环境是指企业所处的社会结构、社会风俗和习惯、信仰和价值观念、行为规范、生活方式、文化传统、人口规模与地理分布等因素的形成和变动。社会环境对企业有重要影响，如人口规模制约着个人或家庭消费产品的市场规模，人口的地理分布决定消费者的地区分布。自然环境是指企业所处的自然资源与生态环境，包括土地、河流、能源、环境保护和生态平衡等方面的发展变化，自然环境特别是环境保护的要求对企业的生产经营有着极为重要的影响。

4. 科技环境

科技环境是指企业所处的环境中的科技要素及该要素直接相关的各种社会现象的集合，包括国家科技体制、科技政策、科技水平和科技发展趋势等。随着国家科学技术的发展，新技术、新能源、新材料和新工艺等的出现与运用，企业需要做出相应的战略决策以获得新的竞争优势。

（三）行业环境分析

行业环境是企业生存发展的直接空间，也是对企业生产经营活动直接发生影响的外部环境。由于宏观环境变化对企业的影响可能要通过较长时间才能显现出来，因而对宏观环境做广泛而深入的可能分析是不经济的，且易导致信息超载。制定战略时更有效的方法是集中精力分析与战略形成直接相关的因素——行业结构。

分析行业结构对企业决定竞争原则和可能采取的战略等方面具有基础作用。根据美国著名的战略管理学者迈克尔·波特的观点，潜在的进入者、替代品、购买者、供应者和行业中现有竞争者这五种基本竞争力量的状况及其综合强度决定着行业内部竞争的激烈程度，由于它们也影响行业内的价格、成本和企业所需要的投资，因而也决定了该行业的盈利能力。

1. 潜在的进入者

潜在的进入者拥有新的生产能力，会带来新的物质资源，冲击现有的市场格局，从而对已有的市场份额提出重新分配的要求。这种情况可能导致行业内产品价格暴跌或企业内在成本增加，使得行业的获利能力降低。潜在的进入者是否能够进入某行业并对该行业构成威胁取决于该行业所存在的进入障碍。如果进入障碍高，外部进入的威胁便小。

可以构成行业的进入障碍的主要因素如下：

（1）规模经济。规模经济是指在一定时期内，企业所生产的产品或劳务的绝对量增加时，其单位成本趋于下降。规模经济通过迫使进入者采取大规模的方式进入该行业从而使其承担同行业中现有厂商会做出强烈反应的风险，或者迫使进入者以小规模方式进入该行业，使其忍受产品成本过高的劣势。

（2）产品差异化。这是指由于顾客或用户对企业产品的质量或商标信誉的忠实程度不同而形成的产品之间的差异。产品差异化迫使进入者耗费巨资去征服现有客户的忠实性，由此形成进入障碍。

（3）资金的需求。在进入新的行业时，企业如果需要大量的投资则会谨慎考虑是否进入或如何进入该行业。

（4）转换成本。这里是指企业从一个行业转向另一个行业从事生产经营活动时，或从生产经营一种产品转向生产经营另一种产品时所要支付的成本，如雇员再培训成本、购置新辅助设备的成本等。购买者的转换成本越高，新进入者进入现有行业的障碍也就越大。

（5）分销渠道。企业在进入一个新的行业时，如果没有自己的产品分销渠道也会面临进入障碍。新进入者必须通过让利、合作、广告津贴等方式让原有的分销渠道接受其产品，而这必将减少新进入者的利润。

（6）绝对成本优势。由于现有企业已拥有专有的产品工艺取得原材料的有利途径，已形成经验曲线等成本优势，新进入者无论经济规模大小，都无法获得类似于原有企业拥有的那种成本优势。

（7）政府的法律和政策限制。政府的有关法律和政策限制是一种最直接的进入障碍，如现有政策限制私有企业进入银行和保险行业。

2. 替代品

替代品是指那些与本企业产品具有相同功能或类似功能的产品。在质量相似的情况下，替代品的价格会比被替代品的价格更具有竞争力。替代产品投入市场后，会使市场竞争加剧，会降低企业原有产品的价格，使企业收益下滑，对企业构成较大的威胁。为了抵制替代品对行业的威胁，行业中各企业往往采取集体行动，改进产品质量，进行持续的广告宣传、市场营销等活动。但有些替代品是符合社会发展和科学技术进步的产物，如晶体管取代真空管，这使企业在研究与替代品的竞争关系时，一定要考虑产品的寿命周期阶段与科学技术的发展方向，及时淘汰处于衰退期的产品。

3. 行业内现有竞争者之间的抗衡

行业内的抗衡是指行业内各企业之间的竞争关系与竞争程度。常见的抗衡手段主要有价格战、广告战、服务战等。不同行业现有企业间的抗衡激烈程度是不同的，有的比较缓和、有的比较激烈。行业内竞争程度是由一些结构性因素制约的：行业内竞争对手的数量及竞争者之间的实力对比、行业发展快慢程度、产品差异化程度、固定成本和储存成本的高低、竞争对手间竞争战略的差异程度及退出障碍的大小等。

退出障碍是指那些迫使投资收益低，甚至是亏损的企业仍留在行业中从事生产经营活动的各种因素，如固定资产高度产业化、退出成本过高、企业内经营单位间密切的协同关系、政府和社会的限制等。当退出障碍高时，过剩的生产能力不能脱离该行业，而那些竞争失败的公司又没有退出，甚至求助于极端的战术结果，整个行业的获利能力维持在较低的水平。每个行业进入障碍和退出障碍的大小是不同的，会形成不同的组合。

退出障碍与进入障碍之间有密切的经济联系。从行业利益的观点出发，最佳情况是进入障碍大而退出障碍小。这时，进入行业将被阻止，而失败的竞争对手将退出该行业，企业将获得稳定的收入，最不利的情况是进入障碍小而退出障碍大。这时，新加入者容易进入行业，可能经济条件好转时会吸引更多的竞争对手进入该行业，但当恶化时企业不能撤出该行业，造成生产能力过剩，使企业面临较大的风险且经济效益较低。

4. 购买者的讨价还价能力

购买者经常采取各种手段压低价格，要求较高的产品质量或更多的服务，甚至迫使作为供应者的企业互相竞争等。这些方式都会降低企业的获利能力。每个行业的购买者集团的这种讨价还价能力取决于该集团所处市场的特性，也取决于该集团在该行业的购买活动与其整个业务相比较的重要程度。

当具备以下条件时，购买者集团就会有较高的竞争能力：

（1）相对于卖方的销售来说，购买者的购买力集中或进货量大，会增强购买者的重要性。

（2）购买者盈利水平低，或购买者从行业中购买的产品占购买者的全部费用或占全部购买量相当大的比例，通常使购买者对价格很敏感。

（3）购买者从行业中购买的产品是标准的或是无差异的，将从供应方之间的互相竞争中获利。

（4）购买者转换成本不高，不必固定地从特定企业购买产品。

（5）购买者采用后向一体化会威胁作为供应者的企业。

（6）行业的产品对购买者产品或服务质量没有重大影响。

（7）购买者掌握了充分的信息。

企业应将购买者集团的选择看作一项具有决定性的战略决策。要改善自己的战略态势，企业必须寻找那些对其影响力最小的购买者。

5. 供应者的讨价还价能力

供应者可以通过提高产品的价格或降低出售货物质量的手段发挥他们讨价还价的能力。一般来说，如果下列情况适用，那么供应者集团便是强有力的。

（1）少数几家公司控制供应者集团。

（2）替代品不能与供应者所销售的产品相竞争。

（3）作为购买者的企业不是供应者的重要顾客。

（4）供应者的产品是购买者从事生产经营业务的一项重要投入。

（5）供应者集团的产品存在着差别化。

（6）供应者集团实行前向一体化。

企业应该审时度势，建立良好的供应体系，通过战略来改善自己的处境。

企业可以尽可能地采取将自身的经营与竞争力量隔绝开来，努力从自身利益需求出发影响行业竞争规则，先占领有利的市场地位再发起进攻性竞争行动等手段来对付这五种竞争力量，以提高自己的市场地位与竞争能力。

二、企业内部条件分析

（一）企业内部条件分析的目的

企业究竟采取怎样的战略，不仅取决于外部政治与法律环境、经济环境、社会与自然环境、科技环境、行业环境，且与企业内部条件紧密相关。它不仅同时强调外部环境和内部条件对竞争胜负的作用，而且将后者放在优先的位置上，以达到"以己之长，攻彼之短"的目的。

企业内部条件分析，主要是指企业所拥有的资源及其竞争力情况，它是企业开展生产经营活动的重要基础，是企业进行战略规划的重要依据。进行企业内部条件分析的主要目的在于：

（1）弄清企业自身的优势与劣势。通过内部条件分析可以弄清企业的优势，了解企业的劣势，通过顾客的要求和对手的实力对比可以了解差距，为制定企业的战略打下基础。

（2）查清造成劣势的原因，找出内部的潜力。企业存在劣势的原因是多方面的，有些是客观条件的变化造成的，有些是由主观原因造成的，要从中找出主要原因、研究对策。通过内部条件分析，可以明确差距，挖掘企业内部潜力，为企业制定战略提供科学的依据。

（二）企业内部条件分析的内容

企业内部条件分析的内容包括以下两个方面：

1. 企业一般情况分析

（1）领导者素养和职工素养分析。通过分析可以了解本企业总体人员的素养，考察人力资源的适宜性和适应性。领导者素养包括政治思想素养、文化知识素养、专业技术素养、身体素养等；对广大职工主要应进行思想素养、文化素养和技术业务素养分析。

（2）企业管理素养分析。主要分析企业科学管理水平的高低、管理者管理知识和管理技术的强弱等。

（3）企业技术素养分析。主要分析企业设备水平、各种工艺装备和测试、计吊仪器的水平、技术人员和技术工人的技能等级结构的高低，也要分析机器设备的结构役龄和工艺结构是否合理。

（4）企业资源供应分析。对企业所需要的原料、材料、燃料、动力、零部件、元器件等的供应，从数量、质量、品种、规格、期限等的保证程度上进行分析。

（5）企业财务成本分析。对企业进行生产经营活动所投入的本金和负债等各种资金的运行情况、成本费用情况及所产生的收入和盈利情况进行分析。

（6）企业生产条件分析。要分析企业生产过程组织和劳动组织是否适应市场的需求、能力结构与市场需求结构是否相适应，以及生产计划、现场管理水平的高低等。

2. 企业经营实力分析

企业是否存在竞争优势集中反映在企业的经营实力上，其分析主要包括以下内容：

（1）产品竞争能力分析。主要是对产品素质高低进行分析，即分析产品的成本、价格、质量、服务、商标、交货期、营销与广告等要素的水平是否符合顾客的需求，是否比竞争对手高出一筹。

（2）技术开发能力分析。企业应对新产品、新技术开发的难易程度进行分析。如果企业技术素养高，技术队伍整齐、水平高，技术装备程度高，开发能力较强，就容易开发出新技术、新产品。

（3）生产能力分析。主要对企业的生产规模及其生产能力结构进行分析：一是对产品生产各个工艺阶段的能力进行分析，看其是否平衡，有哪些薄弱环节，需要采取哪些措施填平补齐；二是生产多种产品时需要对各种产品的生产能力结构进行分析，看其是否合理，是否需要进行生产能力结构的优化与调整。

（4）市场营销能力分析。一是分析企业选择销售渠道的能力，即企业是否能够通过营销渠道把产品顺利投入目标市场；二是分析企业自销能力，即企业通过加强营销机构建设、组建和扩充营销队伍，看其形成了多大的营销能力。

（5）产品获利能力分析。要对产品进行盈亏分析，找出其盈亏临界点，要把各种产品的资金利润率与目标利润率进行比较，据此判断产品获利能力的强弱。

三、战略综合分析

（一）战略综合分析的目的

战略综合分析，就是将企业外部环境和企业内部条件的各种因素结合起来进行的分析。通过对外部环境的分析可以发现各种有利于企业发展的机会和各种不利于企业生存和发展的威胁，通过对企业内部条件进行分析可以把企业在市场竞争中的强项和弱项都显现出来。通过将外部环境和企业自身条件结合起来进行综合分析，可以将对机会与威胁、强项与弱项的分析结合起来，从中发现并提出企业今后为持续生存和不断发展所必须解决的一系列重大战略课题，从而为制订企业战略或调整、更新企业战略提供科学的依据。

（二）战略综合分析的方法

战略综合分析的方法有很多，下面介绍常用的 SWOT 分析法、波士顿矩阵分析法、价值链等方法。

1.SWOT 分析法

SWOT 分析法是指一种综合考虑企业内部条件和外部环境的各种优势，分析企业存在的优势和劣势、面临的机会和威胁，从而选择最佳经营战略的方法，如图 2–1 所示。其中，S 是指企业内部的优势（Strengths），W 是指企业内部的劣势（Weakness），O 是指企业外部的机会（Opportunities），T 是指企业外部环境的威胁（Threats）。

企业内部的优势和劣势是相对于竞争对手而言的。当两个或两个以上企业处在同一市场或它们都有能力向同一顾客群体提供产品和服务时，如果其中一个企业有更高的盈利能力或盈利潜力时，则这个企业相对于竞争对手而言更具有优势，反之则处于竞争劣势。判断企业的优势与劣势一般有两个标准：一是单项的优势与劣势，如通过企业的资金、技术设备、员工素养、产品、市场、管理技能等判断标准；二是综合的优势和劣势，为了评估企业的综合优势和劣势，应选定一些重要因素予以评价打分，并根据其重要性程度按加权确定。

企业外部的机会又称为环境机会，是指环境中对企业有利的因素，如政府的支持、高新技术的应用、良好的购买者和供应者关系等；企业外部的威胁又称为环境威胁，是指外部环境中一种不利的发展趋势所形成的挑战，如果不采取果断的战略行为，将导致公司的竞争地位被削弱，如市场增长率缓慢、新竞争对手的出现、购买者讨价还价能力增强等。

SWOT 分析法依据企业的目标对企业生产经营活动及发展有着重大影响的内部及外部因素进行评价，按内部、外部因素的重要程度加权并求和，然后根据所确定的标准，从中判定企业的优势与劣势、机会与威胁。企业在此基础上选择适宜的战略。

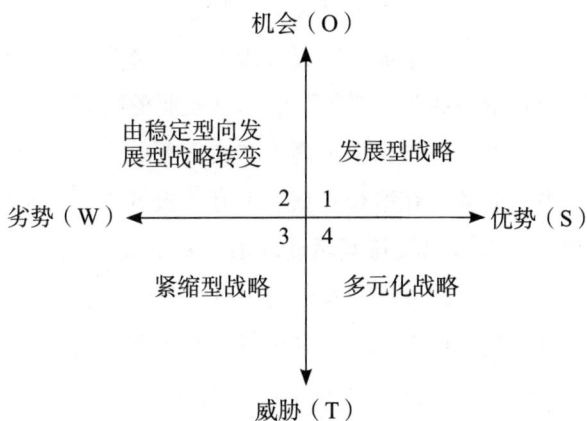

图 2-1　SWOT 分析

2.波士顿矩阵分析法

波士顿矩阵分析法又称四象限分析法，如图 2–2 所示，是美国波士顿咨询集团（The

Boston Consulting Group）提出的一种统筹分析方法。它把企业经营的全部产品和业务的组合作为一个总体进行分析，常用来分析企业相关经营业务之间现金流量的平衡问题，适用于具有多种产品和市场的企业，在这种企业中每一个产品和市场都分别作为单独的营业或利润中心进行管理，不存在任何起支配作用的产品和市场。

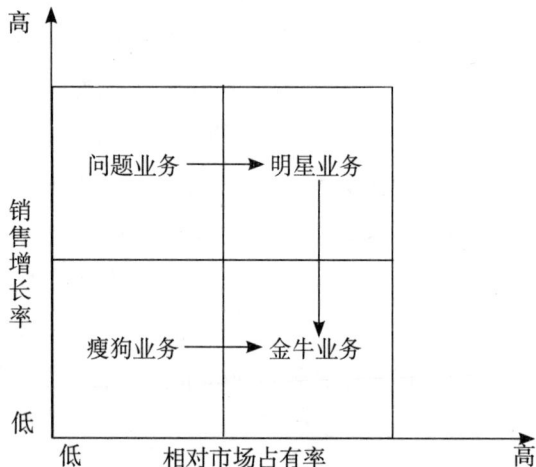

图 2-2　波士顿矩阵分析

波士顿矩阵中纵轴表示销售增长率，是指行业内某个产品或业务群前后两年市场销售额增长的百分比，表示每项经营业务所在市场的相对吸引力；横轴表示企业在行业中的相对市场份额地位，是指企业自己的市场份额与其最大的竞争对手的市场份额之比。图 2-2 中纵坐标与横坐标的交叉点表示企业的一个产品或业务群，四个象限分别为：

（1）问题业务。它是指处于高增长率、低市场占有率象限的产品或业务群。前者说明市场机会大，企业需要大量的资金支持其生产经营活动；后者说明其相对份额地位低，能够生成的资金很少，这类业务处于最差的现金流量状态。企业对"问题"业务应采取选择性投资战略，即首先确定对该象限中那些经过改进可能会成为"明星"的产品或业务进行重点投资，而将其他将来有希望成为"明星"的产品或业务则列入长期计划。

（2）明星业务。它是指处于高增长率、高市场占有率象限内的产品或业务群。这类业务可能成为企业的"金牛"业务，在增长和获利上有着极好的长期机会，但它们增长较快而显得资金不足，需要加大投资以支持其迅速发展。对这类业务，企业应采取发展战略，应在短期内优先供给其所需资源，以提高其市场占有率和竞争能力。

（3）金牛业务。它是指处于低增长率、高市场占有率象限内的产品或业务群。该类业务已进入成熟期，销量大，盈利率高，本身不需要投资，反而能为企业提供大量的资金，因而成为企业回收资金、支持其他产品特别是明星产品投资的后盾。对这一象限内大多数市场占有率呈下跌趋势的产品应采取收获战略，即所投入资源以达到短期收益最大化为限。

（4）瘦狗业务。它是指处在低增长率、低市场占有率象限内的产品或业务群。这类业务处于饱和的市场中，竞争激烈，可获利润低，甚至处于保本或亏损状态，不能成为企业的资金来源。对这类产品应采取撤退战略，应减少批量逐渐撤退，对负增长率和市场占有率极低的产品应及时淘汰。

3. 价值链

美国战略管理学家波特认为，企业每项生产经营活动都是其创造价值的经济活动。因此企业所有的互不相同但又相互关联的生产经营活动便构成了企业创造价值的动态过程，即价值链，如图 2–3 所示。

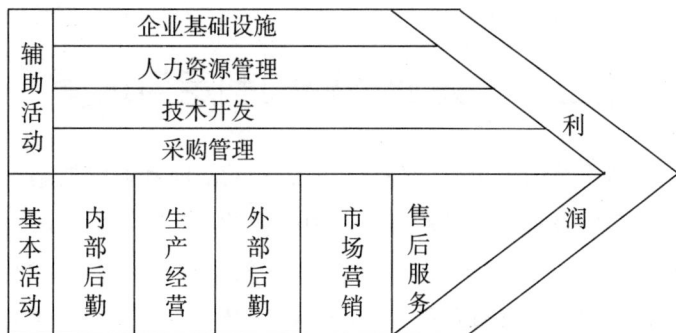

图 2-3　企业的价值链

从图 2–3 基本可以看出，企业的生产经营活动主要分为基本活动和辅助活动两大类。基本活动是生产经营的实质性活动，一般可以分成内部后勤、生产经营、外部后勤、市场销售和售后服务五种活动，这组活动与商品实体的加工流转直接有关，是企业的基本增值活动，各类基本活动都会在不同程度上体现出企业的竞争实力；辅助活动是指配合基本活动以完成增值目的的活动，包括企业投入的采购管理、技术开发、人力资源管理和企业基础设施，即企业的组织结构、控制系统及文化等活动。

企业为了判断自己的竞争实力，需要根据价值链的一般模型构造具有企业自己特色的价值链。企业在构造价值链时，需要根据价值链分析的目的及自己生产经营活动时的经济性将每一项活动进一步分解。分解后的每项活动要有自己的经济内容，或具有高度差异化的潜力，或在成本中有较大的百分比。企业应将可以充分说明企业竞争优势与劣势的子活动单独列出来以供分析使用。那些不重要的子活动可以归纳在一起分析，活动的顺序应按照工艺流程进行，也可以根据需要进行安排，以便管理人员从价值链的分类中得到直观的判断。

企业价值活动间的内在联系所形成的竞争优势有最优化与协调两种形式。企业为了实现其总体目标，往往在各项价值活动间的联系上进行最优化的抉择，以获得竞争优势；在协调方面，企业通过协调各活动间的联系，来增加产品的差别化或降低成本。在最优化与协调的过程中，企业需要大量的信息去了解形式多样的联系。

价值活动的联系不仅存在于企业价值链内部，而且存在于企业与企业的价值链之间。其中最典型的是纵向联系，即企业价值链与供应商和销售渠道价值链之间的联系。后者往往对企业活动的成本和效益产生影响，反之亦然。企业价值链与供应商价值链之间的各种联系为企业增加竞争优势提供了机会。通过影响供应商价值链的结构，或者改善企业与供应商价值链的关系，企业与供应商常常会双赢。企业与其供应商之间分配由于协调或优化各种联系所带来的收益，其结果与供应商的讨价还价能力有关，并体现为供应商的利润。销售渠道的各类联系分析是企业产品流通的价值链的重要内容。销售渠道对企业价值的提高有很大的影响。销售渠道进行的各种促销活动可以替代或补充企业的活动，从而降低企业的成本或提高企业的差别化。

第三节　企业战略的制定与选择

战略按其影响的范围及内容可分为公司战略、经营战略和职能战略。公司战略所要解决的问题是确定经营范围及进行资源配置，它由企业的最高管理层来确定，并且有较长的时效；经营战略集中在某一给定的经营业务内确定如何竞争的问题，它的影响范围比较小，且适用于单一经营单位或战略经营单位；职能战略涉及各职能部门的活动，其活动范围较经营战略更小。本节将简要介绍公司战略的各种选择方案，以及如何对其选择的战略做出评价。

一、公司战略

从公司战略所要解决的问题来确定企业的经营范围，即确定企业是在一个领域还是在多个领域中经营，以此为标准，可以把公司战略分成两类：多元化战略与专业化战略。

（一）多元化战略

多元化战略是指企业在两个或两个以上的行业中进行经营。企业出于分散经营风险、逃避业务萎缩、提高资源配置效率等方面的考虑会采取多元化经营的战略。根据多元化业务之间的相互关联程度，可以把多元化战略细分为复合多元化、同心多元化、垂直多元化和水平多元化等。

1.复合多元化

复合多元化是指各产品或业务没有任何共同主线和统一核心的多元化，或者说这类企业进入没有任何技术、经济关联的多项业务领域。如美国杜邦公司除经营化学产品外，还经营摄影器材、印刷设备；首都钢铁公司除主营钢铁外，还将经营范围扩展至电子、机械、建筑等行业。

2.同心多元化

同心多元化是指以市场或技术为核心的多元化，主要有三种形式：第一，多种产品或业务都以相同市场为统一的核心，如一家公司生产电视机、电冰箱、洗衣机等各种产品，这些产品都统一于"家电"这个市场；第二，各种产品或劳务都以相同技术为统一的核心，如冶金厂同时开展多种金属的冶炼业务，这些产品之间可以共享其冶炼技术等；第三，各种产品或业务以相同的市场、技术为统一的核心，如收音机、录音机、电视机等都以电子技术为基础而统一家电市场。

3. 垂直多元化

垂直多元化是指在一个完整的产品价值链中，企业在原承担的生产阶段的基础上前向或后向发展经营。如果是向价值链的前端发展，就称为前向垂直多元化。如汽车制造厂在生产汽车元件并进行装配的同时，也生产车轮或汽车轮胎；又如印刷企业也投资生产油墨等。如果是向价值链的后端发展，就称为后向垂直多元化。如一家轧钢厂也同时生产钢管进行销售等。

4. 水平多元化

水平多元化是企业利用原有市场，在同一专业领域内进行多品种经营。如汽车制造厂生产轿车、卡车和摩托车等各种不同类型的车辆。

企业可以通过内部增长或外部增长的方式来实现多元化经营。内部增长即企业通过建立新的生产设施和营销网络，将业务扩展至其他行业和产品领域，从而实现企业多元化经营的方式。内部增长可以通过投资新厂或者研究开发新产品等形式来实现。外部增长即企业通过兼并和收购其他企业，将业务扩展至其他行业和产品领域，从而实现企业多元化经营的方式。

多元化战略可以分散企业的业务，从而降低市场风险，同时也有利于企业发挥规模效应和品牌优势，但过分多元化将会使企业经营战线过长，使企业面临更大的管理失控风险。

（二）专业化战略

专业化战略是指企业仅在一个行业集中生产单一产品或服务的战略。由于专业化生产，企业可以在单一产品上集中生产能力和资源要素，从而达到规模经济的效果。实行专业化战略的企业还可以为目标客户提供更多品种和规格的产品。此外，企业可以更好地研究目标顾客的消费偏好及消费趋势的变化，并且针对这种变化更快地采取适应性行动，因此，实行专业化战略的企业可以以更快的速度生产出符合顾客不断变化的需求的产品。如格兰仕公司在20世纪90年代所采用的战略就是典型的专业化战略，它集中企业的全部资源，只生产微波炉这一种产品，从而在实现规模经济后取得成本优势，迅速成长为中国微波炉市场具有一定影响力的品牌。

专业化战略有利于企业集中优势资源，但也面临着专业市场变化、市场需求萎缩的市场风险。

二、经营战略

经营战略也称为一般竞争战略，波特在《竞争战略》一书中指出，企业为了获取相对竞争优势，可以选择以下三种不同类型的一般竞争战略，即成本领先战略、差异化战略和集中化战略。

（一）成本领先战略

成本领先战略的核心是使企业的产品成本比竞争对手的产品成本低，也就是在追求产量规模经济效益的基础上降低成本，使企业在行业内保持成本的领先优势。采用成本领先战略，尽管面对强大的竞争对手，仍能在本行业中获得高于平均水平的收益。实行成本领先战略可以在本行业中筑起较高的进入堡垒，并使企业进入一种成本—规模的良性循环。

企业之所以要采取成本领先战略，主要是因为它将给企业带来以下战略好处：

（1）即便行业内存在很多竞争对手，具有低成本地位的企业仍可获得高于行业平均水平的利润。

（2）能有效地防御来自竞争对手的竞争。因为较低的成本意味着当其他的竞争对手由于对抗而把自己的利润消耗殆尽以后，它仍能获得适当的收益。

（3）企业的低成本战略能对抗强有力的买方，因为买方的讨价还价能力只能迫使价格下降到下一个在价格上最低的对手的水平。也就是说，买方讨价还价的前提是行业内仍有其他的企业向其提供产品或服务，一旦价格下降到下一个最有竞争力的对手的水平，购买者也就失去了与企业讨价还价的能力。

（4）无论是规模经济还是在其他成本优势方面，那些导致成本领先的因素也成了潜在进入者的进入障碍。

（5）具有成本领先地位的企业可以有效地对付来自替代品的竞争。

正因为成本领先战略具有上述明显的优势，所以企业很愿意采用成本领先战略进行竞争。价格战略就代表了这样一种倾向。事实上，对于某些行业，如日用品，成本优势是获得竞争优势的重要基础。

虽然成本领先可以给企业带来竞争优势，但采用这种战略也将面临一定的风险。首先，技术的迅速变化可能使过去用于扩大生产规模的投资或大型设备失效；其次，由于实施成本领先战略，高层管理人员可能将注意力过多地集中在成本的控制上，以致忽略消费者需求的变化；最后，为降低成本而采用的大规模生产技术和设备标准化，因此可能会使产品生产缺乏足够的柔性和适应能力。

企业实施成本领先的战略可以通过以下方式进行：

（1）控制成本。控制成本即企业对已有的成本支出进行控制。控制成本的重点应放在产品成本比重较大的项目上，或与标准成本（计划成本）偏差（超支）较大的项目上。

（2）采用先进设备。企业采用先进的专用设备，可以大幅度提高劳动生产率，但是要求企业具备足够资金及市场的支持，只有企业生产和销售的产品批量足够大，形成规模效益，才能最终降低产品的单位成本。

（二）差异化战略

差异化战略是指企业向顾客提供在行业范围内独具特色的产品或服务。由于独具特色，可以带来额外的加价。差异化是企业广泛采用的一种战略。因每个企业都可以在产品和服务的某代特征上与竞争产品和服务不同，所以企业差异化的机会几乎是无限的。差异化战略并不是简单地追求形式上的特点与差异，企业必须了解顾客的需求和选择偏好是什么，并以此作为差异化的基础。为了保证差异化的有效性，必须注意两个方面：第一，企业必须了解自己拥有的资源和能力及能否创造出独特的产品；第二，从需求的角度看，必须深入了解顾客的需求和选择偏好，企业所能提供的独特性与顾客需求的吻合是取得差异化优势的基础和前提。采用差异化战略生产经营差异产品的企业，需要投入特殊的而不是通用的生产工艺、技术和机械设备，所以要支付比实行低成本竞争战略生产、销售标准产品（批量产品）更高的成本。

企业之所以要采用差异化战略，主要是因为差异化战略能带来以下好处：

（1）产品差异化可以使顾客产生品牌忠诚，降低对价格的敏感性，从而削弱顾客讨价还价的能力。由于顾客缺乏可比较的选择对象，因此不仅对价格的敏感性较低，而且更容易形成品牌忠诚。

（2）差异化本身可以给企业产品带来较高的溢价。这种溢价不仅足以补偿因差异化所增加的成本，而且可以给企业带来较高的利润，从而使企业不必去追求成本领先地位。产品的差异化程度越高，顾客越愿意为这种差异化支付较高的费用，企业获得的差异化优势也就越大。

（3）采用差异化战略的企业在对付替代品竞争时比竞争对手处于更有利的地位。这是由于顾客更注重品牌与产品形象，一般情况下不愿意接受替代品。

差异化战略往往给企业带来相应的竞争优势，然而，在某些条件下，追求差异化的企业也会遇到一定的风险。首先，顾客选择差异化产品和服务，不仅取决产品和服务的差异化程度，也取决于顾客的相对购买力水平。当经济环境恶化，人们的购买力水平下降时，顾客会把注意力从产品和服务的差异化特色转移到一些实用价值和功能上来。其次，竞争对手的模仿可能会减少产品的差异化程度，从这点来讲，企业能否通过差异化取得竞争优势，在一定程度上取决于其技术和产品是否易于被模仿。企业的技术水平越高，形成产品差异化需要的资源和能力就越具有综合性，竞争对手模仿的可能性就越小。

对企业来说，产品的差异化主要体现在产品实体的功能、售后服务、通过广告等市场营销手段、以商标等的差异作为产品差异市场管理方面。一般来说，企业应首先考虑在产品实体的功能和售后服务上形成差异，而市场管理则是形成产品差异的且有一定风险的手段。

（三）集中化战略

集中化战略是指企业的经营活动集中于某一特定的购买者集团、产品线的某一部分地域上的市场。同差异化战略一样，集中化战略也可呈现多种形式。虽然成本领先战略和差异化战略是在整个行业范围内达到目的，但集中化战略的目的是很好地服务于某一特定的目标，它的关键在于能够比竞争对手提供更为有效或效率更高的服务。因此，企业既可以通过差异化战略来满足某一特定目标的需求，又可以通过低成本战略服务于这个目标。尽管集中化战略没有在整个行业范围内取得低成本或差异化，但它是在较窄的市场目标范围内取得低成本或差异化的。

同其他战略一样，集中化战略也能在本行业中获得高于一般水平的收益，主要表现在以下三个方面：第一，集中化战略便于集中使用整个企业的力量和资源，更好地服务于某一特定的目标；第二，将目标集中于特定的部分市场，企业可以更好地调查研究与产品有关的技术、市场、顾客及竞争对手等各方面的情况，做到"知彼"；第三，战略目标集中、明确，经济成果易于评价，战略管理过程也容易控制，从而带来管理上的简便。根据中、小型企业在规模、资源等方面所固有的一些特点，以及集中化战略的特性，集中化战略对中、小型企业来说是最适宜的战略。

集中化战略也有相当大的风险，主要表现在以下三个方面：第一，由于企业全部力量和资源都集中到一种产品和服务或一个特定的市场中，当顾客偏好发生变化、技术出现创新或有新的替代品出现时，就会发现这部分市场对产品或服务需求下降，企业就会受到很大的冲击；第二，竞争者打入了企业选定的部分市场，并且采取了优于企业的更集中化的战略；第三，产品销量可能变少，产品要求不断更新，造成生产费用的增加，使采取集中化战略企业的成本优势削弱。

三、一般竞争战略的选择

（一）选择竞争战略

企业一般竞争战略的确定是企业战略管理的重要内容之一。有的学者认为波特提出的三种竞争战略实际上是两种战略，即低成本竞争战略和差异化竞争战略，集中化竞争战略是在狭窄市场范围（市场的某一部分或其中的某一子市场）内对前两种竞争战略的具体运用。研究结果表明，许多成功的企业有一个共同的特点：就是在确定企业竞争战略时，根据企业内外环境条件在差异化和低成本竞争战略中选择一个，从而体现目标，并采取相应措施而取得成功的。一般企业为了在竞争中取胜，并不是同时追求两个目标，而是选定一种战略，重点突破，以取得竞争中的绝对优势。

选择哪一种竞争战略，决定着企业的管理方式、产品的研究开发、企业的经营结构及市场理念。采用低成本竞争战略的企业应该在所有的生产环节上实现彻底的合理化，除成本控制外，最重要的就是讲究产品的合适批量，以充分利用机器生产标准的大产品，实现规模效益。福特汽车公司在早期的发展中，创造性地开发出流水线生产方式，并用来生产汽车。流水线的发明，使汽车成本大大降低，因此，福特公司当时生产的汽车成为"大量生产、大量销售"时代的代表。采用差异化竞争战略，就必须有特别的工艺设备与技术，同时为了使顾客了解本企业的这种"差异"，或者让本来是标准品的产品在消费者心目中建立起"差异"的形象，企业还要在销售方面组织广告宣传和产品推销活动等。这一切决定了产品差异化竞争战略必然与低成本竞争战略产生矛盾与冲突，同时实施这两种竞争战略的企业往往在市场竞争中失败，世界上最大的叉车制造厂——克拉克公司因同时追求这两个目标而惨遭失败是这一结论的典型案例。但是，同一企业在不同产品、不同阶段上可以采取不同的竞争战略，以下三种情况也是常见的：

（1）同一企业可以在不同种类的产品上采取不同的竞争战略。例如，汽车生产厂家可以对轿车和卡车分别采取差异化竞争战略和低成本竞争战略。

（2）同一企业可以在生产与销售这两个环节上采取不同的竞争战略。例如，可以在生产上采取低成本竞争战略，在销售和售后服务中采取差异化竞争战略。

（3）同一企业在不同时期可以有不同的竞争战略。例如，当产品处于投入期与成长期时，可以采用低成本竞争战略；而处于成熟期时，则采取差异化竞争战略。

（二）选择企业基本战略应考虑的问题

1. 外部环境

在社会经济高速发展时期，由于企业之间激烈的竞争及居民收入随生产力的发展而迅速提高，低成本竞争战略就会在很大程度上失去意义；反之，如果企业处于较落后的经济状态下，则应该高度重视低成本竞争战略以刺激需求。在欧美等发达国家，大众化的产品都强调产品差异化战略，而低成本竞争战略的模式则逐渐被企业所抛弃；在发展中国家一般多采用低成本竞争战略。

2. 自身实力

对于规模较小的企业，由于其生产与营销能力都比较薄弱，因此应该选择差异化竞争战略，以便集中企业优势力量瞄准某一特定顾客、特定地区或特定用途的产品打"歼灭战"；如果企业生产能力较强而营销能力较差，可考虑运用低成本竞争战略；如果企业营销能力强而生产能力相对较弱，可考虑运用差异化竞争战略，以充分发挥企业销售能力；如果企业生产与营销能力都很强，可以考虑在生产上采取低成本竞争战略，在销售上采取差异化竞争战略。

3. 产品种类

对于不同种类的产品，客户对其价格、质量、服务等要素具有不同的敏感度。对于生产企业来说，在保证基本质量的前提下，价格将成为企业竞争中最重要的因素，企业应尽量降低成本。绝大多数消费者是依据广告宣传、店员介绍、产品包装及说明、合适的价格来确定是否购买，所以对于消费品的生产企业来说，应尽量使本企业产品在服务和市场营销管理方面实施差异化竞争战略。日常消费品与耐用消费品是对消费品的进一步划分。日常消费品是人们几乎每天都消费的、反复少量购买的产品，这种产品竞争的关键是价格，因此，企业应在保证质量的前提下以优惠价格出售。耐用消费品是一次购买、经久耐用的产品，若干年才买一次，产品的质量与售后服务对顾客来讲非常重要，这就要求企业在这两个方面下功夫，推出质量和服务更好的差异化产品。

4 产品周期

在产品的投入期，为了抢占市场防止竞争者的进入，企业常常采用低成本竞争战略，以刺激需求，使企业处于成本、市场占有率、收益和设备投资四者的良性循环中。到了产品的成熟期与衰退期，消费需求呈明显多样性与复杂性，这时企业应该采取差异化竞争战略或专一化竞争战略。

当然，也存在与上述相反的实际现象。例如，一些高档消费品在投入期与成长期，由于购买者较少，需要以较高的价格作为自己身份、地位的象征，此时差异化竞争战略是明智的选择；产品到了成熟期之后由于原购买者已失去了把这些产品作为自己地位象征的兴趣，而新加入的消费者又主要着眼于产品的一般消费功能，因此这时企业应从差异化竞争战略转为低成本竞争战略，这种现象被称为高档品的日用品化。

第四节　企业战略实施与控制

企业一旦选择了合适的战略，战略管理活动的重点就从战略选择阶段转移到了战略实施阶段，战略实施就是将战略方案付诸实施并取得结果的过程，它是战略管理过程的行动阶段。一般来说，战略实施包含四个相互联系的阶段：战略发动、战略实施计划、战略运作和战略控制。

一、企业战略实施

（一）战略发动阶段

为调动企业大多数员工实现新战略的积极性和主动性，要对管理人员和员工进行培训，灌输新的思想、新的观念，使大多数员工逐步接受新的战略。

（二）战略实施计划阶段

将企业战略分解为几个战略实施阶段，每个战略实施阶段都定分阶段的目标，相应地有每个阶段的政策措施、部门策略及指导方针等。要对各分阶段目标进行统筹规划、全面安排。

1. 分解战略目标

战略目标的分解是设定战略系统计划的核心内容。战略实施就是要将战略目标从时空上进行分解、细化，根据战略阶段的要求将各阶段，特别是现阶段的目标具体化（可执行化和数量化），即把战略目标由远及近、由粗到细逐步分解，落实到每一个较小的时空上。

战略目标的时间分解，必须注意目标实现的阶段性和连续性，处理好目标实现的节奏性和时限性。而战略目标的空间分解，就是根据战略对各个层次、各个部门目标的具体化，即把战略目标由高到低、由小及大逐步分解，落实到每个具体的战术上。

总之，战略目标的时空分解，必须注意战略目标和战术手段的结合，处理好目标实现的层次与范围的一致性。在此基础上，企业还需要编制战略计划和战略任务书，以便更好地重组资源，调整组织结构，用计划推动战略实施。

2. 落实战略方案

战略方案的落实是制定战略计划系统的根本问题，具体包括人员落实、任务落实和方法落实。

人员落实主要是解决由谁来执行战略计划的问题，主要包括首席执行官（CEO）的落实、各级经理人员的落实和具体战略执行者的落实。企业战略方案一经确定，各级战略计划执行者就是战略实施效果的决定因素。

任务落实所要解决的是在战略计划执行过程中该做什么的问题，主要包括五个方面：第一，围绕战略目标有重点地优化配置资源；第二，调整组织结构以有效地执行战略；第三，动员整个组织投入执行战略计划；第四，设置战略管理支持系统；第五，发挥战略领导作用。

方法落实就是怎样去完成战略计划任务。战略实施是战略管理的重要环节，涉及企业管理的所有职能部门，各部门如何执行战略计划事关重大。事实上，在战略计划系统中，一项战略计划的执行需要得到各部门行动计划的支持。同时，企业的资源分配必须重点支持这种战略目标的实现。最后，企业必须建立一个战略实施控制系统或早期预警系统，以保证战略计划的正确执行。

（三）战略运作阶段

企业战略的实施运作主要与领导者素养、组织结构、企业文化和资源规划四个因素有关。

1. 领导者素养

战略管理是企业中管理人员，尤其是高层领导者的重要职能。从战略的制定到实施，均离不开企业的领导者。战略管理要求具有机智果断、勇于创新、远见卓识、知识广博、丰富经验和独特管理魅力的人来担任企业领导者。战略管理要求企业领导者不能等同于一般管理人员，而是能超越一般管理人员，能从企业日常经营管理工作中脱颖出来，有精力和条件运用自己的知识、经验、技能为企业制定出创新战略，并能积极、有效地去实施战略。战略管理还要求企业领导者真正统领全局，领导和激励全体员工为实现企业战略而努力。

具体来说，战略管理要求领导者应具备以下素养：第一，道德与社会责任感；第二，前瞻性的思维；第三，随机应变的能力；第四，开拓进取的精神；第五，丰富的想象力；第六，居安思危的心态。

2. 组织结构

企业要有效地实施战略，必须建立适合于所选择战略的组织结构；否则，不合适的组织结构将妨碍战略的实施，使战略达不到预期的效果。因此，组织结构与战略实施具有密不可分的关系，它是决定战略实施成功与否的关键因素之一。

钱德勒最早对组织结构与战略之间的关系进行了研究。他研究了70家公司的发展历史，尤其是杜邦公司、通用汽车公司、西尔斯罗巴克公司和标准石油公司美国这四大公司的发展历史。他发现：在早期，像杜邦这样的公司倾向于建立集中化的组织结构，这种结构非常适合其生产和销售有限的产品。随着这些公司增添新的产品线、收购上游生产投入行业建立自己的分销系统等，对高度集中化的组织结构来说，企业就变得太复杂了。为了保持组织的有效性，这些企业就需要将组织结构转变为具有几个半自治性质事业部的分权式组织结构。

因此，钱德勒得出了这样的结论：组织结构服从于战略，企业战略的改变会导致组织结构的改变。最复杂的组织结构是若干个基本战略组合的产物。

3. 企业文化

战略实施除了利益的驱动外，还需要企业文化的支持。企业文化是指一个企业的全体成员共同拥有的信念、期望值和价值观体系。它确定企业行为的标准和方式，规范企业成员的行为。

企业战略制定后，需要全体组织成员积极、有效地贯彻实施。长期以来形成的企业文化具有导向、约束、凝聚、激励、辐射等作用，是激发员工工作热情和积极性、统一员工意志和目标、使员工为实现战略目标而协同努力的重要手段。

与战略实施所需的价值观、习惯和行为准则相一致的企业文化有助于激发员工以一种支持战略的方式进行工作，但是，企业文化的形成过程是漫长的，文化的变革也是非常困难的。因此，建立一种支持战略的企业文化，是战略实施中最为重要也是最为困难的工作。

4. 资源规划

资源规划是战略实施的一个重要方面，在企业内部可以分为公司层和经营层两个层次的资源规划。

公司层的资源规划主要是在公司的不同组成部分之间进行资源分配，这些组成部分可能是企业的职能，也可能是业务分部或地区性分部。其重点是应该怎样在企业的不同组成部分之间分配资源，以支持企业的整体战略。

在实施战略时，经营层的资源规划需要重点解决两个问题：第一，规划中一定要弄清楚哪些价值活动对战略的成功实施最为主要，并且在规划时要给予特别的注意；第二，规划一定要解决整个价值链的资源需求问题，包括价值链之间的联系及供应商、销售渠道或顾客的价值链。

二、战略控制阶段

战略是在变化的环境中实施的，企业只有加强对战略执行过程的控制，才能适应环境的变化，完成战略任务。战略控制阶段分为三个部分：确定评价标准、评价工作成绩和采取纠偏措施。

（一）确定评价标准

评价标准是企业工作成绩的规范，用来确定战略措施或计划是否达到战略目标。一般来说，企业的战略目标是整个企业的评价标准。此外，在较低的组织层次上，个人制订的目标或生产作业计划都应是评价标准。评价标准同战略目标一样，也应当是可定量的、易于衡量的。选择合适的评价标准体系主要取决于企业所确定的战略目标。

（二）评价工作成绩

评价工作成绩是指将实际成绩与确立的评价标准相比较，找出实际活动成绩与评价标准的差距及其产生的原因。这是发现战略实施过程中是否存在问题或存在什么问题以及为什么存在这些问题的重要阶段。

在评价工作成绩时，企业不仅应将实际绩效与评价标准或目标相比较，也应当将自己的实际成绩与竞争对手的成绩相对照。通过这样的比较更能发现自身的优点或缺点，以便采取适当的纠正措施。评价工作成绩中的主要问题，是要决定将在何时、何地及间隔多长时间进行一次评价，为了提供充分而准确的信息，工作成绩应当经常地进行评价。要根据所评价问题的性质及对战略实施的重要程度，确定合理的评价频度。

（三）采取纠偏措施

对通过评价工作成绩所发现的问题，必须针对其产生的原因采取纠偏措施，这是战略控制阶段的目的所在。如果制定了评价标准，并对工作成绩进行了评价，但并未采取恰当的行动，则最初的两步将收效甚微。

第三章　管理会计概述

第一节　管理会计的产生与发展

本节主要阐述管理会计的基本理论体系，管理会计作为会计的一个组成部分，是从传统会计系统中分化出来的，现已成为与财务会计并列而又相对独立的一个会计分支。

一、管理会计的产生与发展阶段划分

管理会计源于西方，萌芽于 19 世纪初，正式形成于 20 世纪 20 年代。我国改革开放后引入管理会计，一直跟随西方步伐，管理会计的作用日益为人们所认可。

（一）管理会计在西方的发展阶段划分

近几年来，关于管理会计的起源存在争议，如果将成本核算纳入管理会计的范畴，管理会计从无到有、从体系残缺到体系完善，其发展过程可以划分为四个阶段。

1. 以核算和控制为核心的管理会计萌芽阶段

以核算和控制为核心的管理会计萌芽阶段涉及的时间范围是 19 世纪初至 20 世纪初，此间管理会计伴随着生产力发展的客观要求而出现。管理会计的萌芽最早可以追溯到 19 世纪初美国的纺织、铁路和钢铁制造企业等的实践。当时此类企业将多个单一生产过程联系起来，出现了层级式的组织体系。随着经营和交易活动的内部化，管理者开始关注降低成本和提高生产效率所带来的获利机会，主要关注每个单位中间产品所消耗的内部控制资源，尤其是人工成本。在此类企业出现之前，由于各项经营活动独立，生产成品所需的所有产品都是由市场定价的。因此不需要评估其内部产出信息，而当管理者开始将所需工人聚集到一个地方，用工资合同替代原有的市场购买合同时，评估内部产出信息及效率成为管理者的需求，管理者需要知道工人的单位时间工作量、单位时间的人工成本等，但当时并没有自发的市场信息可供参考。由此导致早期的成本核算出现，当时的成本核算只包括原材料和直接人工成本两项。虽然数据较粗略，但这些信息能够使得管理者对同一时间、同一工序内工人们的产出进行比较，对一个或多个工人不同时期内的产出进行对比。通过对比，可以帮助管理者评估内部生产过程，以及鼓励工人们完成产量目标。

19 世纪中后期，由于多种生产线的出现，生产过程更加复杂，管理者很难获取有关专业工人工作效率的准确信息，加之管理费用的数额逐渐增长，原有的直接成本核算信息

不能满足管理者的获利需求，他们希望找到计算产品成本的新方法，这引发了实务界对此的研究。率先将管理费用纳入产品成本核算范畴的应该是美国金属制造企业的工程师和管理者，他们被公认为产品成本核算方法的真正创立者，而他们当时开创不是为了评估整个企业的绩效，而是为了评估过程效率，为了追踪各产品利润对企业总体利润的贡献情况，为了服务于产品定价的需要等。

综观管理会计的萌芽阶段，由于当时的生产力水平极低，该阶段经历了一个漫长的过程。与其生产力水平发展相适应，企业逐步提出成本核算要求，并服务于内部控制需要求。总体来看，此阶段成本核算不断完善，人们借助于成本核算信息凭借直觉和经验进行分析管理，缺乏系统科学的方法，其工作的重心在于核算与控制。

2. 以规划和控制为核心的管理会计雏形阶段

以规划和控制为核心的管理会计雏形阶段涉及的时间范围是 20 世纪初至 20 世纪 50 年代初，此间管理会计伴随着社会的进步，其职能不断拓展，体系逐渐显现，原始雏形形成。20 世纪初，随着科学技术的快速发展，企业为了追求规模经济，集团性质的公司已经出现，但在企业管理中，经验和自觉仍占统治地位，许多企业管理混乱，资源浪费严重，如何采用科学的方法进行管理成为当时研究的首要课题。被誉为"科学管理之父"的美国人泰勒针对当时的状况进行了深入研究，于 1911 年出版了《科学管理原理》一书。该书关注过程管理，对于劳动量，为了避免工人"磨洋工"，主张实行劳动定额管理；对于人工，从时间、动作的合理配合角度，分析生产工人的实际操作，建议用秒表测定工人的标准操作时间，根据工作时间长短发放工资，实施差别计件工资制；对于生产过程，主张实行标准化管理，包括工具标准化、操作标准化、劳动动作标准化、劳动环境标准化等；另外主张计划职能与执行职能分开，认为工人只要按照计划执行即可。泰勒的科学管理思想旨在提高生产效率和生产效果，在其影响下，企业致力于计划与控制相结合，由此出现实务中标准成本、差异分析、预算控制的相继出现，而通用汽车公司率先实施这一管理方法。

弗雷德里克·温斯洛泰勒（Frederick Winslow Taybr，1856—1915）是美国著名发明家和古典管理学家、科学管理的创始人，被尊称为"科学管理之父"。泰勒 1856 年出生于美国宾夕法尼亚州杰曼顿的一个律师家庭。泰勒曾考上哈佛大学法律系，但由于他十分刻苦，视力和听力受到了损害，最后不得不辍学。之后，他做过学徒，当过普通工人，先后被提拔为机工班长、车间工长、厂总技师，并利用业余时间参加学习班。泰勒于 1883 年获得新泽西州斯蒂文斯理工学院的机械工程学学士学位，1884 年升任米德维尔钢铁厂的总工程师，1890 年担任一家机械制造投资公司的总经理，1893 年开始从事管理咨询工作，从 1909 年开始他每周都去哈佛大学讲课。

泰勒当工人时就已经开始观察有关管理方面的问题了，从事管理咨询工作后，开始通过撰写文章和发表演讲来宣传他的科学管理制度。他先后发表了《计件工资制》《工场管理》《科学管理原理》等著作，其中《科学管理原理》是其代表作，在西方管理思想史上具有划时代的意义，标志着资本主义国家由经验管理向科学管理的转变。

通用汽车公司建立于 1908 年，其组织形式由几个独立的综合性单位构成，每个单位制造并销售特定类型的汽车或部件。管理层为了有效控制成本、提高效率，应用了标准化等管理思想，将各部门年度运营计划与公司长期投资回损率及标准产量目标相协调，出现了利用标准成本、差异分析、预算控制形式的管理方式，这对提高执行过程的效率有着十分显著的效果，并得到了其他公司的认可而风靡全球。

标准成本、差异分析、预算控制在通用汽车公司的应用，是实践中会计方法的新发展，人们开始对其进行总结。1922 年美国会计学者奎因坦斯出版了《管理的会计：财务管理入门》一书，该书首次提出"管理会计"这一术语。同年麦金西出版了《预算控制》一书，并于 1924 年又出版了《管理会计》一书。1924 年布里斯也出版了一本名为《通过会计进行经营管理》的著作。这些书被西方誉为早期管理会计的代表作，也是管理会计原始雏形的主要标志。

管理会计原始雏形的完善，一方面源于社会环境的显著变动，另一方面得益于现代科学管理理论的推动。第二次世界大战结束后，各国致力于经济的恢复。从市场状况来看，商品出现供过于求的状况，买方市场形成；从企业规模来看，资本进一步集中，具有垄断性质的集团公司形成，跨国公司出现，使得企业间的竞争进一步加剧；而从收益状况来看，由于当时通货膨胀严重，经济危机不断发生，企业的利润率下降。在企业内外环境显著变动的情况下，企业要想在竞争中立于不败之地，获得利润，仅仅依靠泰勒提出的过程管理思想已不再适应环境发展的需要，这迫使企业寻找加强内部管理的新方法。

与此同时，科学管理理论进一步发展，由古典科学管理发展为现代科学管理。现代科学管理有两大支柱：运筹学和行为科学。运筹学学派于 1939 年由英国曼彻斯特大学教授布莱克特领导的运筹学小组创立，该学派早期涉及的领域是军事管理，之后转向企业经济管理。研究重心转移后的该学派认为，以泰勒为代表的古典科学管理学派存在弊端，他们提出的过程管理方式已不能满足当时环境发展的需要，主张将现代数学及数理统计学原理引入企业管理，建立数量模型，进行定量反映，按照最优化的要求来组织、安排、控制企业的经济活动，自此数学方法被引入会计。行为科学学派是在哈佛大学教授梅奥开创的人际关系学说的基础上发展起来的，该学派盛行于 20 世纪 40 年代，认为古典科学管理学派存在的显著弊端是：一味地倡导提高劳动强度会遭到工人的反抗。因此，他们开始研究人的行为、人的需求和人际关系，把行为科学的原理应用于企业管理，主张按照心理学和社会学的原理调整人际关系，以调动职工的生产积极性；另外主张逐级下放职权、明确职能部门及职工的权责范围，制定目标并进行考核。在现代科学管理理论的影响下，早期的管理会计技术得到进一步发展，标准成本制度与全面预算体系越来越成熟，并与目标管理相结合，本量利分析方法已开始出现。另外，管理会计吸收运筹学派的定员分析技术，建立了经营决策分析与投资决策分析的方法体系；与此同时，也吸收行为科学学派的管理思想，奉行人本化管理方式，出现了责任会计。众多新方法的不断出现及原有方法的完善，从广度和深度上丰富了管理会计的内容，致使具有核算、预测、决策、规划、控制、评价等职能的学科体系得以建立，管理会计的雏形真正形成。

综观管理会计的雏形阶段，成本核算不再是研究的重心，基于生产过程的规划与控制方法率先出现，随着社会的发展以及现代管理科学理论的提出，其他方法相继出现，但执行中的规划与控制一直是此阶段的工作重心。

3. 以预测和决策为核心的管理会计形成与发展阶段

以预测和决策为核心的管理会计形成与发展阶段涉及的时间范围是 20 世纪 50 年代初至 20 世纪 80 年代中期，此间管理会计学科诞生，内容不断充实和完善。1952 年在伦敦举行的国际会计师联合会上正式通过了"管理会计"（Management Accounting）这个专业术语，标志着管理会计学科的诞生，自此会计被细分为财务会计和管理会计两大分支。通过总结实践经验和教训，人们认识到，企业的盛衰、成败、生存、发展，首先取决于企业采取的方针政策是否正确。现代管理科学认为，提高工作效率固然重要，但更重要的是，要把经营决策放在首位。所谓"管理的重心在经营，经营的重心在决策"，正是对这一管理思想的恰当描述。受此影响，20 世纪 50 年代建立的管理会计学科体系以预测决策为核心，以规划控制为辅，由成本核算、经营预测、长短期决策、全面预算、成本控制、责任会计等构成了完整的管理会计内容体系。

进入 20 世纪 60 年代，信息论、系统论、控制论日渐流行，其研究成果逐渐受到人们的重视并被引入企业管理，研究随之出现热潮。受其影响，管理会计不断摄取其方法，内容不断充实与完善，到了 20 世纪 70 年代，管理会计不断发展，越过美国国境而风靡全球，其专业方法和技术得到了世人的肯定，应用范围也由最初的制造业推广到所有类型的组织中，包括服务业及非营利组织在内。

与此同时，管理会计组织也在不断发展。1972 年英国的成本会计师协会更名为成本和管理会计师协会，1986 年再次更名为特许管理会计师协会（The Chartered Institute of Management Accountants，CIMA）；美国成立了管理会计师协会（The Institute of Management Accountants，IMA），其前身是全国会计师协会。这两个组织是全球领先的管理会计专业组织。它们分别出版《管理会计》月刊和《管理会计研究》季刊，并在世界范围内发行，影响广泛。随着管理会计地位的不断提高，1972 年美、英两国先后举办注册管理会计师考试（美国为 The Chartered Managements Accountants，简称 CMA 考试；英国为 The Chartered Institute of Management Accountants，简称 CIMA 考试），之后每年都举行并得到世界范围内的认可，从而使管理会计具有了职业化色彩。

20 世纪 70 年代末至 80 年代初，管理会计研究从实用角度走向了理论研究。美国管理会计师协会下设的管理会计实务委员会 1980 年以来陆续发布了一系列《管理会计公告》，至今共发布了 34 篇；与此同时，英国特许管理会计师协会发布《管理会计正式术语》。它们试图对管理会计的概念、目标、方法等进行规范，自此管理会计朝着规范化方向发展。

综观管理会计的形成与发展阶段，20 世纪 50 年代初管理会计学科体系建文，成为与财务会计相对立的一个会计分支。由于受现代科学管理思想的影响，预测决策被提到首要地位，成为管理会计的核心和工作重心，其间管理会计方法体系不断完善，但新的方法没有出现。管理会计具有了专业化、职业化、规范化的性质，从而得到全方位的发展。

注册管理会计师（Certified Management Accountants，CMA）是由美国管理会计师协会（IMA）创建并推行的管理会计领域中最权威的专业资格认证。2012 年 12 月 1 日 CMA 中文考试在我国顺利进行，考试内容包括两个部分：第一部分，财务计划、业绩及控制；第二部分，财务决策。总分 700 分，500 分合格。若申请 CMA 认证，教育程度要求大专、本科及研究生以上学历均可。CMA 中文考试时间为每年的 4 月、7 月、11 月，笔试答题。CMA 中文考试标准同英文标准一样，只不过语言类型不一样。

4. 以战略性为核心的管理会计成熟阶段

以战略性为核心的管理会计成熟阶段涉及的时间范围是 20 世纪 80 年代中期至今。20 世纪 80 年代中期以来，西方科学技术突飞猛进，计算机技术广泛应用于企业生产，出现了数控机床、计算机辅助设计与辅助生产、弹性制造系统和智能化机器人，企业的组织形式逐渐由顾客化生产模式取代传统的大批量生产模式。新技术的不断引入，以及企业内外环境的显著变动，导致企业间的竞争呈现国际化趋势，随未来因素不确定性的加剧而变得更加难以准确预测。

生产力的飞速发展导致传统的管理会计方法与其不相适应，西方由此提出有关管理会计的相关性遗失的呼声。相关性遗失的主要原因包括：一是认为管理会计采用的数学模型严重脱离实际；二是产品成本计算的结果严重扭曲；三是业绩评价只有定量指标而缺乏定性指标。西方主张变革管理会计。

1988 年美国哈佛商学院教授卡普兰（S.Kaplan）和芝加哥大学的青年学者库珀（R.Cooper）联合在《哈佛商业评论》上撰文，系统而深入地从理论和应用角度对作业成本法进行了全面分析，被公认为作业成本法的首创者或奠基人，作业成本法由此诞生。作业成本法针对产品成本核算扭曲现象而产生，其作业成本核算与作业管理思想逐渐为理论界与实务界所接受，其先进的作业管理理念几乎融入传统管理会计的各项内容中。作业成本法拉开了管理会计变革的序幕。在此之后，新的方法不断涌现，出现了 EVA、平衡计分卡、环境管理会计、流程再造等。在管理会计变革的过程中，受战略管理思想的影响，战略管理会计、价值链会计应运而生。应该说，作业成本法具有划时代意义，它将管理会计的理论与实务推向一个新的高潮。而分析 20 世纪 80 年代中后期出现的这些新方法，无不与战略管理观念密切相关，这些方法都有助于企业保持竞争优势，促使其长期发展，因此新方法具有战略性的特征。

目前，20 世纪 80 年代中后期出现的管理会计各种新方法理论趋于成熟，已到了推广应用阶段，理论界试图将这些新方法与传统管理会计有机融合，虽然所构建的内容体系各异，但求同存异，原有的方法几乎保留，新的方法已融入相关各项内容中，只是体系结构上有所不同而已。应该说，一个崭新的管理会计内容趋于稳定。

综观管理会计的成熟时期，管理会计新方法的出现不是对传统管理会计的全盘否定，而是对其的发展。新、旧方法融合后的管理会计体系具有综合性管理的特点，其工作重心是基于战略的综合管理，关注企业的长期发展，重视预测决策，兼顾规划与控制。

（二）管理会计在我国的发展阶段划分

改革开放时期，我国的管理会计是在全盘引进西方的前提下建立的，但在此之前我国自发形成的类似管理会计的活动是存在的，是不能抹杀的。基于此，可以将我国的管理会计发展大致划分为五个阶段。

1. 自发应用阶段

自发应用阶段涉及的时间范围是从中华人民共和国成立后至20世纪70年代后期。自中华人民共和国成立以来，我国一直处于计划经济时期。国家统收统支，企业只关心产品生产，不注重销售，因此至改革开放前，没有"管理会计"一词，但实务中加强生产的内部管理方法是存在的，并具有独到之处。我国自发应用类似管理会计的方法与技术可以追溯到20世纪50年代的班组经济核算，在60年代又出现了资金归口分级管理方式，之后与经济责任制配套，许多企业在70年代后期实施厂内银行核算。上述方法，虽然没有从理论上统一规范其称法，但对于企业明确责任、控制成本与支出却起到了良好的作用。

2. 介绍吸收阶段

介绍吸收阶段涉及的时间范围是20世纪70年代末至80年代中期。1979年机械工业部组织翻译并出版了第一部《管理会计》著作，标志着向西方学习管理会计的开始。1981年、1984年，李天民教授先后编写了面向不同层面教学的《管理会计基础》与《管理会计学》，分别由知识出版社和中央电视广播大学出版社出版；1983年受财政部教材编审委员会的委托，余绪缨教授编写了面向高等财经院校财务与会计专业的《管理会计》教材（专业选修课）。余绪缨、李天民两位教授所著教材被广泛应用，成为开创我国管理会计学科领域的先列。之后，各种相关普及性读物不断涌现。另外，财政部、教育部积极宣传管理会计，先后在厦门大学、上海财经大学和大连理工大学等院校举办了全国性的管理会计师资格培训班和有关讲座，并聘请外国学者来我国主讲管理会计。在理论研究推动下，实务工作者积极参与"洋为中用，吸收并消化管理会计"的活动，有的单位成功地运用了一些管理会计的方法，解决了一些实际问题。另外在政府的推动下，国有企业积极探索变动成本法与责任会计的结合，从而形成了20世纪80年代初中期的管理会计研究热潮。

3. 停滞收缩阶段

停滞收缩该阶段涉及的时间范围是20世纪80年代后期至90年代初期。在此阶段，我国管理会计的教科书一直滞留在对传统管理会计内容的介绍上，多年来没有什么变化，而管理会计与成本会计、财务管理内容交叉的问题却越来越突出。另外，实务中，管理会计的应用成效并不显著，加之受西方相关性遗失观点的影响，由此导致我国管理会计在此期间逐渐受到冷落，一些专科学校取消了管理会计课程，理论界出现了要不要学管理会计的争议，管理会计的发展处于低潮期。尽管如此，理论界对西方研究成果的介绍并没有因此而停止。1986 年，陈仁栋翻译了弗兰霍尔茨所著的《人力资源会计》一书，自此揭开了我国研究人力资源会计的序幕；另外，余绪缨教授率先探讨作业成本法的基本原理及对我国管理体系产生的影响。但总体来看，相关的研究并不多。

4. 发展创新阶段

发展创新该阶段涉及的时间范围是 20 世纪 90 年代中期开始至 90 年代末期。进入 20 世纪 90 年代中期，受西方管理会计研究热潮的影响，国内专家、学者紧跟国际潮流，大量介绍并不断引入国外最新的管理会计研究成果，这些新方法逐渐得到我国理论界的推崇，并重新掀起研究管理会计的热潮。我国管理会计"热"的出现，很大程度上得益于中国会计学会强有力的推动。1997 年《会计研究》杂志以"管理会计在我国企业中的应用与发展"为题组织了"安易杯""金蝶杯"等形式的有奖征文活动。1999 年中国会计学会专门成立了"管理会计与应用专业委员会"，该委员会针对管理会计发展过程中出现的前沿和焦点问题，首次举办了全国性的"管理会计与应用专题研讨会"，并由中国财政经济出版社出版了《管理会计与应用专题》《人力资源会计专题》两本书；同年中国会计学会设置了四个有关"管理会计应用与发展的典型案例研究"课题，从而推动了国内管理会计案例研究。1997 年徐国君学者编著的《劳动者权益会计》出版，创新性地构建了劳动者权益会计模式，该模式是对西方人力资源会计的完善与发展。与此同时，战略管理会计、平衡计分卡、EVA 等也成为热点话题，展望 21 世纪管理会计的专著与文章纷纷涌现，由此使得停滞不前的管理会计再度掀起高潮。

5. 稳定成熟阶段

稳定成熟该阶段涉及的时间范围是 21 世纪初期至现在。进入 21 世纪，管理会计出现的各种新方法的内容、体系逐渐稳定，理论界基本达成共识，介绍性的文章逐渐减少。关于管理会计理论类的研究著作、文章不断涌现，从我国的实际出发，积极探索一条行之有效的中国式管理会计之路，标志着管理会计新领域的内容趋于成熟。与此同时，我国的实务界进入了吸收消化阶段。平衡计分卡、EVA、作业成本法等先进的管理理念日益深入人心，这些方法在实务界得到推广与应用，并取得了一定的成果。2007 年美国管理会计师协会（IMA）进入中国；2009 年 IMA 与中国优财公司正式启动中国区战略合作计划，标志着 CMA 培养全面登陆中国，管理会计正朝着职业化方向发展。应该说，目前我国的管理会计正处于上升趋势，其地位日益巩固。

综观我国的管理会计发展，加强内部管理属于自发意识，管理会计自全盘引进一直紧跟西方的步伐。总体来看，20 世纪介绍多、创新少；21 世纪后管理会计进入稳定发展阶段，研究的重心转向吸收、消化和应用时期。

二、管理会计产生发展的原因

管理会计学科的诞生受到企业内外环境的影响，它是社会生产力进步的结果，也是管理理论推动的结果，另外企业自身的发展要求也促使其产生。

（一）社会生产力的不断进步导致管理会计产生并发展

会计不是与生俱来的，作为会计分支之一的管理会计，是社会生产力发展到一定阶段才出现的。

20世纪初，生产属于典型的劳动密集型生产，企业的所有权与经营权分离。在这一时期，仅通过加强生产过程管理就可以使企业立于不败之地，但到了20世纪50年代后，随着战后经济的快速恢复及企业间竞争程度的加剧，企业单纯依靠生产过程管理已不能处于优势地位，必须与生产前的决策相结合，只有决策方向正确，生产过程的管理才有效。而到了20世纪80年代中期，企业间的竞争趋于国际化态势，生产方式由劳动密集型逐渐向技术密集型转变，在这种情况下，如果企业仅仅局限于自身而不关注上下游和竞争对手的变化，也可能导致其经营失利。因此有助于企业长期发展的各种新观念和新方法充实了传统管理会计的各项内容。综观管理会计的发展过程，我们可以得出这样的结论：生产力的不断进步，为管理会计的产生和发展提供了适宜的土壤，而生产力的进步与管理会计的有机结合是导致管理会计形成发展的根本原因。

（二）加强内部管理的客观需求导致管理会计产生并发展

从西方来看，在"管理会计"术语第一次出现之前，企业就凭借着经验与直觉进行内部管理，而我国也十分相似，虽然没听说过"管理会计"这一术语，但管理会计的相似方法已经采用。综观中西方管理会计的发展过程，管理会计之所以能够从低潮转入高潮而不断发展，原因在于管理会计的目的明确，加强内部管理一直是企业生存与发展的法宝，而管理会计以其为目的，由此使得该学科具有了较强的生命力。

（三）管理理论的不断发展促进管理会计的产生并发展

在管理会计的发展过程中，管理理论起到了推波助澜的作用，管理会计的每一次发展都与管理理论的不断完善有着密切的关系。管理会计原始雏形形成时期，古典科学管理理论是其产生的基础，而管理会计学科体系建立阶段与现代管理科学理论的提出有着直接的关系。20世纪80年代战略管理理论问世，该理论为管理会计新方法的不断涌现奠定了坚实的理论基础。在某种程度上，可以说，管理会计是伴随着管理理论的不断发展而完善的。

第二节　管理会计的内涵

一、管理会计的属性及概念

本质即实质，是指"事物本身所固有的，决定事物性质、面貌和发展的根本属性"。管理会计本质则是管理会计区别于其他事物的根本属性，它回答了"管理会计是什么"的问题。

（一）管理会计的根本属性

从字面意义理解，管理会计就是管理与会计的直接结合，但从本质上看，管理会计是利用会计信息系统为加强内部管理而服务的。界定管理会计的根本属性可以从以下两个方面进行解释：

1. 管理会计属于企业管理的一个组成部分

在管理会计的发展过程中，管理理论一直起着推波助澜的作用，原因在于，管理会计实质是企业管理的一个组成部分。企业管理理论发展时，自然会对其相关组成部分产生影响，并促使其发展。所谓企业管理，是指对企业的生产经营活动进行组织、计划、指挥、监督和调节等一系列职能的总称。此概念的内涵十分丰富，它涵盖了企业中的所有职能部门，作为会计部门组成部分的管理会计自然也成了企业管理的一个组成部分。

2. 管理会计是会计信息系统的一个子系统

1966 年，美国会计学会提出会计基本上是一个信息系统，并以此界定会计的本质，此观点得到了大部分学者的认可。如果将会计理解为信息系统，则作为会计分支之一的管理会计就是会计信息系统的一个子系统。它与财务会计的最显著区别是：它提供内部报告而不是外部报告。

（二）管理会计的概念

余绪缨教授曾经提出"广义管理会计体系"新概念，认为管理会计由微观管理会计、宏观管理会计和国际管理会计三部分组成。本书仅指微观管理会计。关于微观管理会计的概念众说纷纭。

有些观点侧重于管理的决策职能，基于该角度对管理会计进行界定。1966 年，美国会计学会提出："所谓管理会计，就是运用适当的技术和概念，对经济主体的实际经济数据和预计的经济数据进行处理，以帮助管理人员制定合理的经济目标，并为实现该目标而进行合理决策。"

有些观点侧重于管理会计的空间范畴，基于该角度对管理会计进行界定。1981 年，美国管理会计实务委员会认为，管理会计是向管理当局提供用于企业内部计划、评价、控制，以及确保企业资源的合理使用和经管责任的履行所需财务信息的确认、计量、归集、分析、编报、解释和传递的过程；并指出，管理会计同样适用于非营利的机关团体。此概念将管理会计的活动领域扩展到了事业单位。1982 年，英国成本和管理会计师协会认为，除了外部审计以外的所有会计分支（包括簿记系统、资金筹措、编制财务计划与预算、实施财务控制、财务会计和成本会计等）均属于管理会计的范畴。应该说，此概念的空间范围最为广泛。

有些观点侧重于信息系统，基于该角度对管理会计进行界定。1995 年，李天民教授认为管理会计是通过一系列专门方法，利用财务会计、统计及其他有关资料进行整理、计算、对比和分析，使企业内部各级管理人员能据以对各个责任单位和整个企业日常和未来的经济活动及其发出的信息进行规划、控制、评价与考核，并帮助企业管理当局做出最优决策的一系列信息系统。

本书认为管理会计概念是对管理会计本质的全面描述，它应立足于管理会计的根本属性。作为企业管理的组成部分，管理会计应履行管理的职能；作为会计信息系统，管理会计应具有核算和报告的职能。管理会计是指采用科学的方法，通过核算、预测、决策、规划、控制、评价、报告等日常管理行为，服务于企业的内部管理，为管理当局的正确决策提供参考依据的一个会计分支。

二、管理会计的对象及特征

管理会计的对象规范管理会计的时空范围，管理会计的特征反映管理会计本身所具有的特点。

（一）管理会计的对象

管理会计的对象应包括总体对象和具体对象。从总体对象来看，管理会计的总体对象与财务会计的总体对象，乃至财务管理的总体对象具有一致性，都是企业的经营活动及其价值运动，但它们的具体对象不同。具体对象反映学科特色，是本学科区别于其他学科的主要标志。

企业的任何一项经济活动都可以通过资产、负债、所有者权益、收入、费用、利润六大会计要素予以反映，这六大会计要素涵盖了企业价值运动或资金运动的全部。为了避免管理会计与财务管理的学科内容交叉，管理会计与财务管理所涉的相应会计要素应明确。深入分析会发现，管理会计是从量的角度涉及总体对象，反映的是一定时期的价值或资金的流量，一方面表现为对成本的历史反映，另一方面表现为对未来的筹划；而财务管理则是从质的角度涉及总体对象，反映的是资金实体的运动及其所体现的货币关系，它是对货币运动的直接管理行为，具体表现为货币的获取、运用、分配及规划等。基于此，可以将管理会计的具体对象界定为成本及未来动态的价值运动，涉及的内容有成本及未来的收入、费用和利润；将财务管理的具体对象界定为过去及未来静态的价值运动，涉及的内容有资产（不包括存货）、负债和所有者权益。由于财务管理是从分析、评价等角度涉及过去的资产、负债及所有者权益，从而与财务会计工作范畴相区别。另外，之所以资产中扣除存货，是因为存货属于日常生产经营管理的范畴，它与管理会计的联系更为紧密，因此存货管理归属于管理会计。

（二）管理会计的特征

从管理会计的发展历程中，我们不难看到管理会计的特征。其主要特征如下：

1. 以成本为基础

可以说成本是管理会计的基础，离开了成本，管理会计将成为无源之水，不能生存。加强企业内部管理，必须以成本为重点，从不同角度对成本进行分类，并采用科学的方法进行成本核算，从而利用这些信息资料为管理会计其他职能作用的发挥提供依据。

2. 侧重于日常经营管理

总体来看，管理会计的工作属于常规性的工作，日常围绕着预算及内部报告而展开，通过预算的编制及执行，促使企业各个环节有机结合，并协调发展；通过内部报告的编制及时向上级反馈信息，从而加强企业的内部管理。

3. 规划与控制是关键

管理会计的职能具有多样化特点，但深入分析，从管理会计产生至今，规划与控制是其重心。虽然从理论上看，预测、决策更加重要，它关乎企业的生存与发展，但从管理会计的具体工作环节来看，规划与控制是实实在在的。实际工作中，预测、决策为规划服务，通过编制预算，确立控制标准，通过差异分析，可以反馈经营信息，进而可以发现漏洞并为采取有力措施提供依据。

三、管理会计的职能、目标及内容

管理会计的职能说明管理会计的功能及作用，管理会计的目标规范着管理会计的努力方向，管理会计的内容应与管理会计的本质、职能相适应。

（一）管理会计的职能

很多学者从企业管理与管理会计之间的关系来界定管理会计的职能，认为作为现代企业管理主要内容的管理会计，其职能必然受到企业管理职能的约束。由于企业管理具有预测、决策、规划、控制和考核评价五项职能，由此推断出管理会计也具有这五项职能，深入分析可知，这种界定侧重于管理会计的企业管理属性，忽视了管理会计的信息系统功能。事实上，界定管理会计的职能必须立足于管理会计的根本属性，管理会计所具有的企业管理属性及信息系统属性二者不能丢弃，失去哪一个，管理会计的内容体系都不会完整。结合管理会计的两个根本属性，管理会计具有以下几项主要职能：

1. 核算内部成本

管理会计自产生之日起就与成本会计存在着血缘关系，它以成本核算为基础，而内部成本核算不受现行财务会计准则的制约，服务于企业的内部管理，涉及的方法主要有变动成本法和作业成本法等。

2. 预测经济指标

管理会计的预测职能主要表现为对未来经济指标的预测，如销售量、销售收入、成本、利润等。这些指标的预测需要采用科学的方法，并与其他部门积极配合。只有这样，预测的结果才能接近实际。

3. 参与日常经营决策

决策关乎企业的生存与发展，但管理会计人员不是真正的决策者，管理会计通过核算与分析为企业高层的正确决策提供信息，从而起到商议的作用。日常经营决策主要是指生产决策和定价决策，管理会计人员可以参与其中，并为最终优选方案的确定提供信息。

4. 编制全面预算

计划与预算是两个不同的概念，预算是计划的一个组成部分，是对计划的定量说明。管理会计具有规划未来的功能，这种功能通过编制年度全面预算可以体现。全面预算需要将事先确定的目标指标进行层层分析并落实到各责任单位的预算中。它是各责任单位未来年度的努力方向，也是各责任单位执行过程中的主要控制标准。

5. 控制成本费用

管理会计的原始雏形源于标准成本、预算、差异分析，这些方法体现的是执行过程中的控制原理，该原理目前仍被采用，而随着社会的进步，新的控制方法也相继出现。控制是管理会计的一个重要职能，无论采用何种方法进行控制，一般的控制原理都不会改变，这就是通过差异分析来寻找问题的根源，进而达到控制的目的。需要特别强调的是，控制是一个十分广泛的概念，企业中所有的活动都存在控制问题；但对于管理会计而言，主要控制的是成本费用，在收入一定的前提下，只要成本费用不超支，就可以实现利润目标。因此，降低成本费用是管理会计的一项重要任务。

6. 评价责任单位业绩

业绩评价是通过建立综合评价指标体系对评价对象的业绩优劣做出评价的一种分析，包括企业的业绩评价和内部责任单位的业绩评价。管理会计侧重于内部管理，关注企业的内部各责任单位。因此进行的评价属于内部责任单位的业绩评价，采用的方法常常是西方的责任会计。

7. 编制内部报告

管理会计的信息系统功能主要表现为两项职能：一是进行内部成本核算，二是编制内部报告。这两项职能是管理会计不可缺少的两个必要职能。内部报告不同于外部报告，管理会计涉及的内部报告因工作环节的不同而存在不同种类的内部报告，其形式灵活多样，没有统一或固定的格式。

（二）管理会计的目标

管理会计的目标包括总体目标和具体目标。从总体目标来看，反映的是管理会计的终极目标，应与企业目标保持一致。管理会计属于企业管理的一个重要组成部分，理应服务于企业整体，不能脱离企业口碑而存在。企业价值最大化是近年来公认的企业目标，因此管理会计的终极目标是不断提升企业价值，实现企业价值最大化。

从管理会计的具体目标来看，应该体现其学科特色，对其界定不能脱离管理会计的本质和职能，应以管理会计本质为基点，以管理会计的职能为核心，明确管理会计的工作方向。基于此，管理会计的具体目标是合理规划与控制，为管理当局提供与决策相关的内部信息。

（三）管理会计的内容

一般界定管理会计的基本内容，人们常常将其与企业管理的主要职能和会计相结合，将其界定为决策会计和执行会计两个方面。首先，这种界定过于宽泛和笼统，可能会将一些不属于管理会计的内容统统纳入其范畴。事实上，管理会计仅仅是企业管理的一个组成部分，有其特定的范畴。其次，就内容而言，应该涵盖管理会计的全部职能，突出重点并不意味着可以忽视其他。最后，内部报告形式多种多样，不同的内容有着不同的形式，而帮助管理者决策正是基于这些报告所起的作用。事实上，编制内部报告是管理会计的重要职能。基于此，本书认为，管理会计的内容包括管理基础与报告、内部成本核算与报告、规划与报告、控制与报告四个方面。

1. 管理基础与报告

作为基础，应该贯穿管理会计各项内容的始终，它是研究管理会计其他各项内容的基础，而具有此特征的只能是成本性态分析。成本性态分析将企业所有的成本采用一定的方法区分为变动成本和固定成本两个部分，从而为加强内部管理奠定基础。

2. 内部成本核算与报告

外部成本服务于外部投资者，对其进行核算必须符合公认会计准则的要求；内部成本服务于企业的内部管理，它可以与准则相结合，也可以不受准则的限制。如果仅从核算产品成本角度来讲，主要涉及的内容有变动成本法和作业成本法。不同方法下编制的内部报告是不同的，变动成本法主要围绕着内部利润报告而编制，作业成本法则以作业为核心，围绕着作业成本和产品成本而编制。

3. 规划与报告

规划职能联系着检测与决策职能，预测与决策的最终结果会被纳入预算，因此全面预算是预测、决策、规划职能的具体体现。规划的具体内容包括经营预测、日常决策和全面预算，而与其相联系的内部报告形式不同：预测报告反映一定期间主要经济指标的预测结果，决策报告反映生产决策和定价决策的分析过程及结果，而规划报告则是对全面预算各项编制内容的详尽定量说明。

4. 控制与报告

控制不是孤立进行的，它是一个过程，包括事前控制、事中控制和事后控制。其起点是战略分析与控制标准，终点是内部业绩评价，其间涉及的具体内容包括战略成本动因分析、标准成本控制、作业控制、全面质量控制、责任会计等。与此相适应的内部报告形式主要有成本差异分析报告、盈利分析报告、质量成本报告、责任报告等。

第三节 管理会计的实务应用

一、管理会计在财务组织机构中的地位及任务

企业的组织包括生产部门和服务部门两大类：凡是直接从事产品或劳务生产和销售活动的部门称为生产部门；凡是从事支持生产部门活动的部门称为服务部门。会计机构隶属于服务部门。

（一）管理会计在财务组织机构中的地位

实务中，会计部也称为财务部，实际上是财务与会计的统称。从理论上来讲，财务管理与会计应是趋于平行的两个部门，但实务中会计与财务常常合二为一。掌管会计部或财务部的最高财务领导被称为首席财务官或称 CFO。

CFO 是英文 Chief Financial Officer 的简称，即首席财务官或财务总监，我国国有企业中的总会计师与 CFO 处于同等地位，都是对企业财务活动和会计活动进行管理和监控的高级管理人员。在不同的企业中，CFO 或总会计师的具体职责不同，但基本职责相同，主要包括审核内部、外部报告，及时筹集资本，进行风险管理，合理纳税筹划，协调各方面的利益关系等。

如果一个企业是较大规模的企业集团，如拥有不同国家或地区的若干子公司，此类集团公司常常在子公司中下设财务经理，此时财务经理是子公司会计与财务活动的高层管理人员，而 CFO 或总会计师则是不同国家或地区的财务和会计工作的总负责人。

虽然理论上财务会计、管理会计、成本会计、财务管理有较明确的学科划分，但实务中，由于各学科内容之间相互依存、相互联系，另外企业的要求也不一样，由此导致公司财务部门的内部机构设置体现的学科特色并不明显，常常看不到明确的管理会计、财务管理、财务会计、成本会计专设内部机构。如图 3-1 所示，是 2001 年 IBM 中国公司财务部门的组织分工图。

从图 3-1 可以看出，IBM 公司中没有明确的管理会计部门，管理会计工作体现在计划和成本价格管理中。但有些公司也会设置与财务会计平行的管理会计部门，如大连苏尔寿泵及压缩机有限公司就有独立的管理会计内部机构，如图 3-2 所示。

从图 3-2 可以看出，该公司的财务会计、管理会计、成本会计和 IT 信息属于平行的内部机构，分管这四个小组的称为财务主管，但该公司没有专门的财务管理机构。图 3-1 与图 3-2 表明，实务中的财务机构设置非常灵活，没有固定的模式。

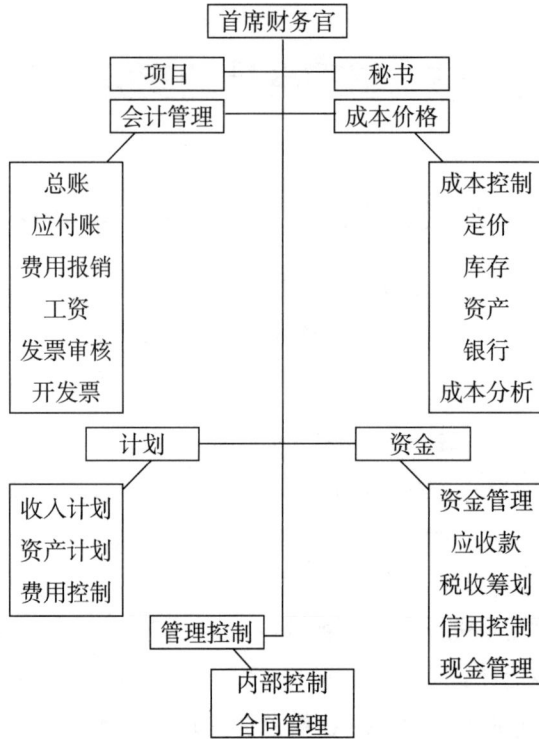

图 3-1 IBM 中国公司财务部门的组织分工

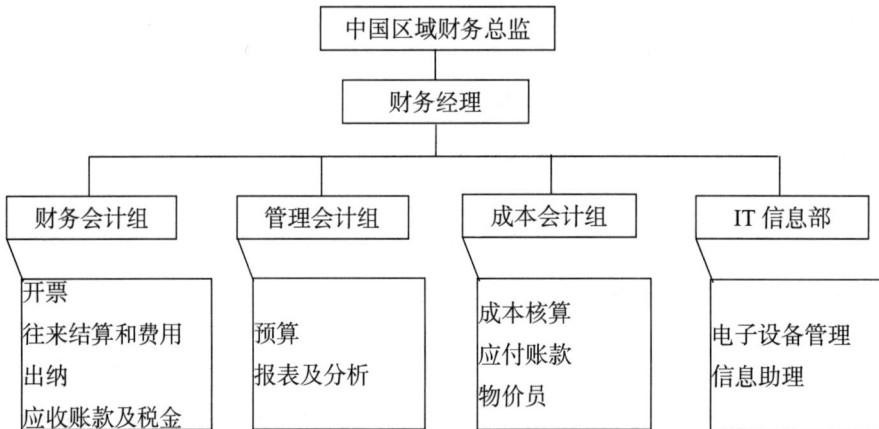

图 3-2 大连苏尔寿泵及压缩机有限公司独立的管理会计内部机构

英国特许管理会计师协会（CIMA），是与美国管理会计师协会（CMA）并行的世界顶级会计方面的认证考试机构。CIMA 会员，即英国认可的特许管理会计师。近几年 CIMA 在中国，通过给予符合相关条件者相应的面试政策，如为 CPA、MPAcc 及 MBA 的学员建立快速通道考试方式。其降低了年轻人学习 CIMA 的成本，培养了大量会员，发展迅速。其考试内容横向看包括财务管理、管理会计和商业管理 3 大板块；纵向看分为基础阶段、管理阶段和战略阶段等，共计 16 门课程，每门满分 100 分，50 分及格，全部考试通过后还要进行能力测试。大专以上学历者即可报名申请成为 CIMA 学员。管理阶段和战略阶段课程的考试只在 5 月和 11 月举行，全球统一以英文形式考试。

（二）管理会计人员的任务

实务中的管理会计的任务必须是实实在在的，具有可操作性。本书认为：管理会计任务应围绕着管理会计的内容和目标展开。具体任务包括：①合理划分成本，搞好管理会计的基础工作；②进行内部成本核算，满足内部分析的需求；③采用科学的方法预测主要经济指标，满足规划的需求；④采用科学的方法进行生产决策和定价决策，满足日常决策分析和规划需求；⑤编制科学合理的全面预算，满足控制的需要；⑥采用多种方法全面控制，力求降低成本；⑦合理确定业绩指标，正确进行内部业绩评价；⑧与管理会计的各项职能相结合，编制有利于加强内部管理的各种内部报告。

需要说明的是，上述任务的完成在实务中可能会由会计部或财务部的多个下属组织完成。因为管理会计的任务广泛，且有些内容可以独立，如预算等，加之各企业的财务内部组织设计十分灵活，因此管理会计的任务会体现在会计部或财务部的多个岗位或内部部门中。

二、管理会计的职业道德

管理会计的职业道德是针对管理会计师而言的。美国和英国1972年就出现了执业管理会计师的资格考试，虽然该考试已进入我国，但我国没有此类性质的考试，且每一个企业都有我国认可的会计师。他们常常从事管理会计工作，因此需要了解并遵守管理会计师的职业道德。

美国的管理会计师协会（CMA）于1982年发布了《管理会计师的职业道德行为规范》，从能力、保密性、公正性及客观性四方面对管理会计师的行为进行规范，另外针对可能出现的道德冲突提出了应采取的措施。

美国关于管理会计职业道德规范：管理会计师有义务对公众、职业组织、服务的企业及自身保持最高的道德行为要求。为实现这些义务，管理会计师协会制定以下管理会计师道德行为规范。遵守这些标准，是实现管理会计目标的重要保证。管理会计师不应违背这些原则，也不能宽恕组织中其他人违背原则的行为。管理会计师有责任在以下四方面遵守职业道德规范并同时督促他人。

1. 能力

（1）通过持续提高自身知识技能来保持适当水平的专业胜任能力。

（2）按照相关的法律、法规和技术规范来履行职责。

（3）通过恰当地分析相关和可靠的信息，提供完整而清晰的报告和推荐书。

2. 保密性

（1）除了法律要求以外，不能暴露工作过程中所获取的秘密信息。

（2）告知下属对工作中所获取的信息要有保密性，并且监督他们的活动以确保信息的保密。

（3）禁止亲自或通过第三方使用或可能使用工作中获得的秘密信息去获取不道德的或

违法的利益。

3.公正性

（1）避免事实上或表面上可能引起的利益冲突，并通知各方面可能存在的各种潜在冲突。

（2）禁止从事有可能会侵害他们正常执行任务的各种活动。

（3）拒绝接受影响或可能影响他们做出正确行动的礼物、恩惠及不怀好意的款待。

（4）禁止积极地或消极地阻挡企业合法的、符合道德的目标实现。

（5）告知有利和不利的信息及职业判断或意见。

（6）禁止从事或支持各种有损管理会计职业的行为。

4.客观性

（1）公正和客观地提供信息。

（2）充分披露那些可合理预见的会影响报表使用人理解报告、评论和推荐的相关信息。

在应用职业道德行为规范时，管理会计师可能会遇到如何确定不道德行为或如何解决道德冲突的问题。当遇到关键性的道德问题时，管理会计师必须遵守权威机构制定的规则。如果这些规则不能解决问题，管理会计师可以考虑下列方法：

①与直接上级讨论这些问题，前提是他没有卷入冲突；否则上报到上层的领导。可以接受的检查机构包括同级的审计委员会、董事会、行政管理委员会、信托委员会或股东大会。

②与一位客观公正的建议人（如美国管理会计师协会道德建议委员会成员）秘密讨论，以获得对各种可能出现情况的更好理解。

③向自己的律师询问有关道德冲突的法律责任和义务。

④如果经过各种尝试，道德冲突依旧存在，且道德冲突发生在关键的事项上，管理会计师只能提出辞职并给公司合适的领导提交一份详细的备忘录。除非法律规定，与无关的上级机关或未被组织雇用或联系的个人讨论上述道德冲突是不合适的。

从能力角度，要求管理会计师不仅要掌握专业的知识，而且要掌握专业以外的相关知识，包括法律法规等，依据所掌握的知识，能够判断所出现情况的正确与否；从保密性角度，要求管理会计师不能泄露企业内部的一切信息，如告知企业外的管理人员；从公正性角度来看，要求管理会计师正确对待日常的外部接触，公正地处理好内部纠纷，如在竞标选择过程中，如果有竞标的客户邀请企业的管理会计师外出，不管邀请者出于怎样的理由，管理会计师都不能前往；从客观性角度来看，要求信息要有依据，真实可靠，不能听信传言。

除了美国之外，英国也制定了与美国内容大致相同的职业道德行为规范，但关于职业道德冲突二者的个别提法不同。美国管理会计师协会（CMA）规定了除非法律规定，与无关的上级机关或未被组织雇用或联系的个人讨论上述道德冲突是不合适的，而英国特许管理会计师协会（CIMA）与其要求：同问题仅靠内部力量无法解决时，允许会计师聘请独立的执业机构来解决问题。显然在道德冲突严重时，英国对管理会计师的选择更为宽松。

第四节　管理会计与相关学科的关系

一、管理会计与财务会计的关系

按照西方会计学的解释，管理会计是相对于财务会计而存在的一个会计分支，二者之间既有联系，又有区别。

（一）管理会计与财务会计的相同之处

财务会计是指以公认会计准则为基础所形成的日常会计核算和期末对外报告的那部分内容。它主要服务于企业的外部信息使用者，与管理会计的共同之处主要表现在以下几个方面：

1. 二者都是现代企业会计的一个分支

应该说，没有管理会计，就没有财务会计，因为在管理会计产生之前，统称为会计，因此也就无从谈起财务会计。当"管理会计"这个术语被正式提出后，人们才将原有的会计核算与对外报告内容称为财务会计，而将当时新兴的用于加强内部管理的会计称为管理会计，由此形成了现代企业会计由两大分支共同构成的主流观点。显然，管理会计与财务会计二者源于同一母体，二者都是现代企业会计系统的有机组成部分，它们相互依存、相互制约、相互补充。

2. 二者的最终目标相同

概言之，管理会计和财务会计所处的工作环境相同，二者都是现代市场经济条件下现代企业不可缺少的一个组成部分，它们都必须服从现代企业会计的总体要求，共同为实现企业和企业管理目标服务。所以，从最终目标来看，二者与企业目标保持一致，都是为提升企业价值服务。

3. 二者的核算基础资料相同

无论是财务会计还是管理会计都具有核算功能，凡核算就需要原始资料，从这点来看，二者采用的原始资料相同，企业不需要为二者的核算而单独建立核算基础资料，它们具有一致性。

4. 二者的理论基础相同

当今社会可以说"受托责任"无处不在，只要存在委托代理关系，就存在"受托责任"。从"受托责任"角度来看，财务会计侧重于企业组织外部的"受托责任"，而管理会计则侧重于企业组织内部的"受托责任"，由此使二者具有了相同的理论基础。"受托责任"是二者存在的合理依据。

（二）管理会计与财务会计的区别

1. 工作主体不同

管理会计的工作主体可以分为多个层次，它既可以以整个企业为主体，又可以将企业内部的局部区域或个别部门甚至某一管理事项（如亏损产品）或个人作为其工作的主体。事实上在多数情况下，管理会计主要以企业内部责任单位或管理事项为主体；财务会计与其不同，其工作主体单一，常常以整个企业为工作主体，所有从事的反映和监督活动都满足单一主体对外报告的要求。

2. 服务对象不同

管理会计工作的侧重点在于针对企业经营管理遇到的特定问题进行分析研究，所提供的信息服务于企业内部的各级管理人员，侧重于对内服务，从这个意义上讲人们常常将管理会计称为"内部会计"；财务会计与其不同，工作的侧重点在于根据日常的业务记录，登记账簿，定期编制有关的财务报表，向企业外界有经济利害关系的团体和个人报告企业的财务状况与经营成果，侧重于对外服务，正是基于此，人们常常将财务会计称为"外部会计"。

3. 职能特征不同

管理会计具有核算、预测、决策、规划、控制、评价、内部报告等职能，相比较而言，对于内部管理来讲，预测决策与规划是第一位的，因此管理会计关注未来，属于"经营型会计"；财务会计与其不同，财务会计所具有的核算与监督职能都是针对实际已经发生的经济业务，它关注过去，属于"报账型会计"。

4. 制度约束不同

作为会计信息系统，管理会计常常从内部管理角度出发，信息的输入与输出没有统一的规定，核算具有灵活性，在很大程度上，不受会计准则的制约，如生产决策中考虑相关成本，与决策无关的固定性制造费用则不考虑；财务会计与其不同，信息的输入与输出都有明确的规定，提供的一切信息都必须符合公认会计准则的要求，核算的制约性强，灵活性非常小。

5. 信息特征不同

从信息的时效性来看，管理会计可以提供涉及过去、现在和未来三个时态的信息；财务会计则不同，只能提供过去的信息。从信息的完整程度来看，管理会计由于其工作主体具有层次性，由此导致提供的信息一般是为了满足特定管理要求的、有针对性的、部分的信息；财务会计则不同，其工作主体是整个企业，提供的是全面的、系统的、连续的、综合的信息。从信息的性质来看，管理会计考虑一些非计量因素，既提供定量的信息，也提供定性的信息；财务会计则不同，其信息全部是利用货币可计量的信息。从信息的精确度来看，管理会计由于关注未来，所以提供的信息对精确度的要求不高，允许存在误差，数据具有相似性；财务会计则不同，其信息力求精确，数据必须平衡。

6. 报告期间不同

管理会计的内部报告编制期间具有灵活性，它不受会计期间的限制，因涉及对象不同可能期间就不同，可以按年、季、月、周甚至天、小时等编制；财务会计与其不同，其外部报告必须严格按照规定的会计期间编制。

7. 报告承担的法律责任不同

管理会计常常为了特定的管理目的而进行分析并编制内部报告，所编制的内部报告有助于管理者的决策，但不承担法律责任；财务会计与其不同，编制的对外报告反映企业整体业绩，严格按照规定的程序和时间对外揭露，因此需要承担法律责任。

8. 报告的格式不同

报告常常用表格形式反映。管理会计的内部报告服务于企业的内部管理需求，特定的目的下有着不同的报告格式，即使对同一个问题的分析，不同的企业也会出现不同的内部报告格式，如具体的预算编制格式，由此导致内部报告编制格式的多样性；财务会计与其不同，格式是统一规定的，必须按规定的格式对外披露，如资产负债表等。

二、管理会计与成本会计的关系

从管理会计的萌芽阶段可以看出，管理会计与成本核算密不可分，管理会计在进行成本核算的同时，实施成本控制。

（一）成本会计的定位

按照西方会计学的解释（西方的主流观点），现代企业会计由财务会计与管理会计两大分支共同构成，前者侧重于服务对外信息需求，后者则服务于企业的内部信息需求，成本会计属于管理会计范畴。即使存在如此解释，无论是理论研究还是实务应用都与其解释相悖。从理论研究看，常常将产品成本核算的相关内容独立于管理会计之外，形成与管理会计并列的成本会计，从各院校编写的会计系列教材设立就可以看到这一点；从实务角度看，只要有产品生产，就需要核算产品成本，与其相关的产品成本核算部门就会独立存在。基于此，无论是理论研究还是实务应用，财务会计、管理会计、成本会计实际上三足鼎立，共同构成了现代企业会计的完整体系，由此形成现代企业会计的三大分支。

本书认为，关于成本会计的定位有广义和狭义两种解释。广义的解释与西方主流观点解释一致，认为成本会计是管理会计的一个组成部分；狭义的解释则将成本会计与管理会计、财务会计并列为会计的三大分支。仅从狭义角度解释，大部分学者认为成本会计起源于产品实际成本的独立核算，其产生的最初仅对直接成本进行核算，之后为了满足产品定价需求，将制造费用纳入产品成本核算范畴，通过对成本费用的收集和分配，采用品种法、分批法和分步法等确定产品成本。核算的最初属于账外核算，之后为了满足对外报告的需要，转为账内核算，从而使成本会计具有了对内服务于管理会计、对外服务于财务会计的双重功能。

管理会计萌芽出现时，产品成本核算与成本控制并行，二者密不可分，由此导致西方主流观点出现，将成本会计作为管理会计的一个重要组成部分。

（二）管理会计与成本会计的联系与区别

本书将成本会计视为一个独立的会计分支，对其做狭义解释。基于此，成本会计只涉及对外报告中产品成本核算的相关内容。

1. 管理会计与成本会计的相同点

（1）二者都是现代企业会计的组成部分。

管理会计与成本会计都是现代企业会计的独立分支，管理会计以成本会计信息为出发点，利用成本会计提供的产品成本核算信息，为加强内部管理服务。

（2）二者的信息都属于商业秘密。

管理会计与成本会计都具有核算功能，它们所揭示的信息都是不能对外公开的。虽然利润表中可以披露当期的营业成本，但这并不意味着成本会计信息可以对外公开。财务中，诸如每种产品的单位成本等信息都属于商业机密，不能对外泄露。

2. 管理会计与成本会计的区别

（1）成本核算信息的用途不同。

虽然管理会计与成本会计都具有成本核算功能，但二者服务的对象不同。管理会计提供的固定成本、变动成本及贡献贸易信息，主要用于内部管理，为未来的成本预测、成本决策、成本规划等功能服务；而成本会计提供的产品成本信息主要用于资产负债表中的存货及利润表中的营业成本信息披露。它们的成本信息用途不同。

（2）成本核算采用的方法不同。

管理会计与成本会计都需要核算产品成本，但由于信息用途不同，采用的核算方法也不同。管理会计主要采用变动成本法和作业成本法核算产品成本；而成本会计则满足制度要求，采用完全成本法核算产品成本。

三、管理会计与财务管理的关系

财务管理是指基于企业生产经营过程中客观存在的财务活动和财务关系而产生，利用价值形式组织财务活动、处理财务关系的一项综合性管理工作。管理会计与财务管理有许多相似之处，但也有显著的不同，二者不能混淆。

（一）管理会计与财务管理的相同之处

1. 总体目标相同

无论是管理会计还是财务管理，其总体目标与企业目标保持一致，都是不断提升企业价值，实现企业价值最大化。

2. 均属于企业管理的一个组成部分

按照现代管理之父法约尔的观点，企业管理包括人力资源管理、财务管理、会计管理、营销管理、生产管理五个方面内容。管理会计属于会计管理的一个分支，因此管理会计与财务管理均属于企业管理的有机组成部分，二者从不同的功能为加强企业管理提供服务。

3. 具有相同的管理职能

由于管理会计与财务管理均为企业管理的一个组成部分，因此二者具有相同的管理职能，即核算、预测、决策、规划、控制、评价等职能。

4. 采用的分析方法相同

从总体来看，无论是管理会计还是财务管理，二者都可以采用定量分析与定性分析相结合的方法进行分析。在定量计算的基础上，常常还可以考虑一些非计量因素，从而使分析结果更加趋于合理。

5. 工作主体相同

无论是管理会计还是财务管理，其工作主体都具有多层次性，既可以以整个企业为主体，也可以以内部责任单位和管理事项为主体，而后者常常出现。

（二）管理会计与财务管理的区别

1. 产生的动因不同

财务管理部门出现于 19 世纪末 20 世纪初，标志着财务管理学科的真正诞生。当时工业革命的成功促进了企业规模的不断扩大，股份公司迅速发展起来，并逐渐成为占主导地位的企业组织形式。股份公司的发展不仅引起了资本需求量的扩大，也使筹资的渠道和方式发生了巨大变化，企业筹资活动得到进一步强化，如何筹集资本扩大经营，成为大多数企业关注的焦点。于是，财务管理开始从企业管理中分离出来，成为一种独立的、新兴的管理职业。财务管理部门由此建立，当时的主要职责是预计资金需求量和筹集公司所需资本，显然财务管理产生的动因源于融资。但管理会计与其不同，如前所述，管理会计伴随着标准成本法而出现，动因在于加强内部管理。

2. 工作的内容不同

虽然财务管理与管理会计的工作主体相同，但二者从事的内容却截然不同。财务管理围绕着现金流侧重于筹资管理、投资管理和收益分配管理；而管理会计则围绕着内部管理进行内部核算、规划、控制与报告。

3. 核算职能的表现形式不同

也许有人会产生这样的疑问：财务管理不是信息系统，何来核算职能？事实上，单从核算来讲，财务管理也需要计算，如计算流动比率、资产报酬率等，但这种核算与管理会计不同，财务管理缺乏独立的核算方法，其核算工作不能独立，它体现在财务的预测、决策、规划、控制、评价活动过程中。管理会计与其不同，核算内容可以独立于其他职能而存在，如为内部管理服务的变动成本计算和作业成本计算等。

4. 具体目标不同

笔者认为，财务管理与管理会计的目标由总体目标和具体目标构成，具体目标应反映学科的特色。目前关于财务管理的目标较为流行的观点是企业价值最大化，但这种界定阐述的是财务管理的总体目标而不具有学科本身的特色。就财务管理的具体目标而言，应围绕着现金流界定，那就是现金周转的良性循环。关于管理会计的具体目标众说纷纭，笔者的观点是：合理规划，有效控制，及时提供有用的内部信息。

5. 具体对象不同

从表面上看，管理会计与财务管理的对象没什么区别，都是企业经营中的价值运动，即能够用货币表现的经济活动。但深入分析，这里揭示的只是二者的总体对象，并没有说明具体对象。笔者认为，二者的具体对象也应与学科相关。管理会计的具体对象是成本及未来动态的价值运动，涉及的会计要素有收入、费用和利润，另外还包括具有计量属性的成本；财务管理的具体对象则是过去及未来静态的价值运动，涉及的会计要素有资产、负债和所有者权益。考虑到存货属于日常生产经营活动控制范畴，与管理会计的联系紧密，因此存货划归财务管理。

6. 任务不同

财务管理的日常工作围绕着现金流展开，主要任务包括：及时筹集所需资金；有效运用资金；合理分配盈利；加速资金回笼；定期进行财务分析；合理规划现金的收支等。管理会计的日常工作围绕着规划与控制展开，主要任务包括：利用灵活多样的内部报告反馈信息；及时核算内部成本；搞好预测工作；正确地进行日常经营决策；编制全面预算；控制成本；建立合理的责任中心考评体系等。

第四章　管理会计工具概述

成本发生于企业生产经营的各个环节，成本的高低直接影响着企业利润，因此对于成本的有效控制和管理是企业管理活动的核心。管理会计关注企业内部管理，重视成本管控，通过运用管理会计工具可以对企业各个环节的成本进行科学有效的管理，进而拓展企业的利润空间。按应用领域，可以将主要的管理会计工具分为五类，具体如表4–1所示。

表4-1　按应用领域划分管理会计工具

应用领域	管理会计工具
预算管理	全面预算管理、经营预测
成本管理	变动成本法、本量利分析、作业成本法（ABC）、目标成本法、标准成本法
资金管理	营运资金管理
绩效管理	平衡计分卡（BSC）、经济增加值（EVA）、关键绩效指标（KPI）
其他	价值链分析、生命周期成本法、全面质量管理、准时生产方式(JIT)、内部转移定价、研发投资管理

第一节　变动成本法

一、变动成本法简介

（一）完全成本法及其缺点

完全成本法是指在计算产品成本时，将生产车间发生的所有费用都计入生产成本。因此，在完全成本法下，产品成本包括直接材料、直接人工和全部的制造费用。也就是说，产品成本既包括直接成本，又包括间接成本，所以完全成本法又被称为"吸收成本法"或"归纳成本计算法"。

用完全成本法进行企业内部管理时，计算的税前净利润结果经常令人费解。例如，销量下降，生产总成本不变，随着产量的增加，税前利润有所增加；销量增加，生产总成本不变，随着产量的下降，税前利润也有所下降。

【案例 4-1】

假定长江公司 2016—2017 年的产销情况如表 4–2 所示。

表 4-2　长江公司 2016—2017 年产销情况

项目	2016 年	2017 年
期初存货量（件）	0	0
本期产量（件）	5000	12000
本期销售量（件）	5000	4000
期末存货量（件）	0	8000
销售单价（元）	8	8
单位变动成本（元）	2	2
固定成本总额（元）	12000	12000

按完全成本法计算的长江公司 2016—2017 年的税前利润如表 4–3 所示。

表 4-3　按完全成本法计算的长江公司 2016—2017 年的税前利润

项目	2016 年	2017 年
销售收入	5000×8=40000	4000×8=32000
销售成本		
期初存货成本	0	0
本期生产成本	4.4×5000=22000	3×12000=36000
可供销售产品的成本	22000	36000
期末存货成本	0	3×8000=24000
销售成本合计	22000	12000
税前利润	18000	20000

如表 4–2、表 4–3 所示的数据表明：2017 年销量下降，销售单价、单位变动成本和固定成本总额相比 2016 年均无变化，但是产量有大幅增加；而 2017 年的税前利润比 2016 年居然还增加 2000 元，这简直匪夷所思，似乎税前利润和销量没有关系只受到产量影响。这就给管理者一个误导，让管理者认为多生产能影响利润。

（二）变动成本法的产生及定义

从案例 4–1 可以看到，传统的完全成本法在对税前利润计算中会出现许多让人疑惑的结果，从而对管理层的决策造成误导。从对完全成本法的案例分析及对企业中成本管理实践的观察可以发现两个方面的问题：一方面是在日益激烈的竞争环境下，企业希望通过各种方法提升内部管理，并希望财务人员能为企业成本管理提供决策和方法支持；另一方面是由于完全成本法在成本管理上的欠缺，企业需要以更科学的方法为企业生产经营决策提供支持，这个时候就产生了变动成本法，如图 4–1 所示。

变动成本法，也称"直接成本法"或"边际成本法"。在变动成本法下，基于成本性态进行成本分类，可以将总成本分解为变动成本和固定成本。在计售产品成本的时候只计入变动生产成本，将固定生产成本从传统意义的成本构成中剥离出来，和传统意义下的期间费用一起计入当期损益。

完全成本法　　　　　　　　　　　　　　　变动成本法

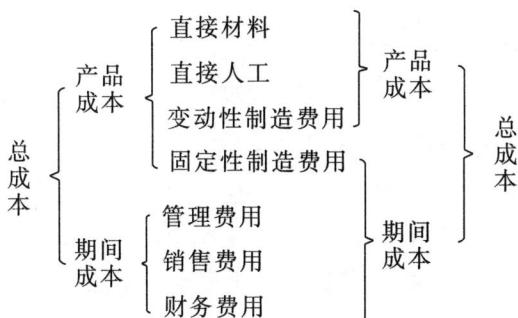

图 4-1　完全成本法和变动成本法的成本构成

（三）变动成本法和完全成本法的成本确认

1. 产品生产成本的确认

变动成本法和完全成本法最大的差异在于固定制造费用的处理。完全成本法不区分制造费用是变动还是固定，而是全部计入产品成本；固定成本更多的是和期间相关，与产量无关，因此变动成本法将固定制造费用从产品成本中分离开来，作为期间费用处理。不同的成本管理视角导致产品生产成本确认上的差异，如图 4-2 所示。

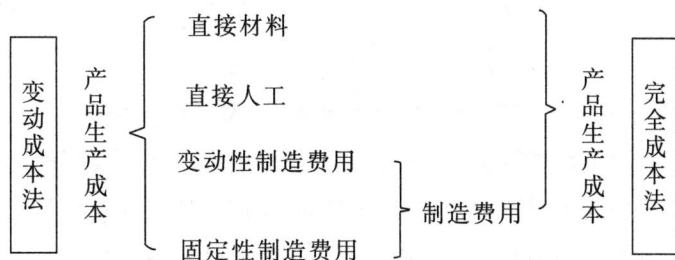

图 4-2　变动成本法和完全成本法下生产成本确认上的差异

【案例 4-2】

长江公司 2018 年只生产甲产品，其产销量和成本资料如表 4-4 所示，变动成本法和完全成本法下的产品生产成本计算如表 4-5 所示。

表 4-4　甲产品产销量和成本资

产销量（件）		成本资料（元）	
期初存货	0	直接材料	8000
本期产量	1000	直接人工	2000
本期销量	900	制造费用	变动：2000 固定：3000
期末存货	100	销售费用	变动：500 固定：1000
销售单价	20（元/件）	管理费用	变动：200 固定：300

表 4-5　变动成本法和完全成本法下产品生产成本计算表

项目	变动成本法	完全成本法
直接材料	8000	8000
直接人工	2000	2000
变动性制造费用	2000	2000
固定性制造费用	—	3000
产品生产成本	12000	15000
单位产品生产成本	12	15

通过对表 4-5 进行分析可以发现，变动成本法下的单位生产成本比完全成本法下的单位生产成本少 3 元（3000÷1000）。其原因在于完全成本法下的固定制造费用被计入产品成本，因此单位产品成本中包含 3 元的单位固定制造费用；但是变动成本法将固定制造费用从产品成本中分离出去了。

2. 变动成本法和完全成本法下期间费用的确认

变动成本法和完全成本法下期间费用的确认，如图 4-3 所示。

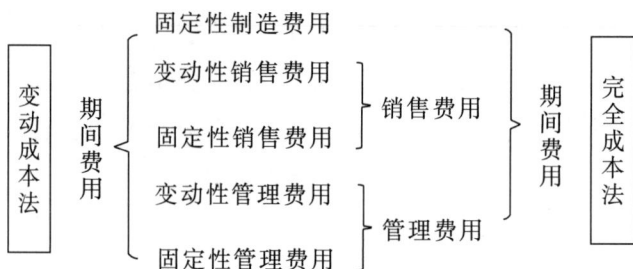

图 4-3　变动成本法和完全成本法下期间费用的确认

变动成本法下将固定性制造费用和完全成本法下的销售费用及管理费用一起作为期间费用，并将期间费用分为固定期间费用和变动期间费用，一起计入当期损益。因此，在变动成本法下，除了完全成本法的期间费用，还多了固定性制造费用。在变动成本法下，不管当期产量如何，固定性制造费用都会被全部计入当期损益。

【案例 4-3】

假设某车间共有管理人员 2 名，工资按年薪制发放，每人每年 3 万元。2019 年，该车间生产 1000 件产品，销售 600 件，期初无存货。车间管理人员的 6 万元工资被计入制造费用，而且不管本年度产量如何，这 6 万元的工资费用均需要支出，因为车间管理人员的工资是不会随着产量增减变动的。此时的工资费用属于固定性制造费用，与产量无关，和期间相关。从配比角度来看，这样的固定性制造费用显然和期间更配比，应该作为期间费用处理。从这个案例中可见，固定性制造费用只与期间相关。

根据配比原则当期收入与当期成本相匹配。在此例中，如果按照变动成本法，则 6 万元应直接计入期间费用；而按照完全成本法，6 万元中 3.6 万元（6÷1000×600）被计入产品生产成本，剩余 2.4 万元（6÷1000×400）会随着 400 件库存产品转入下期。

【案例 4-4】

在变动成本法和完全成本法下的期间费用见表 4-6。

表 4-6　变动成本法和完全成本法下的期间费用计算

项目	变动成本法	完全成本法
固定性制造费用	3000	—
变动性销售费用	500	500
固定性销售费用	1000	1000
变动性管理费用	200	200
固定性管理费用	300	300
期间费用	5000	2000

通过对表 4-6 进行分析可以发现，变动成本法下的期间费用比完全成本法下的期间费用多 3000 元，其差额的产生正是因为变动成本法认为固定性制造费用只与期间更为配比，固定性制造费用应该被当成期间费用处理。

3. 存货成本的确认

通过对产品生产成本和期间费用的分析，可以看到变动成本法和完全成本法对成本考察角度是不一样的，两者最本质的区别在于固定性制造费用是否被包含在产品的生产成本中。在变动成本法下，固定性制造费用作为期间费用当期全部转入损益中，不会随着存货转入下期；而在完全成本法下，所有制造费用都被计入产品，如果期末有存货，势必会有部分固定性制造费用随着存货成本转入下期。

【案例 4-5】

在变动成本法和完全成本法下的存货成本计算，如表 4-7 所示。

表 4-7　变动成本法和完全成本法下存货成本计算

项目	期末存货（件）	单位产品生产成本（元/件）	总成本（元）
变动成本法下的存货成本	100	12	1200
完全成本法下的存货成本	100	15	1500

通过对表 4-7 进行分析可以发现，变动成本法下的存货成本比完全成本法下的存货成本少 300 元（$3000 \div 1000 \times 100$）。这是因为在完全成本法下本期生产的 1000 件产品中因为销售了 900 件，库存的 100 件产品中包含了 300 元（$3000 \div 1000 \times 100$）的固定性制造费用；而在变动成本法下，因为固定性制造费用全部被当作期间费用扣除，所以存货成本就是变动生产成本。

4. 销货成本的确认

由于变动成本法和完全成本法对产品生产成本、期间费用、存货成本的定义不同，二者对销货成本也必然有不同定义。如图 4-4 说明了变动成本法和完全成本法下销货成本的构成。

销货成本的计算公式：

变动成本法下的销货成本 = 直接材料 + 直接人工 + 变动性制造费用

完全成本法下的销货成本 = 直接材料 + 直接人工 + 全部制造费用

= 期初存货成本 + 本期生产成本 – 期末存货成本

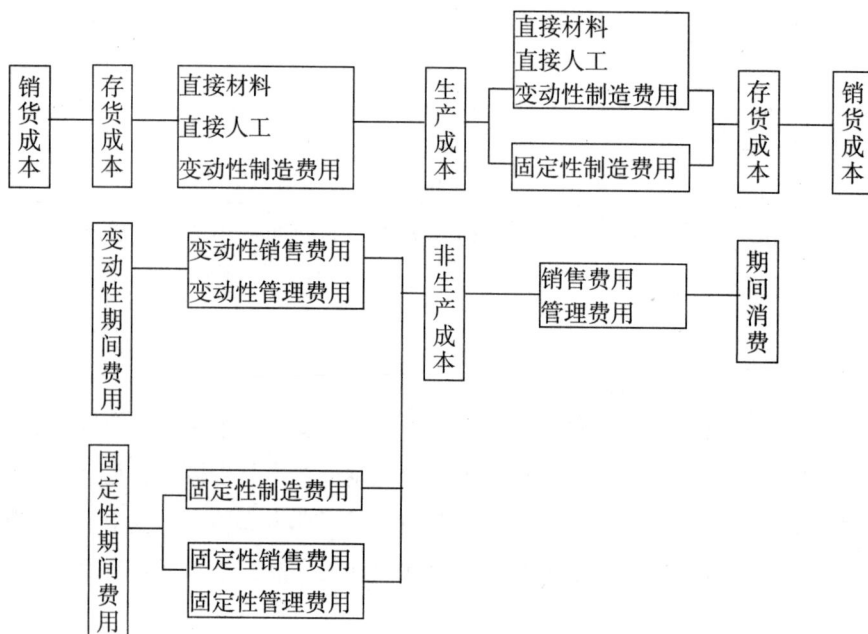

图 4-4　变动成本法和完全成本法下的销货成本构成

【案例 4-6】

假设产销平衡，则变动成本法和完全成本法下的销货成本计算，如表 4–8 所示。

表 4-8　变动成本法和完全成本法下销货成本计算

项目	变动成本法	完全成本法
直接材料	8×900=7200	8×900=7200
直接人工	2×900=1800	2×900=1800
变动性制造费用	2×900=1800	2×900=1800
固定性制造费用	—	3000÷1000×900=2700
变动性销售费用	—	—
变动性管理费用	—	—
销货成本	10800	13500

通过对变动成本法和完全成本法下产品生产成本、期间费用、存货成本和销货成本的比较分析，可以发现变动成本法和完全成本法最本质的差别就在于，两种方法基于不同的成本视角对固定成本进行了不同的处理。变动成本法从成本性态的视角，将固定性制造费用从传统视角下的生产成本中剥离出来，直接作为期间费用处理，认为只有与产品产量相关的成本才是产品生产成本，固定性制造费用与产量无关，所以不计入产品生产成本；完

全成本法认为，只要是生产车间发生的费用都计入生产成本，非生产车间发生的费用就是期间费用。如图4-5所示，让我们再来回顾变动成本法和完全成本法下成本的构成。

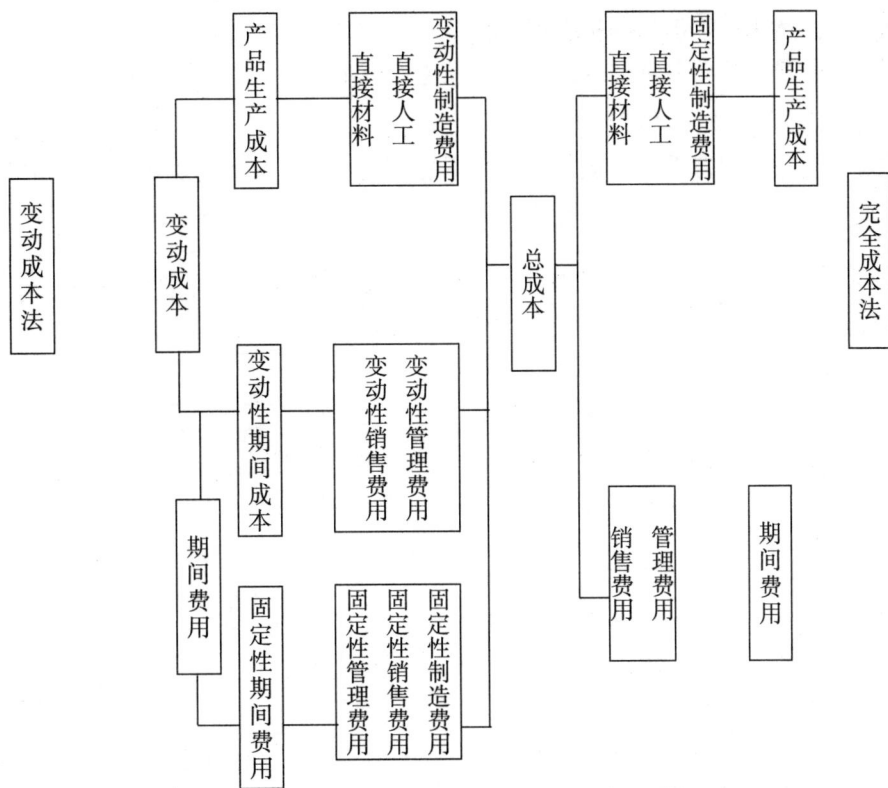

图4-5 变动成本法和完全成本法下成本的构成

（四）变动成本法和完全成本法的损益确认

1.完全成本法确定损益的程序

（1）确认销售毛利总额：销售毛利总额＝销售收入总额－已销产品生产成本总额。其中，已销产品生产成本总额＝期初存货成本＋本期生产成本－期末存货成本。

（2）确定税前利润：税前利润＝销售毛利总额－销售费用－管理费用。

【案例4-7】

在完全成本法下的税前利润如下。

已销产品生产成本总额＝期初存货成本＋本期生产成本－期末存货成本 =15000-1500 =13500 元

销售毛利总额＝销售收入总额－已销产品生产成本总额 =20×900－13500 = 4500 元

税前利润＝销售毛利总额－销售费用－管理费用 =4500－（500÷1000）－（200÷300）=2500 元

2.变动成本法确定损益的程序

（1）确认边际贡献总额：边际贡献总额＝销售收入总额－已销产品生产成本总额－变动期间费用总额。

（2）确定税前利润：税前利润＝边际贡献总额－固定期间费用总额。

【案例 4-8】

在变动成本法下的税前利润如下。

边际贡献总额＝销售收入总额－已销产品生产成本总额－变动期间费用总额

＝20×900－12×900－（500+200）＝6500 元

税前利润＝边际贡献总额－固定期间费用总额＝6500－（3000+1000+300）＝2200 元

变动成本法和完全成本法下的税前利润确认程序，如图 4-6 所示。

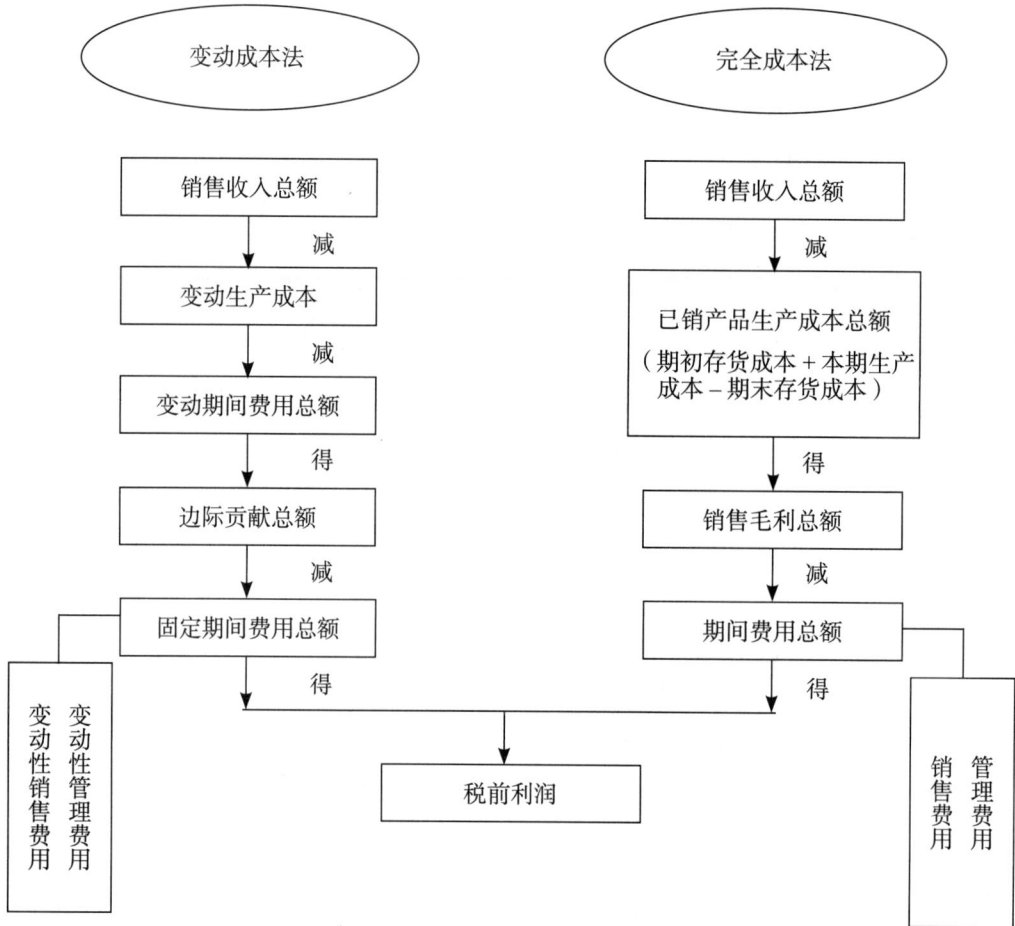

图 4-6　变动成本法和完全成本法下的税前利润确认程序

（五）变动成本法和完全成本法的利润表编制及差异

1. 变动成本法和完全成本法的利润表编制

在变动成本法下，按照其损益确认程序，编制"贡献式"的利润表；在完全成本法下，编制"职能式"的利润表。

【案例 4-9】

按变动成本法和完全成本法下的利润表如表 4-9 所示。

表 4-9　变动成本法和完全成本法编制的利润表

"贡献式"利润表			"职能式"利润表		
销售收入	(20×900)		销售收入	(20×900)	18000
减：变动成本			减：销货成本		
变动生产成本	(12×900)	10800	期初存货成本	0	
变动性销售费用	500		本期生产成本	(15×1000)	15000
变动性管理费用	200		可供销售的产品成本	(0÷15000)	15000
变动性成本合计	11500		减：期末存货成本	(15×100)	1500
边际贡献	6500		本期销货成本合计	13500	
减：固定成本			销货毛利	4500	
固定性制造费用	3000		减：期间费用		
固定性销售费用	1000		销售费用	1500	
固定性管理费用	300		管理费用	500	
固定成本合计	4300		期间费用合计	2000	
税前利润	2200		税前利润	2500	

2. 差异

比较如表 4-9 所示的两张利润表，可以看出变动成本和完全成本法在编制利润表方面有显著的差别。

第一，成本项目的排列方式不同。从两个表中可以看到，两个表中的项目很不一样。管理会计体系下的变动成本法编制的"贡献式"利润表建立在成本性态分析下，在对成本分类的基础上，各个项目都体现了成本性态的分类。中间项目是边际贡献，能更好地反映收入对于各项成本的弥补情况。在财务会计体系下的完全成本法编制的"职能式"利润表建立在传统成本分类的基础上，中间项目是销售毛利，因此"职能式"利润表更多的是为了对外公布，为对外信息使用者提供信息服务。

第二，对固定性制造费用的处理不同。变动成本法把本期发生的全部固定性制造费用作为期间费用从边际贡献总额中减掉。在变动成本法下，销货成本中含有固定性制造费用、已销产品的变动性成本和相应的变动性销售及管理费用。因此，在变动成本法下，存货成本中不会有固定性制造费用。完全成本法下产品成本包含所有的制造费用，当然也包含固定性制造费用，因此每销售一批产品（本例是 900 件），其固定性制造费用就构成了销货成本，而未售出的每件期末存货(本例是 100 件)的成本都有固定性制造费用(本例是 3 元)，它们必须结转至下一会计年度（本例结转至下一会计年度的是 3×100=300 元）。

第三，计算出来的税前利润可能不同。由于变动成本法和完全成本法对本期发生的固定性制造费用的处理不同，可能导致计算出来的税前利润不同。本例中，变动成本法下计算的税前利润比完全成本法下少 300 元，就是因为在完全成本法下，本期销售的 900 件产品中有 2700 元固定性制造费用，因此本期的固定性制造费用只有 2700 元转入销货成本；而期末库存有 100 件，这 100 件产品中有 300 元的固定性制造费用随着存货成本转入下一期。因此，在完全成本法下是 2700 元的固定性制造费用影响利润，而在变动成本法下则是 3000 元的固定性制造费用影响利润，如图 4-7 所示。

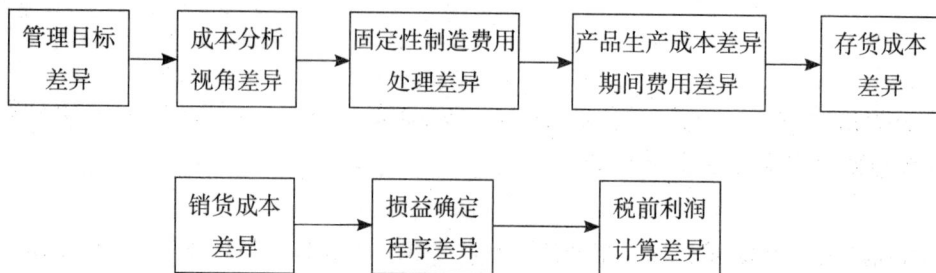

管理目标 差异	→	成本分析 视角差异	→	固定性制造费用 处理差异	→	产品生产成本差异 期间费用差异	→	存货成本 差异

销货成本 差异	→	损益确定 程序差异	→	税前利润 计算差异

图 4-7　税前利润计算差异

二、变动成本法的优缺点

（一）变动成本法的优点

变动成本法更符合配比原则的要求。变动成本法将当期所确认的费用，按照成本性态分为两大部分：一部分是与产品生产数量直接相关的成本（变动成本）。这部分成本中由已销售产品负担的相应部分（当期销售成本）需要与销售收入（当期收益）相配比，未销售产品负担的相应部分（期末存货成本）则需要与未来收益相配比。另一部分则是与产品生产数量无直接关系的固定性制造费用，这部分成本全部列为期间费用与当期的收益相配比。

变动成本法下的利润核算能避免完全成本法下产量提高，销量不变，利润增加的怪相。在变动成本法下，利润的高低只和销量相关，而且不受产量影响，因此变动成本法能避免企业盲目生产，引导企业重视市场调研，以销定产。

变动成本法便于强化成本分析控制，促进成本降低。在变动成本法下，产品成本中包含变动的生产成本，便于监控成本变化；同时按成本性态对成本进行分类有利于各个责任单位权责明确，从而更好地进行成本控制。

变动成本法简化了成本核算，增强了日常管理。在变动成本法下，固定性制造费用作为期间费用都是在当期一次性扣除，不会像完全成本法那样因为存货而在各期迁移。

变动成本法更有利于进行成本预测和管控。变动成本法所提供的成本信息，反映了成本和产量、利润之间的关系，能帮助管理者进行短期预测和经营决策。

（二）变动成本法的缺点

变动成本法对成本的划分并不准确。变动成本法应用的前提是对成本进行成本性态分解，但在实践中，企业中的大部分成本都是混合成本，因此变动成本法应用的关键就是混合成本的正确分解。但是，目前各种方法对于混合成本的分解并不精确也就影响了成本核算的准确性及变动成本法的使用效果。

变动成本法不适应对外财务报告的要求。财务会计要求所计量的财务状况和经营成果保持公正、真实。一方面，在变动成本法下，产品成本不包含固定性制造费用，因此存货成本比在完全成本法下低，从而导致资产低估；另一方面，期间费用偏高，会造成损益表上的净收益偏低。

变动成本法不适合长期决策。从变动成本法和完全成本法进行利润核算的过程来看，在完全成本法下，固定性制造费用在各期有迁移，从而导致变动成本法和完全成本法下的利润在短期内有差异；但是从长期来看，总利润是一样的，而且在成本性态下进行的变动成本和固定成本的分类，并不适用于长期情况，因为所有成本都是会变的。

第二节　作业成本法

一、作业成本法简介

作业成本法（ABC）又称"作业成本分析法""作业成本计算法""作业成本核算法"。在 1952 年的《会计师词典》中，科勒教授首次提出了"作业""作业账户""作业会计"等概念。

作业成本法的指导思想是："成本对象消耗作业，作业消耗资源。"作业成本法围绕作业进行成本的归集和分配，使得成本的计算更加准确，有利于成本核算和管理，也能提供生产过程中的各种成本信息，便于企业进行成本管控。目前，许多成本控制走在前列的企业都是运用作业成本改善成本管理系统，从而提升企业管理效率。

二、作业成本法的优缺点

（一）作业成本法的优点

作业成本法可以获得更准确的产品和产品线成本。作业成本法的主要优点是减少了传统成本信息对于决策的误导。一方面，作业成本法以作业为成本分配动因，能更加准确地进行成本归集和分配；另一方面，间接费用的分配标准更加多样化，使得成本和分配标准更加配比。

作业成本法有助于改进成本控制。在作业成本法下，作业动因能提示管理者各项成本发生的过程，从而有效引导管理者从各个作业流程上对成本进行跟踪管理，引导管理者对成本进行有效控制。

作业成本法能够为战略管理提供信息支持。战略管理需要相应的信息支持，而作业成本法可以实现这一点。

（二）作业成本法的缺点

作业成本法的开发和维护费用较高。在作业成本法下，作业动因的辨别和确定、作业的跟踪和管理往往要花费很多成本。

作业成本法无法满足对外报送信息的需求。作业成本法下的成本数据资料、经营成果资料无法直接对外报送，因此需要将作业成本法下的数据转为财务会计数据，而这个转换工作的工作量比较大。

作业成本法不利于管理控制。作业成本法的成本系统和企业传统的成本系统不一样，因此采用作业成本法往往无法提供成本管理的相关信息，不利于成本管理。

第三节 全面预算管理

一、全面预算管理简介

（一）全面预算管理的概念

全面预算是指在预测与决策的基础上，通过一系列预计的财务报表及附表展示资源配置情况的有关企业总体计划的数量说明。

全面预算管理是利用预算对企业内部各部门、各单位的各种财务及非财务资源进行分配、考核、控制，以便有效地组织和协调企业的生产经营活动，完成既定的经营目标。全面预算管理是企业全过程、全方位及全员参与的预算管理。

（二）全面预算管理的作用

①通过业务、资金、信息、人才的整合，明确适度的分权、授权，战略驱动的业绩评价等来实现企业的资源合理配置，并真实地反映企业的实际需要，进而为作业协同、战略贯彻、经营现状与价值增长等方面的最终决策提供支持。

②明确工作目标。通过全面预算的编制，各个部门都可以明确本部门在企业总体规划中的地位与努力方向，采用积极稳妥的方法保障企业总目标的实现。

③协调各职能部门的关系。各部门都以企业规划总目标为指导，可以预防出现片面的追求局部计划最优而导致各部门目标混淆的问题。全面预算可以使各部门按照预算确定的轨迹工作，协调各部门之间的矛盾，避免冲突。

④控制各部门日常经济活动。全面预算一经确定，就不能轻易改动。企业的各个部门都应以预算数据为控制业务的依据，并以此为纠正生产经营活动中不利偏差的标准。

⑤考核各部门工作业绩。企业在全面预算的基础上，可以根据各个部门实际偏差的程度，分析偏差产生的原因，以此来考核各部门的工作业绩。

（三）全面预算的内容与体系

企业的全面预算是围绕企业战略展开的，通过对企业未来发展情况进行有效预测，从销售预算开始，进行采购、生产、人工费用、制造费用预测，并最终预测出三个报表，主要包括财务预算、业务预算和专门决策预算。其中，业务预算和专门决策预算是财务预算的基础，即财务预算是依赖于业务预算和专门决策预算而编制的，是整个预算体系的主体。全面预算的具体结构示意图，如图 4-8 所示。

业务预算是指为供、产、销及管理活动所编制的，与企业日常业务直接相关的预算。业务预算的各项内容分别反映了企业收入与费用的构成情况。

专门决策预算是指在预算期内不经常发生的一次性业务活动所编制的预算，主要包括根据长期投资决策结论编制的，与购置、更新、改造、扩建固定资产决策有关的资本支出预算；与资源开发、产品改造和新产品试制有关的生产经营决策预算等。

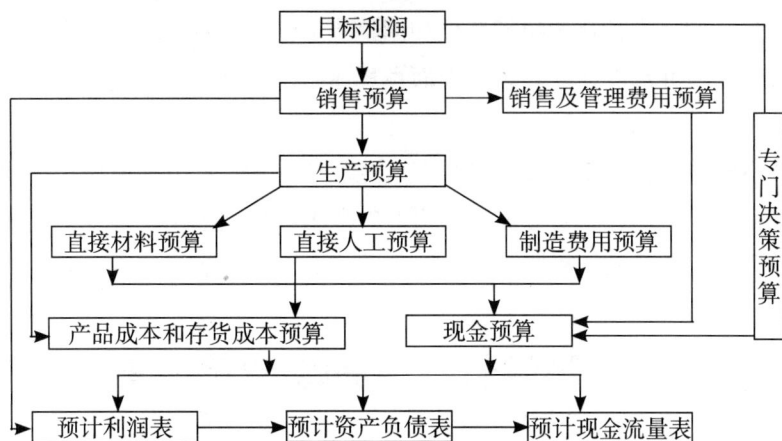

图 4-8　全面预算结构示意图

财务预算是指反映企业预算期现金收支、经营成果和财务状况的各项预算，主要包括现金预算、预计利润表和预计资产负债表。这些预算以价值量指标总括反映经营预算和资本支出预算的结果。

二、全面预算管理管理的优缺点

（一）全面预算的优点

全面预算管理有利于企业战略目标的实现，能将战略目标分解成各个部门的目标，帮助管理者进行管理和控制。

全面预算管理有利于各部门之间的协调管理，使各部门相互合作，共同为实现企业战略目标服务。

全面预算管理有利于企业进行管理控制。在预算管理下，可以将实际指标和预算指标进行比较，从而发现差异并寻找原因，进行有效控制。

全面预算管理有利于考核和评价。通过预算管理，能进行有效的经营业绩考核，通过考核结果反馈的信息进一步改善企业的决策和管理。

（二）全面预算管理的缺点

全面预算管理的组织体系不健全。预算管理需要全员参与，但是有些企业并没有将全部部门和员工纳入预算管理，从而导致预算管理流于形式。

全面预算管理的质量不高。在进行预算编制和执行时不能完全以市场为导向，这主要表现在预算目标定位不正确、预算依据不足、预算过繁过细、错将预算这种管理和实现目标的手段当作目标、预算缺乏灵活性等方面，这些都可能导致企业资源浪费或者发展战略难以实现。

全面预算管理执行不到位。多数企业不重视预算管理的事中控制和事后控制关系，只对预算编制比较重视。在预算的执行监控和调整等工作中，专门的预算组织很少发挥出应有作用。很多企业也并没有建立完善的全面预算体系，缺乏严格的监督管控，执行的随意性很大。

全面预算管理的考核体系不完善。很多企业重视预算管理中的考核和评价，但是考核评价功能只有和激励机制相结合才能实现更好的效果。因此，完整的预算管理一定有完整的考核评价体系和有效的激励机制。

第四节　经济增加值

一、经济增加值简介

经济增加值是指从税后净营业利润中扣除包括股权和债务的全部投入资本成本后的所得。经济增加值理论认为，所有的投入都是有成本的，企业创造的利润在扣除投入资本的成本之后还有剩余才能算是企业为股东创造了价值。企业的税后利润减去全部资本成本的差额就是企业的经济增加值。其中，资本成本包括债务资本的成本，也包括股本资本的成本。从算术角度来说，经济增加值等于税后经营利润减去债务和股本成本，是所有成本被扣除后的剩余收入。经济增加值是对真正"经济"利润的评价，反映的是税后利润超过投资者在其他方面的投资所获得的最低收益。经济增加值能有效评价企业运用资本为股东创造价值的能力，是有效的经营业绩考核工具。

二、经济增加值的优缺点

（一）经济增加值的优点

经济增加值与股东财富的创造具有直接的联系。经济增加值不仅是一种业绩评价指标，还是一种全面财务管理和薪金激励体制的框架。通过经济增加值，投资者可以看到企业的经营成果，潜在的投资者可以通过经济增加值的高低对公司的投资价值进行判断。

（二）经济增加值的缺点

关于经济增加值的争议目前还比较多。经济增加值的计算涉及投资报酬率，而投资报酬率的确定会受到一些内外部因素的限制，而这也就影响了经济增加值计算的正确性。

第五节　平衡计分卡

一、平衡计分卡的优点

平衡计分卡能有效助力企业战略管理。随着企业面临的竞争日益加剧，越来越多的企业开始注重内部管理，强调企业战略管理对于企业发展的重要性。平衡计分卡能通过对企业战略目标的细分，围绕战略目标制定考核评价体系，同时通过考核评价反馈的信息完善企业管理，提升企业效率。

平衡计分卡注重团队合作，能够防止企业管理机能失调。企业本身就是一个团队，需要各个方面通力合作。企业能否有效运作是决定企业成败的关键。企业组织建设、团队发展是增强企业凝聚力的重要方面，对企业发展具有深远影响。通过平衡计分卡改善管理，引导企业行为和决策，同时促进企业文化的培养和企业团队建设。

平衡计分卡可提高企业激励作用，增强员工的参与意识。现代企业中人的作用越来越凸显，企业也越来越重视人力资本。因此，如何有效激发员工的积极性成为现代企业关注的重点。平衡计分卡重视对于员工的有效激励，通过设置各种指标对员工的行为进行科学评价。平衡计分卡除了科学评价，还能对员工行为起到引导作用，通过考核标准引导员工的行为与企业战略目标达成一致。平衡计分卡并不是单纯地从财务层面进行评价，其有效地改善了传统评价体系只从财务层面入手，涉及大量财务指标，评价体系的设置主要由财务人员设定，评价不够全面和客观的弊端，让评价更加全面和客观。

平衡计分卡可以使企业信息负担降到最少。在信息时代下，信息、数据成为最有价值的资源。通过信息收集、数据分析，企业可以发现商机，调整生产。平衡计分卡可以通过设置指标引导企业关注关键指标，从而大大减少企业的信息分析成本。

二、平衡计分卡的缺点

平衡计分卡在具体实施中存在困难。平衡计分卡的实施需要企业有良好的组织基础、完善的管理制度，需要高层管理者能对企业战略目标准确定位，企业各个部门认同企业战略目标，并能团结一致为战略目标努力。因此，在一些管理基础差的企业应用平衡计分卡的效果往往不好。

指标体系的建立较困难。平衡计分卡将非财务指标引入评价体系，是对传统评价的大突破，也使得业绩评价更加全面客观。但是，财务指标的优点在于简单、明确、可量化，而非财务指标显然没有财务指标那样能进行明确的测定和反应。由于不同企业存在差异，企业所处的内外部环境存在差异，企业的战略目标也有差异，不同企业在运用平衡计分卡时会出于不同的目标和考虑，设置不同的评价指标，导致指标体系难以建立。

指标数量过多，指标间的因果关系很难做到真实、明确。平衡计分卡涉及财务、顾客、内部业务流程、学习与成长四套业绩评价指标，如何选择正确的指标，指标之间的重复性如何避免，如何对不同指标进行处理使之可以进行综合的评价，舍掉部分指标是否会导致业绩评价不完整等都会影响平衡计分卡的实施效果。

各指标权重的分配比较困难。各指标的权重的分配也是直接关系平衡计分卡评价。如何分配平衡计分卡四个方面的权重，如何分配不同层次指标的权重，采用什么样的方法分配权重等，都会影响评价的客观性和准确性；而且不管采用什么样的方法进行权重分配，都难免存在主观性。

部分指标的量化工作难以落实。尽管平衡计分卡引入了非财务指标是对传统评价体系的一大改进，但是非财务指标往往难以量化，如学习与成长层面的哪些指标可以用于评价，如何量化都是难以解决的问题，而且这些指标在选择和应用的时候也往往存在一定的主观性。

实施成本大。平衡计分卡要求企业从财务、客户、内部流程、学习与成长四个方面考虑战略目标的实施，并为每个方面制定详细而明确的目标和指标。在制定平衡计分卡的时候，围绕战略目标进行目标的分解要结合部门的工作内容，并采用合适的指标是一件工作量十分大的工作。这是因为评价指标往往涉及多个层级，每个层级下又有多个方面的细分指标，指标数量繁多，同时还要考虑指标之间的重复性。此外，平衡计分卡的执行是一个耗费资源的过程，要花费大量的时间，还要不断调整、规范，完成一个周期至少需要一年甚至更长时间。

第五章　企业管理会计制度化过程的
影响因素分析

在制度化过程分析的基础上，按照五大类影响因素分为五节进行分析。每一节里，首先，分析每一大类因素中影响实地企业 ABC 实施的制度化过程的各个分支因素。其次，分析结果与 Anderson（1995）在美国通用企业的相应研究结果进行比较分析，以阐明中西方企业在 ABC 实施过程和影响因素上的差异。

每一大类影响因素的各个分支因素的分析依据，是来自 IT 实施文献（Kwon 和 Zmud，1987）、成本管理系统变革文献，尤其是 Anderson 的"阶段—因素"模型（Richards，1987；Shields 和 Young，1989；Anderson，1995）已有影响 ABC 实施的因素研究，以及根据本书实地企业具体情况分析的结果。

通过因素分析，试图探讨每一大类的各个分支因素是显著促进还是阻碍各个阶段的顺利实施，以及顺利进展到下一个更高阶段；同时，也探讨这些促进或阻碍因素是否影响 ABC 的实施效果和推广进程。

通过差异分析，试图更深刻地了解在我国特有的制度背景和企业文化下，西方先进的管理创新工具在实地企业实施的制度化过程是如何实现的，受到哪些与西方截然不同的因素影响。

第一节　外部环境因素分析

本节首先对影响制度化过程的外部环境因素进行分析。然后将 Anderson（1995）"阶段—因素"模型的研究结果与本书的研究发现进行比较分析，以探究影响中西方管理会计变革的因素差异和原因。

一、外部环境因素分析

本书制度化模型中的"外部环境"因素中，已有研究文献发现的分支因素包括"竞争""环境不确定性""外部交流 / 外部专家"。本书的分析结果表明，外部环境因素中"竞争"在发起、采纳、适用阶段发挥了重要的促进作用，"外部专家"在除接受阶段以外的实施过程中发挥了积极的促进作用，"外部交流"在接受阶段发挥了一定的促进作用。

（一）竞争

Kwon 和 Zmud（1987）认为企业在竞争激烈和环境不确定性情况下，为了生存和发展而寻求创新。毋庸置疑 ABC 管理创新项目在实地企业的发起和在 IC1 的率先采纳，主要起因在于外部市场竞争程度的加剧。2000 年以来，国内电力系统保护行业的企业较多，竞争对手日益激烈的价格战使公司接手的每一个单子都要考虑是否真正盈利。但是，实地企业在对外报价、进行价格决策时，由于无法相信会计部门提供的产品成本报告，在激烈的市场竞争中往往失去了主动权，阻碍了在竞标中的讨价还价能力。一位老总讲道："我们生产的某个产品，在传统成本核算体系下，成本为 800 多元，而市场上卖价仅需要 500 多元。这使得我们在对外报价时不知如何定价。"

实地企业常务副总 A 说："市场人员总是反映公司报价高。财务报的是计划价，当时没有很好的成本核算办法，材料没问题，不知道工费是否准确。"

财务处处长 B 回忆说："我们是生产制造企业，产品销售价格比较敏感，是否亏本，产品成本核算准确很重要，要为市场提供较高的信息……领导让我们试一试这种方法。"

与 IC1 类似，实施 ABC 的 IC2，生产的产品属于夕阳产业，种类繁多，市场竞争激烈。随着市场竞争的加剧和公司内部市场化改革的深入，公司原有的成本核算系统越来越适应不了企业管理、考核和控制等决策的需要。产品成本核算不准确，就无法用于管理决策。公司决策层承认，即使是他们一贯使用的成本信息，他们自己都认为不可靠，但是又没有其他更好的信息可以代替。在公司利润较高、竞争不太激烈的时候，这一问题并不突出。但当竞争激烈，争取市场份额和盈利同样重要时，这一矛盾开始扩大。因此，造成不断增长的内部管理和信息需求压力。

竞争程度越大，管理层越有动机，为了使产品成本更有竞争力而开发更精确的成本模型，因此，竞争在采纳和适用阶段也起了促进作用。

可见，竞争程度的加剧，产品报价不准确引起竞争优势的丧失，使得公司传统成本核算方法的弊端日益显现，促使公司管理层寻求新的成本管理方法。因此，竞争是公司成本管理系统变革的诱发因素，在 ABC 实施的发起、采纳和适用阶段，尤其是发起阶段起了重要的促进作用。

（二）外部专家 / 外部交流

管理会计实践、教育和研究由于脱离企业现实而广泛受到批评。上海财大专家与实地企业的合作，可以使双方受益。由上海财大专家所代表的学术界通过将作业成本法的理论研究和实际应用相结合，探讨作业成本法在我国制造型企业应用的可行性和效果，以实际结果对原有的理论加以验证、深化和创新，从而加强理论和实践认识。因此，对应了 Kaplan（1998）所提倡的创新行动研究，学者和实施创新的企业合作以加强和检验诸如 ABC 这样能够提升企业业绩的创新理论。

上海财大专家作为实地企业 ABC 实施的咨询合作方，显著影响着实地企业 ABC 的实施过程。在发起阶段，实地企业高层正是在聆听了专家的理论讲解后，才更深入、更透彻地领会了这种管理创新的核心理念，更加坚定决心和信心开展这项工作。并且，为了得到很好的理论指导，公司决定和上海财大 ABC 专家合作，由上海财大顾问组负责理论指导和专业咨询，在实地企业推行 ABC。可见，外部专家在发起阶段起了促进作用。

由于 ABC 作为一种新兴的管理创新，来自西方学术界，在国内并没有得到实践的检验，打算实施的企业没有理论指导，会影响实施的结果和效果。因此，实地企业邀请财大专家作为 ABC 项目专家顾问，设计 ABC 模型，指导其顺利实施。在实地企业项目团队等相关部门、人员的协调配合下，主要是由项目组上海财大专家出具了《IC1 实施 ABC 调研报告》和《实地企业作业成本核算方案》。并且，上海财大专家对 IC1 所有的财务人员、各产品线的成本核算员和相关管理人员进行了两次培训，使 ABC 的思想在 IC1 得到了推广。可见，外部专家在采纳阶段发挥了重要的主导作用。

随后，财大专家与实地企业项目团队密切配合，与企业商讨软件设计、程序测试和验收工作，并对作业成本法计算过程、信息录入和输出等方面进行了修改，保证了系统在 ABC 理论上的科学性。因此，财大专家在适用阶段发挥了积极的促进作用。

实地企业财务处处长 B 表示："ABC 的实施，以财大专家的意见为主，每年有不同的进度和要求、项目组在不同阶段的调研和访谈等。"

实地企业常务副总经理 A 表示："主要是咨询作用，设计方案，理论指导。诊断很重要，方案设计好，用一段时间后要经常做分析和诊断。分析少，用这种方式对我们的改变还是少，变革小。比如运行一年以后，把数据分析清楚，有问题跟我反映，给管理层提建议，通过这个分析，大家确实知道存在哪些问题，并进行改正。"

制度理论和传播理论方面的文献通常将组织划分为创新者和随后的跟随者，实地企业可以认为是较早采纳 ABC 的创新者。并且，外部专家团队将实地企业 ABC 的实施作为典型案例发表了多篇学术性文章，因此，实地企业的 ABC/ABM 管理模式引起了国内外的广泛关注。周围乃至较远省份的企业专门组织人员到实地企业参观学习。因此，实地企业由于 ABC 的实施而引起的外部交流增加。

项目团队成员，尤其是项目团队经理专门接待，向来访企业的财务人员介绍了公司实施的 ABC 核算系统，软件如何出具作业成本法报表等，以及探讨这种方法的优缺点。

二、与国外研究的比较分析

Anderson（1995）在外部环境因素分析中，研究发现"竞争""环境不确定""外部交流／外部专家"在发起、采纳和适用阶段发挥了促进作用。因此，与国外研究相比较，发现比较相似的结论，即"竞争"和"外部专家／外部交流"在 ABC 实施的早期阶段发挥了重要作用。同时，外部环境因素的分析和与国外研究的比较，可以简要地用图 5-1 表示，并进行理论评价，说明验证了或支持了相关理论和已有文献等。

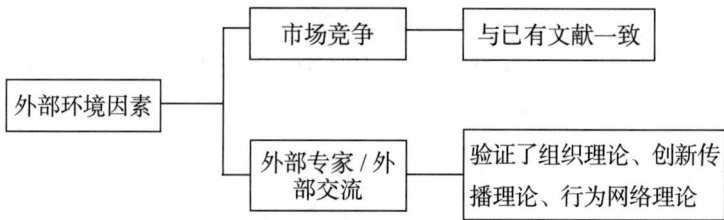

图 5-1 外部环境因素分析

外部环境因素分析的结果验证了早期其他影响 ABC 实施的因素研究，如那些面临更多竞争的企业倾向于采纳 ABC。同时,产品多元化的公司（例如本书企业中的 IC2 分公司）较多采用 ABC。

这也符合我国国有企业对西方管理会计 / 控制技术的采纳原因之一。例如，奥康纳（2004）的研究发现，越来越多的国有企业采纳西方管理会计 / 控制技术的原因之一是宏观环境层次的市场竞争的激烈程度增加。

外部咨询师在 ABC 实施过程中发挥了重要的促进作用。尤其是通过本书分析发现，外部咨询师在整个实施过程中发挥了积极的促进作用。这一结论从不同的角度对相应理论进行了验证。

第一，它验证了组织理论中的项目团队研究成果。管理创新（例如 ABC）通常涉及项目和开发团队（Cohen，1993）。组织理论文献中对项目团队构成的研究，外部咨询师是项目团队成员之一。Anderson（2002）研究了外在环境、团队过程和团队动态如何影响 ABC 团队业绩，认为理解这些关系有助于提高 ABC 模型开发的效率和有效性。得出的结论之一就是外部咨询师的存在可以提高团队解决冲突的能力。

第二，它从创新的"供给层面"验证了创新传播理论、行为网络理论（ANT）。也就是效率选择观可以解释最早期企业的采纳，外部推动在实施的过程中发挥重要的影响。同时，行为网络理论强调，从"供给层面"对创新技术的传播进行理论解释中，认为促使管理会计创新的使用成为一种"时尚"的主体包括咨询公司、早期采纳者及会计学术界。ABC 实施的成功与否，取决于采纳之后实施企业的各种人为和非人为因素的共同作用，这些因素都在尽力构建较强的行为网络，以加强他们对 ABC 的支持和实施，其中一项重要的人为因素就是咨询师。

第二节 个人特征因素分析

本节首先对影响 ABC 实施的制度化过程的个人特征因素进行分析。然后将 Anderson（1995）"阶段—因素"模型的研究结果与本书的研究发现进行比较分析，以探究影响中西方管理会计变革的因素差异和原因。

一、个人特征因素分析

本书制度化模型中的个人特征因素，已有研究文献发现的分支因素包括"对待变革的态度""非正式的支持""过程知识""角色参与"。本书的分析结果表明，个人特征因素中"对待变革的态度"和"角色参与"在发起、采纳、适用阶段发挥了重要的促进作用，"过程知识"在实施的整个过程中发挥了积极的促进作用。

（一）对待变革的态度

随着 2008 年集团公司股权结构的深刻变革，企业经营管理体制发生了重要变化。集团公司在领导的带领下，进一步解放思想，按照现代企业制度的规则、理念、机制、运作方式，探索新的更加有效的管理模式和方法，用新的思想观念、思维方式去认识和分析问题以改革的思路、开放的思维和创新的理念积极推进体制、技术和管理的创新。以领导为首的新的领导班子上任之后，集团公司制定了新的五年规划，从重视规模向重视效益转变，注重股东回报；从粗放管理向精细化管理和精益管理转变。

由此可见，集团公司高层领导积极倡导变革，一直致力于管理创新技术的采纳和效益回报，尤其是那些在西方发达国家中被成功采纳的技术。例如，2001 年，公司先后引进了 KPI、EVA、ABC 先进的管理工具；2009 年，开展员工成长通道等。

2001 年，集团公司董事长领导通过学习《哈佛商业评论》中关于 ABC 的文章，感觉这种管理创新工具可能会对提升公司的成本管理水平有所帮助，并亲自安排主管财务工作的总会计师进行研究和实践。领导是公司成本管理系统变革的积极倡导者和催化因素，直接导致了公司管理会计的变革，在公司 ABC 实施的发起阶段起到了"领路人"的作用。

在 IC1 和 IC2 分公司 ABC 发起之后的实施过程中，员工对于成本管理系统变革的态度主要是积极配合。

在 IC3 ABC 的发起阶段，员工对于成本管理系统变革的态度主要是不积极、不配合的。出于对既定利益的保护和对未知事物的恐惧等原因，其能够得到员工的支持和热情并非易事。员工对组织变革的迷惑、恐惧甚至抵制是组织变革首先要面对的问题（高静美，2010）。

IC3 无论是财务还是业务人员，出于对团体利益和自身利益的保护，都很警惕，担心新系统对 IC3 主权构成潜在威胁。并且，由于新系统的实施会使其财务信息更透明，员工产生对工作保密性的担心，如咨询费。会计人员不愿意接受更多管理责任，以工作忙、没时间整理数据为托词，抵制变革。

（二）过程知识

"过程知识"是 Anderson（1995）通过对通用汽车公司的研究，发现影响员工对 ABC 技术认知和认可的重要因素，进而有助于 ABC 顺利实施和被广泛接受。如果没有领导和管理人员对过程知识的日益加深、逐步接受，就不能促使员工将 ABC 的实施看作有价值的管理创新行为，不能促使员工做出愿意实施的承诺，制度化过程就不会实现。在制度化不能实现的情况下，ABC只能是形式上被采纳，"脱离"现象就会发生。通过本书的分析，"过程知识"是ABC能够在实地企业中进展到较高的、初步融合阶段的重要影响因素。

在实地企业实施ABC的前期，在发起、采纳、适用阶段，公司很多领导和员工都是第一次接触这一概念。2002年，当公司正式做出在IC1采纳实施ABC的决定后，项目团队经理专门到上海财大学习了半个月，公司常务副总和财务人员通过自行阅读相关的期刊再加上培训了解了ABC。这在发起阶段尤其重要，增强了公司实施ABC的决心和信心。

实施ABC的部门员工对ABC的了解渠道主要是通过项目小组的培训及财务人员的介绍，大多数员工对ABC的原理和目标仅仅是一般了解，尤其是生产部门人员对ABC认识不清楚，只是一个很初步的了解，主要是无条件配合。

管理人员，包括财务人员，对ABC的理解程度要高于一般员工，这与他们的职能分工相符，而一般员工很少会涉及利用成本信息进行决策。管理人员需要利用成本信息进行相关决策，尤其是团队经常使用ABC软件的反映："IC2分公司的ABC完全是我们自己做。以前IC1的实施，我参与的是后期阶段，已经开始出报表了。IC2一开始，完全从头走到尾，对ABC的理念和流程心里才有数。一开始，是被动的，让做什么就做什么。刘科说我是核算成本的，让我也参与进来。除了正常成本核算工作，每月几十本凭证要做，ABC这块也要做，核查ABC报表数据的准确性，发现问题进行修改。"

随着作业成本核算和作业管理理念的不断深入开展、宣传、推广，尤其是专门开会讲解ABC，并讨论将其与Oracle信息系统融合的问题，即进展到后期的接受、惯例和融合阶段，更多的部门和人员了解并领会了这一理念，如信息中心主任。更重要的是，实地企业主管财务工作的常务副总财务处相关人员，经过10年的实施过程，对作业成本管理有了更宽广的视野和更深刻的认识。这些人员对ABC理念的理解和接受都极大程度上促进了ABC实施向更高阶段的发展，进入目前的初步融合阶段。

（三）角色参与

2001年，第一次大规模调研时，上市公司所有生产经营单位、分公司生产、质量、供应等方面的领导都参与，一起讨论生产组织形式和生产流程，以及成本核算方法、结算办法等。随后公司成立的ABC项目团队，不仅包括了财务处管理科、成本科的财务人员，更涵盖了各产品线、制造部的领导、主管等人员。

在IC1和IC2 ABC前期实施过程中，无论是深度调研，确定实施方案，还是召开的各种培训会议和讨论都有相关部门领导、业务人员的积极参与。大家出谋划策，积极支持和配合。例如，收集第一手资料时，各部门领导、成本核算员、技术主管、生产主管、班组长及操作工人都积极参与配合。

这种角色参与式的实施使得IC1和IC2的领导和员工对ABC系统有了逐步的了解和体会，满意度也在使用过程中逐渐提高。如果没有各部门人员的广泛参与和配合，ABC

项目组不可能设计出实施方案，也不可能顺利往下实施。因此，角色参与在 ABC 实施过程中的发起、采纳、适用过程中发挥了重要作用。

二、与国外研究的比较分析

Anderson（1995）在个人特征因素分析中，研究发现"对待变革的态度"在发起、采纳和适用阶段发挥了促进作用，"非正式的支持"在发起、采纳、适用、接受阶段发挥了促进作用，"过程知识"在采纳阶段发挥了促进作用，"角色参与"在发起、采纳阶段发挥了促进作用。

将 Anderson 与本书研究结果进行比较，如表 5-1 所示发现了"对待变革的态度""角色参与"在 ABC 实施的发起、采纳阶段发挥了重要作用。这与其他 ABC 方面的研究结果也比较一致。

表 5-1　个人特征因素比较

类型	因素	比较分析	发起	采纳	适用	接受	惯例	融合
个人特征	对待变革的态度	Anderson	+	+	+			
		本书	+	+	+			
	过程知识	Anderson		+				
		本书	+	+	+	+	+	+
	角色参与	Anderson	+	+				
		本书			+			

同时，个人特征因素的分析及与国外研究的比较，可以简要地用图 5-2 表示，并进行详尽的理论评价，说明验证了或支持了相关的理论、文献等。

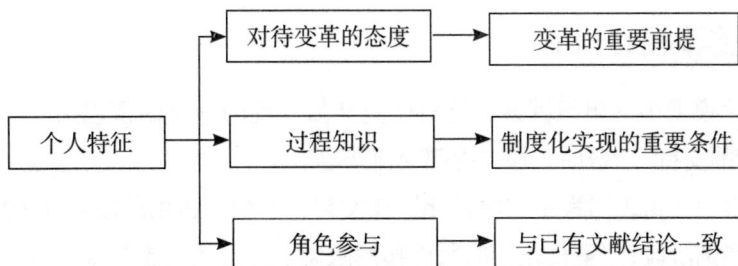

图 5-2　个人特征因素分析

这里值得分析的重要差异是"过程知识"在实地企业 ABC 实施的整个过程中都发挥了积极的促进作用。尤其是 ABC 项目团队的领导、主要成员随着项目实施时间的推移、参与程度的增加，对 ABC 的了解和认同度逐渐加深。因此，"过程知识"是促使 ABC 从一个阶段进展到下一个阶段，达到 IC1 前考察时期，是 IC1 ABC 系统实施的初步融合阶段的重要因素，进而实现了制度化。

制度化实现和变革可以看作成功的重要条件就是 ABC 系统实施所形成的新规则和惯例，在长期的实施过程中被企业成员真正接受，变革的核心理念能够真正灌输到员工的头脑中。但这些条件的重要前提就是需要企业成员对 ABC、经营流程、组织结构等"过程知识"的掌握，才能谈得上逐步了解和接受。如果没有企业成员对"过程知识"的掌握、接受，变革就不会真正改变企业成员的日常经营管理活动，就会影响变革的效果，"形式上采纳"的现象就会发生。

另外，由于管理会计知识的积累和应用在很大程度上受管理者、会计师个体特质及企业已有管理传统、风格等惯例的影响，具有很强的情景嵌入性，不容易通过文字、语言等编码方式直接传播。因此，实际运用中的管理会计知识是以默会知识为主，这就决定了管理会计知识的转化只能是一个螺旋式的反复上升过程。

经过这样一个螺旋式上升的转化过程，新的管理会计知识就会内化于员工的心智及各项制度当中，从而实现了制度化，由这些新知识驱动的管理行为也能更好地改善企业的绩效。

通过对"过程知识"这一因素的详尽分析我们不难看出，它在管理会计变革的实施和制度化过程中有着重要的借鉴和应用价值。这是有的企业变革比较顺利、有的企业变革容易出现变故且难以达到预期目标的重要原因。

第三节　组织因素分析

本节首先对影响 ABC 实施的制度化过程的组织因素进行分析。然后将 Anderson（1995）"阶段—因素"模型的研究结果与本书的研究发现进行比较分析，以探究影响中西方管理会计变革的因素差异和背后的原因。

一、组织因素分析

本书制度化模型中的组织因素，已有研究文献发现的分支因素包括"集权化""职能专业化""高管的支持""培训"和"内部交流"等。

分析结果表明，组织因素中"集权化"在发起、采纳、适用阶段发挥了重要的促进作用；在接受、惯例阶段，"集权化"的负面作用阻碍了项目的实施效果。"职能专业化"在发起、采纳、适用、融合阶段发挥了积极的促进作用；在接受、惯例阶段没有很好地发挥其积极作用，阻碍了项目的实施效果。"高管的支持"在整个实施过程中发挥重要的持续推动作用。"培训"和"内部交流"在发起、采纳、适用阶段发挥了积极的促进作用，在接受、惯例阶段"培训"和"内部交流"比较少，没有很好地发挥其积极作用，阻碍了项目的实施效果。但是，在融合阶段，"内部交流"发挥了关键的促进作用；"组织结构"对 ABC 系统成本核算的准确性有一定的阻碍作用，影响了企业成员对其的接受程度；"企业文化"在 IC1 和 IC2 分公司的发起、采纳、适用阶段发挥了重要的促进作用，但是在 IC3 的发起阶段，由于其特有的文化氛围阻碍了项目的顺利实施。

（一）集权化

集权是将组织中的权力集中到较高的管理层次。集权的优点在于它拥有对企业的绝对控制权，可以确保企业坚持既定政策；方便管理，易于分辨每一职能的重点；在整个组织中可能拥有通用的标准。由实地企业一些高层领导、中层领导、员工填写的"企业文化"调查问卷结果显示，一半人员认为，公司分部制定绝大多数自身决策，一些重大决策仍然由总部制定。决策制定是通过收集不同层次员工的个人意见得出的，该不同层次个人组成的团队同时负责实施。

尤其是 2008 年作为集团公司的"变革年"，公司顺利进行了新老班子的平稳交接，实现了整个集团重大的资产重组，集团的战略管控能力进一步增强，集团公司总部定位为决策、管控、服务"三个中心"。

实地企业 ABC 实施的早期阶段，2001 年，由公司总部集团公司董事长 X 总和主管财务工作的常务副总 A 做出的发起和采纳 ABC 的重大决策，期望 ABC 这种管理创新工具可能对提升公司的成本管理水平有所帮助。随后公司统一成立了项目团队，由常务副总 A 亲自指挥和协调。因此，这是由公司高层领导发起的有组织、有目标、正式的、统一的大型管理创新项目。可见，集权化在 ABC 实施的发起、采纳阶段起了关键作用。

但是，集权化在实施的后期会成为一种阻碍因素，体现在项目团队经理 D 认为自己不是独立的决策者，自主性不够，自视为接受命令的下级，降低了项目团队成员的工作热情。然而，在接受和惯例阶段，ABC 系统的持续使用、维护、升级更新和推广，自主性和工作热情显得尤其重要。

（二）职能专业化

组织的信息理论认为，组织应该被设计以用来提供实现组织目标所需要的所有纵向和横向信息流动的结构形态，否则会影响组织的效率。纵向组织的设置主要是为了控制，而横向组织则是为了促进协调和合作，是公司组织结构在外部环境巨变和管理工具创新需求影响下的适应性改变。跨部门组成的职能专业化团队，将组织中具有不同背景、价值导向及知识体系的人员和专家进行组合，有利于发挥各自所长，有助于 ABC 项目各项工作的开展。Anderson（1995）发现职能专业化在 ABC 的发起阶段具有积极作用。

在实地企业 ABC 项目实施的发起阶段，公司成立了 ABC 项目组，包括上海财大 ABC 专家与实地企业项目团队。上海财大专家负责理论指导和专业咨询，构建概念框架，并对成本会计人员和 IC1 的员工进行培训；实地企业项目团队负责协调、项目推进和具体实施。项目组职责明确，成员职能分工清晰，相互配合、高度互补。项目组的成立有助于 ABC 的顺利实施，标志着公司成本核算方法转变过程的开始。

在适用阶段，ABC 项目组与金蝶软件公司合作开发了软件，项目组介绍 ABC 原理和具体实施方案。金蝶软件公司专门成立了实地企业项目组，负责软件设计和技术支持，保证了软件的及时编制和运行，满足了作业成本核算和管理需要。

因此，职能专业化在 ABC 实施的发起、采纳和适用阶段发挥了重要作用。可以说没有两方共同组成的高度互补和实力强大的职能专业化实施团队，该项目不可能实施。

在该项目实施的接受和惯例阶段，随着软件开始正式出具报表，各项规章制度的建立，ABC 核算和管理逐渐成为公司日常管理活动的一项经常性、惯例性活动。这时，使用 ABC 软件出具报表的项目组成员主要是成本科 E，经常使用 ABC 报表和数据的人员是各产品线的综合管理员，然后他们再反馈给经理。

因此，在项目实施后期，职能专业化程度有所下降，影响了公司对 ABC 项目的接受程度和满意程度。其表现在：一方面，金蝶开发人员由于各自承担新的工作，造成 ABC 软件出现技术问题时，缺乏及时的修订和维护。财务处成本科 E 反映："开发人员已经解散……各自承担了新的工作，在深圳金蝶第一期的 ABC 程序目前处于无人问津的状况，出现问题总是推来推去，找不到人解决。一个好的程序要经过几个版本的修订才能趋于完善，ABC 经过了五年的时间，没有进行过版本修订，出现一个问题，解决一个问题，从未从根本上解决问题，对程序没有进行过整体优化。"另一方面，操作、维护和更新 ABC 系统的实地企业 ABC 项目团队人员较少。目前，只有项目经理和使用 ABC 软件出具报表的项目组成员 E。实地企业财务处处长 B 也表示："与自身有关，日常核算量占了财务人员很多精力，没有太多的时间和精力专门做这件事，没有足够人员和水平的团队来做这件事。如果真的要把 ABC 做好的话，需要大概 10 人的团队，而且他们要对成本非常了解，再向别的车间不断推广。"

（三）高管的支持

任何管理创新工具的应用都是一个管理会计变化过程，它带来的不只是管理手段的变化，更重要的是组织管理理念、规则的转变。在此过程中新旧制度的碰撞、部门及员工的利益矛盾都需要较高权力和权威的高层领导的协调。已有研究表明，高层支持是 ABC 成功实施的重要因素之一。西方 ABC 实施经验中最重要的成功因素——持续不变的高层支持，很显然是实地企业 ABC 成功实施的最重要因素。

ABC，作为一项全新的成本核算方法，更多地仍停留在理论探讨上。要把它从理论变为实践，在企业中真正实施，如果没有一个有远见的高层领导的全力支持和持续推进，变革过程可能由于面临各种各样的障碍而不能继续进行。

在 ABC 整个实施过程中，从发起到融合阶段，常务副总经理 A 是成本管理系统变革得以实施和持续推动的重要领导者。作为催化因素，他领导财务处主管、成本科人员发起、采纳了 ABC，直接导致了变革的发生。

之后，这个项目能得以顺利实施，并进展到更高级别的融合阶段，也极大程度上得益于实地企业高层领导，尤其是常务副总 A 的支持、协调并要求各分厂领导积极配合。除此之外，IC1 领导 N、IC2 分公司 X 总，以及各产品线经理、生产部长等涉及的相关人员都予以支持和配合。

领导的支持主要表现在三个方面。第一，影响力。领导通过员工大会对项目实施的必要性进行倡导，并积极参与一线对员工工作起到表率作用。第二，资源保障。没有高管的支持，实施新系统所涉及的组织结构、人员岗位职责的调整和激励等措施不可能进行。第三，协调力。新系统带来的不只是管理手段的变化，更为重要的是公司管理理念、规则的变化，冲突和利益矛盾的解决都依赖于高层领导的权威和沟通手段。ABC 项目团队经理 D 表示："常务副总指挥，一直支持。

实地企业财务处处长 B 表示："IC1 X 总也想通过实施 ABC，提高 IC1 的管理水平。如果能够做好，可以成为一个模板。当时很支持这件事。"

1C2 分公司成本会计 J 表示："支持很大，如果没有领导的支持，工作根本开展不下去，没人配合。当时，各个领导都很支持。"

（四）培训

培训是已有文献中影响 ABC 成功实施的重要因素之一（Shields，1995；Krumwiede，1998），尤其是 Anderson（1995）的研究发现，培训对四个阶段（发起、采纳、适用、接受）都有积极的促进作用。

在 ABC 项目实施的发起、采纳和适用阶段，公司领导、项目团队由于充分认识到 ABC 是一种先进的管理创新理念，很多人都不了解，因此对员工的各种培训都很支持。对于 ABC 项目来说，做报告、调研、开会讨论、汇报等一系列会议在这些阶段经常举行，有时甚至每周都开会讨论。正是高层管理人员有意识地经常组织员工进行 ABC 方面的培训，使得实施 ABC 的 IC1 和 IC2 的高层领导、生产线经理和会计人员对其概念有了相对全面的了解，ABC 在实地企业的传播也很普遍和迅速。

实施后期，接受和惯例阶段，培训相对减少很多，公司领导、员工的关注度下降，而且没有更好地理解和透彻领会 ABC 理论，所以会影响作业成本数据的使用效果和作业管理理念的推广。

实地企业常务副总 A 总结："培训很重要，要经常给用的人讲……主要还是公司人员对 ABC 理念理解不深入，培训少，他们不懂这一理念。因此，我们要让他们懂，知道是怎么回事，然后才能激发出他们的需求。效果出来，才会觉得有用处。高层不需要，但是中层需要详细的管理信息。"

（五）内部交流

ABC 项目实施的发起、采纳和适用阶段，公司领导、项目团队成员、实施 ABC 的部门领导、产品线经理等人员之间的横向和纵向交流比较多，对公司实施该项目的目的、意义都有清晰、一致的认识。

实施后期，接受和惯例阶段，要保持核算一直清楚，必须和业务结合，经常核查动因的选取是否合适，而项目团队财务人员与业务人员之间的横向沟通交流较少，影响了公司人员对作业管理理念的接受程度。实地企业常务副总 A 分析道："财务缺乏沟通能力。应该把 ABC 的理念给业务讲透，然后在实施效果上能够看到，很难做。好处给业务讲过后，能够促使业务迫切需要这方面的信息才行。"项目团队经理 D 也承认了没有推广好，没有宣传好，各项制度不完善。

另外，公司领导与项目团队成员之间的纵向沟通交流也很缺乏，阻碍了该项目在实地企业其他公司的推广应用。

在 ABC 实施效果上，高层领导和项目团队的认识存在差异，没有进行有效的沟通。从实地企业高层领导的角度来说，公司开展的每一项管理创新活动，要能够达到明显、直观的效果，最好投入产出比能够用数值衡量。例如，现任集团董事长领导认为精益化管理有效果，ABC 效果不明显，比如工艺流程的修改，不增值作业的消除，这些并没有看到，因此认为改进效果不大。对此，项目团队经理 D 认为："但这些跟数据几乎是连不到一起的。长期来看，效果会出来。当时对财务来说，最大的收获就是把经营流程搞清楚了，以前只是记账，业务做了什么不知道，反正就是工资等各项费用。现在作业中心发生多少，子目清楚，各个流程的各项费用很清晰，会有针对性的控制和管理，账套也有很多人看……但是，我们就是不善于表达，不会把这些好东西写出来，不会宣传。"

项目团队财务处成本科 E 也表示："就像专家所说，管理是个无形的东西，不可能马上见到效果。领导认为省了多少成本，应该看到直接效果。而 ABC 主要是管理的提升……当时，领导开会说，取消那些不增值作业。比如这个作业中心的费用 200 万元，取消掉这个作业中心，就节约了 200 万元。我们确实没有，当时 ABC 没有那么细，工序不可能取消掉。没有下那么大的人力、物力把它分得很细。"

IC2 分公司 ABC 的实施效果非常显著和理想，无论是项目团队成员，还是 IC2 的财务人员、业务人员都很认可和赞同。但项目团队并没有将 IC2 的实施效果反馈给常务副总 A："他们没有给我汇报这些结果。虽然结果不错，但是没有人给我看，我也没办法下决心在其他企业推。我只能是提倡、推动。具体就是协调、改进，有什么问题在高层会议上反映，就会有所改进。"

（六）组织结构

已有文献表明，实施变革的障碍一直与组织结构有关。组织结构可能在管理上是一种有效的方式。然而，由于作业活动的相互依存性和跨部门性，这些结构安排可能会成为一种变革的障碍。

实地企业的组织结构设计是为了满足 1997 年的上市。然而，它的经营结构很大程度上没有改变。实地企业是集团公司的生产部门，集团事实上控制实地企业的经营活动。一个重要的表现是实地企业的销售和购买业务由两个独立的公司所负责，即营销总公司和亿万物流，实地企业向这两个公司分别支付销售费用和材料费。这种结构安排一直为实地企业领导所担忧，因为这些不可控的费用对其分部的财务业绩有严重的负面影响。

从上面的讨论可以看出 ABC 信息有助于揭示这种组织结构安排的障碍，这种组织结构安排适用于诸如社会责任之类的集团公司的更广泛的目标。

然而，这种安排降低了实地企业成本核算的清晰度。对 ABC 的不断了解使得经理人员对这种组织安排的负面影响有了更加客观的评价。

（七）企业文化

企业文化是指企业在实践中，逐步形成的为全体员工所认同、遵守、带有本企业特色的价值观念、经营准则、经营作风、企业精神、道德规范、发展目标的总和。Markus 和 Pfeffer（1983）指出，新系统与现有组织文化和权力分配相匹配的程度影响实施的成功。

进入 2000 年以来，面对经济全球化、信息科技迅猛发展、社会需求急剧变革、竞争日益激烈的市场环境，为了赢得生存与发展的巨大空间，实地企业高层领导一直致力于各种管理创新的实践，尤其是那些在西方发达国家中被成功采纳的技术。

在公司多年改革创新发展过程中，集团公司始终高度重视和加强党建、政治思想工作，确立了"围绕中心抓党建，凝心聚力促发展"的原则。公司党委借鉴现代企业管理理念，使党建工作成为企业价值链的重要一环，成为企业运营体系的重要组成部分，形成把"党员培养成骨干，把骨干发展为党员"的良性态势，使广大党员既有履行使命的责任感，又有价值体现的荣誉感。

所有这些可以概括为领导在一次新任干部大会上提到的实地企业精神，即团结、贡献、求实、创新。这种变革、创新的企业文化是实地企业公司发起实施 ABC，进而引起成本管理系统变革的必要因素。

团结、贡献的精神反映了实地企业员工无私奉献的优良传统，公司提倡、员工发扬的"5+2，白加黑"精神在集团公司的每一个单位都可以感受到，这在 IC1 和 IC2 公司 ABC 项目实施的采纳、适用阶段也得到了充分体现，有效地保证了 IC1 和 IC2 公司 ABC 核算系统的顺利进行。

另外，自上而下的改变可能会受到局部"文化基础"的负面影响（Brooks 和 Bate，1994）。组织可被理解为一个小型社会，有其自身独特的文化和子文化模式（Morgan，1986）。

实地企业是以"大包费"的形式拨付给 IC3 的销售费用，这种分权组织固有的信息不对称现象，使得这些费用如何花费、是否合理，实地企业高层领导并不清楚。因此，实地企业高层试图通过 ABC 项目提高销售费用的核算水平，为管理决策提供更全面的成本信息。这种自上而下的管理会计变革受到了 IC3 特有子文化的负面影响。

会计与控制系统能够以多种方式影响组织中权力的分配，进而影响实施的成功（Markus 和 Pfeffer，1983）。新系统对 IC3 的自主权会构成潜在的威胁，信息更透明使得 IC3 人员产生对工作保密性的担心，如咨询费。因此，IC3 保护团体利益和自身利益的意识很强。这种特有的子文化氛围，公司许多领导和员工都能感受到。在对实地企业副总经理 P 的访谈中，他提到："……IC3 是一个利益共同体，保护主义作风严重。客户成为 IC3，甚至成为销售人员的个人资产和资源，在高层领导与 IC3 制定考核依据时虽然也想将利润作为考核指标，但 IC3 不同意，高层领导也只能妥协。IC3 一直是公司高层领导想管理但又不好管理的部门。以前由集团公司领导负责，分成三大 IC3 之后，上市公司和集团领导都负责，职责范围有交叉和重复。"

另外，信息中心主任 C、项目团队经理 D、项目团队成员 E、财务处财务科科长 F 等都不同程度上表述了同样的观点。

因此，目前 IC3ABC 项目的实施仍然处于发起阶段，该部门这种特有的子文化氛围是阻碍其顺利实施的重要因素。

二、与国外相应因素的比较分析

与 Anderson（1995）的组织因素分析结果相比较，比较一致的结论是"职能专业化""高管的支持""培训"和"内部交流"在 ABC 项目实施的发起、采纳、适用、接受阶段应该发挥积极的促进作用。这与已有研究文献，如 Foster 和 Swenson（1997）和 McGowan 和 Klarnmer（1997）的研究结论也是一致的。

组织因素的分析及与国外研究的比较，同时进行的详尽理论评价，说明验证了或支持了相关的理论、文献等。

实施管理创新（例如 ABC）通常涉及项目和开发团队。项目和开发团队由多个职能部门的人员组成，如工程师、成本分析师、设计者、经营者、部门经理等一起来执行这种与企业日常惯例不同的任务。这种跨职能团队的构建，使得开发团队有潜能产生新思想，或对争论不休的问题产生新颖的解决办法。由多职能专家组成并具有较高执行力的团队能够以一种有效的方式解决冲突。Anderson（2002）的研究发现，团队构成，如团队规模、团队成员异质性、ABC 培训、外部咨询师的存在有助于提高 ABC 模型开发的效率和有效性，进而影响项目的顺利实施。高晨（2010）的研究也发现，在各种支持性组织要素中，跨职能组织是案例企业实施战略成本管理的核心所在。

高层领导热衷于创新的思维是中国国有企业一个明显的现象，因为从计划经济体制转变为股份制企业紧迫感增强，为了在市场经济的激烈竞争中占有一席之地，必须有先进的管理理念。来自高层的支持，这是文献中发现的重要成功因素之一，也是实地企业 ABC 实施得以成功和持续扩大推广实施范围的首要原因。尤其是财务总监 A 坚定不移的支持，在保持与生产线经理充分合作的前提下，为了该项目的整体持续性提供充分资源方面发挥了关键作用。

与 Anderson（1995）的组织因素分析结果相比较，差异比较大的因素有两个。第一，"集权化"在实地企业 ABC 的发起、采纳、适用阶段发挥了积极的促进作用。第二，笔者发现，

"企业文化"在实地企业的 IC1 和 IC2 分公司的发起、采纳、适用阶段发挥了重要的促进作用，但是在 IC3 的发起阶段，由于其特有的子文化氛围阻碍了项目的顺利实施。

这两个差异体现出了中国国有企业在引起和实施西方先进管理会计创新时与西方企业截然不同的地方。美国通用汽车公司 ABC 的发起、采纳和实施，是由公司各个分厂自主选择是否实施，自主设计 ABC 模型，然后分厂之间进行讨论的，因此有多个 ABC 项目团队。

然而，在本节考察的实地企业，ABC 的采纳实施完全是由公司高层领导发起的有组织、有目标、正式的、统一管理的大型管理创新项目。由于是统一组织管理，因此，实施特征表现为一种自上而下的贯彻实施，并由财务最高领导挂帅、财务处成本科具体负责组织实施，只有一个主要项目实施团队。

第四节　技术因素分析

本节首先对影响 ABC 实施的制度化过程的技术因素进行分析。然后 Anderson（1995）"阶段—因素"模型的研究结果与本书的研究发现进行比较分析，以探究影响中西方管理会计变革的因素差异和原因。

一、技术因素分析

本书制度化模型中的技术因素，已有研究文献发现的分支因素包括"对使用者而言的复杂性""与现有系统的兼容性""模型精确性""对现有系统的相对提升""决策相关性"等。

本节的分析结果表明，"对使用者而言的复杂性"在发起、采纳、惯例阶段发挥了重要的促进作用，在适用、接受阶段，复杂性使得员工的工作量加大，有一定的阻碍作用。

"与现有系统的兼容性"，由于 ABC 不能与其他系统兼容，影响了员工对其的接受程度，2010 年与现有信息系统的兼容促进了融合阶段的实现。因此，在接受阶段起了阻碍作用，在融合阶段起了促进作用。

"模型精确性"在发起和采纳阶段发挥了重要的促进作用。在接受阶段，由于模型精确性不高，影响了员工对其的接受程度。

"对现有系统的相对提升"在实施的整个过程中发挥了积极的促进作用。

"决策相关性"是促使公司发起、采纳 ABC 的主要因素，但是由于一些动因选取不合理，影响了员工对其的接受程度。

（一）对使用者而言的复杂性

公司传统的成本核算方法，对制造费用的分配依据过于单一，造成成本分配不准确。ABC 对制造费用的多动因选择、多动因分配是实地企业寻求新的成本管理方法的直接原因，因此复杂性是发起、采纳的主要原因。

在实施 ABC 系统后，要按照"资源—作业中心—合同 / 产品"的成本分配思想，将各类资源费用如差旅费、运输费、低值易耗品、人员工资等直接计算或分配进各作业中心，这就要求 IC1 和 IC2 等相关部门人员在数据录入时明确写明作业中心名称，并录入相应的资源动因。费用分配到各作业中心后，还需要录入作业动因数据，从而作业中心成本分配至合同或产品。这些会使数据量成倍增加，并且需要许多非财务数据。

ABC 核算软件的实施，大大减少了 ABC 中烦琐的计算工作量，数据的计算、输出都由计算机处理，需要一线员工处理的是许多有关资源动因和作业动因的记录和录入工作。在软件上线的初期，ABC 核算系统出现的问题主要有两个方面：一是 ABC 软件功能的不完善，导致员工日常动因、资源消耗情况等输入比较复杂。二是软件的操作权限界定不清，常常会导致数据重复输入、数据混乱，财务人员在期末汇总报表时经常需要重新核对数据。

因此，在实施的适用和接受阶段，主要是加大了使用者的工作量，复杂性较高，对 ABC 的顺利实施有一定的阻碍作用。在实施的惯例阶段，随着各项工作逐渐梳理和完善，ABC 软件在使用上的复杂性下降，有利于 ABC 的顺利实施。

（二）与现有系统的兼容性

实地企业在实施 ABC 项目之前，已经安装有先进的计算机自动控制系统用来监督制造过程，包括使用制造资源计划系统。而且，公司有金蝶 K3 财务软件用来满足日常账务处理和对外财务报告的需求。

在发起阶段、采纳阶段、适用阶段，实地企业当时没有将 ABC 软件和金蝶 K3 财务软件等其他现有系统进行统一，主要是考虑到 ABC 系统当时只是处于理论阶段、摸索和实践阶段，不是很成熟。因此，ABC 软件没有与这些软件整合或相互提取数据，不能兼容。

另外，公司在 2001 年也引进 KPI（关键绩效指标）和 EVA（经济增加值）用来计量和监督中层领导的管理业绩。但是，ABC 还未能与这些衡量指标进行整合以评价分部业绩。以上分析结果表明，ABC 软件系统没有与现有系统进行兼容，影响了公司成员的接受程度。

直到 2010 年，集团公司开始运行 Oracle 信息系统，项目团队成员才考虑将作业成本核算和作业管理理念在信息系统中体现，并在 2010 年底初步实现了与现有信息系统的兼容。因此，与现有系统的兼容促进了融合阶段的实现。

（三）模型精确性

ABC 模型能够以作业为中心，反映从产品设计开始，到物料供应、生产工艺流程的各个环节，质量检验、总装到发运销售的全过程，通过对作业成本的确认、计量，最终计算出相对真实的产品成本。可见，实地企业 ABC 当时是一种全成本管理理念，不仅包括材料费、直接人工、制造费用，还包括了部分期间费用。

2003 年，ABC 系统开始正式出具报表，IC1 各产品线的综合管理员都认为："在分配直接人工、制造费用上 ABC 比传统归集方式准确，模型核算出的产品成本按照合同、屏号归集准确性很高。"并且，从 2005 年开始正式作为对外财务报告的生产成本依据。但无论是公司领导，还是出具作业成本数据的成本科人员 E，以及 IC1 各产品线的综合管理员都认为，IC1 期间费用结算不及时，各个月份之间费用忽高忽低。期间费用"售后服务费"和"平台费用"的作业动因按照当月"合同产值"划分很不合理，会扭曲各条产品线下面的三类非生产性作业——"现场调试与维护""协调管理""市场部"的成本分配，造成成本信息的失真。

模型精确性是促使实地企业在 IC1 和 IC2 分公司发起和采纳 ABC 最重要的因素和预期希望达到的首要目标。

在接受阶段 IC1 由于 ABC 模型包含的部分期间费用动因选取比较粗、不合理，从而影响了模型精确性，也影响了 IC1 人员对模型的接受程度。

在接受阶段 IC2 分公司由于 ABC 模型的生产成本核算准确，制造费用占的比重又较高（占 20%），模型不包括期间费用，因此 IC2 分公司各相关部门对 ABC 的认同度和接受程度很高。

（四）对现有系统的相对提升

实地企业通过 ABC 的实施，划分了各层次作业，设立了作业中心，按照不同的资源动因将费用归集到作业中心，形成作业成本库。然后，按照作业动因将作业成本分配到合同中，从而可以准确地核算不同复杂程度、不同批量的产品成本。它使成本核算更细化、更准确、更及时。

ABC 系统解决了原有成本核算方法采用单一分配标准，在产品并不分配当月制造费用、IC2 根本不能核算出每种产品成本的不足等问题，显著提升了公司的成本核算和成本管理水平。并且，作业成本法顺利实施的重要条件之一，就是项目组多次组织相关人员培训，探讨业务流程、作业中心的设置和动因的选取等。这些无形中提高了广大员工及财务人员的成本意识，强化了广大员工对各成本环节的控制和监督意识，产品成本的控制和管理有了方向，作业成本理念深入员工心中，这也是实施 ABC 收获很大的方面。公司不同层次的领导和员工都表达了同样的感受，项目团队经理 D 说："20 世纪 90 年代公司成本核算很粗，通过实施 ABC，公司的成本核算清晰和准确了很多，也提高了成本管理水平，这是最大的功劳。这种转变和理念的提高很重要。"

（五）决策相关性

从 ABC 模型精确性分析中可以看到，包括直接材料、直接人工、制造费用等的生产成本能够按照合同、产品准确归集。尤其是 IC2 分公司，准确的产品成本信息，满足了公司产品定价（包括制定折扣）、成本控制等各种管理需求，决策相关性显著提高。

但是，IC1 ABC 核算的期间费用不仅动因选取有问题，而且很多费用滞后时间较长，如售后费用。因此，ABC 报表数据对产品线经理的决策影响不大。项目团队财务处成本科 E 反映："现在来看管理要求根本没有达到。跟我们的基础工作没有做到也有关系。基础工作要跟上，要增加的人力、物力太大了，做不来。"

实地企业财务处处长 B 表示:"IC1 ABC 报表数据信息还没有用到定价。目前的数据加工层面没有整合好,期间费用分配不合理,他们不认可,所以没有用到。"

另外,随着 IC1 一些产品线,比如电网公司组织结构、考核方式的变革,公司 ABC 系统的灵活性不够,不能及时更新,因此,也影响了管理决策的相关性。实地企业常务副总 A 表示:"与公司其他管理创新活动不同,随着组织结构、工艺流程的改变,ABC 系统需要经常跟着变革。ABC 项目小组人员需要经常到业务单位去了解变革的地方,进而 ABC 系统也要进行相应的改变。领导的思路、内部调整都是正常的。"

二、与国外相应因素的比较分析

与 Anderson(1995)的技术因素分析结果相比较,比较一致的结论是"对使用者的复杂性""模型精确性""对现有系统的相对提升""决策相关性"在 ABC 项目实施的发起、采纳阶段发挥积极的促进作用。

技术因素的分析及与国外研究的比较,同时进行的详尽理论评价,说明验证了或支持了相关的理论、文献等。

技术因素分析的结果,极大程度上验证了管理创新传播的动因理论之一,即效率选择观。效率选择观认为创新采纳行为是组织自主、理性选择的结果。

被动选择观的理论基础是制度理论,它假定政府部门有充足的权力指示创新的采纳与传播。该观点认为组织在创新的采纳与否决策上没有选择,主要是组织外部因素影响的结果。

实地企业发起、采纳 ABC 的原因,人们很大可能会从被动选择观、制度理论和直觉上认为它是国有大型企业,那么管理创新的发起、采纳会是一种政府行为。

本节的研究结论发现,事实并不如此。中国的国有企业,尽管带有国企的特色,与政府有着千丝万缕的联系。但是,为了在市场经济的激烈竞争中占有一席之地,或者为了实现政绩,也必须具备先进的管理理念,注重投资回报。

与 Anderson(1995)的技术因素分析结果相比较,其与国外企业实施 ABC 相关的技术方面的较大差异体现在两个方面:第一,"与现有系统的兼容性",在美国通用汽车实施 ABC 的发起阶段,高层领导是影响其做出采纳决策与否的关键因素。然而,在实地企业 ABC 项目的发起、采纳阶段,并没有考虑这一因素。因为公司领导和管理人员的首要目标和迫切任务是提升公司的成本核算水平,摆脱国有企业以计划价等落后和错误的成本核算现状。第二,"对现有系统的相对提升"在实地企业实施的整个过程中都发挥了重要的积极作用,而不只是在 Anderson(1995)所研究的发起和采纳阶段。尤其是 IC2 分公司 ABC 的实施过程更加体现出中西方企业成本核算技术方面的较大差异。

西方企业直接成本核算很清楚,实施 ABC 主要解决的问题就是间接成本的分配问题。并且由于企业生产流程等标准化程度比较高,有着良好的实施基础。

　　然而，国有企业成本核算水平仍然比较落后，基础比较差，为了顺利实施 ABC，会花费很长的时间做很多前期基础工作，因此提升的效果就特别明显。这在 IC2 分公司 ABC 实施过程中表现得特别明显，由于第六章已经详细阐述了其适用阶段，这里就不再赘述。

　　这种现象折射出我国国有企业的成本核算和成本管理水平仍然比较低，因此西方先进管理会计方法的引入对于推动和提升我国管理会计的改革与发展仍然起到了非常关键的作用（潘飞、王悦等，2008）。

第五节　任务特征因素分析

　　本节首先对影响 ABC 实施的制度化过程的任务特征因素进行分析。其次将 Anderson（1995）"阶段—因素"模型的研究结果与本书的研究发现进行比较分析，以探究影响中西方管理会计变革的因素及其差异。

一、任务特征因素分析

　　本书制度化模型中的任务特征因素，已有研究文献发现的分支因素包括"目标清晰度""员工自主性""员工责任感"。

　　本节的分析结果表明，任务特征因素中"目标清晰度"在发起、采纳、适用阶段发挥了重要的促进作用，"员工自主性"没有明显影响，"员工责任感"在发起、采纳、适用、融合阶段发挥了重要的促进作用。

（一）目标清晰度

　　无论是 IC1、IC2 还是 IC3，在发起、采纳和适用阶段，都会有相应的来自实地企业的财务部门、对应业务部门领导和业务骨干组成的 ABC 项目团队。该团队制定详细的项目计划书，计划书中都会制定总体目标和具体的任务目标。目标清晰度高，项目团队在实施 ABC 过程中有了指引方向和动力，有助于项目的顺利实施。

（二）员工自主性

　　在实地企业 IC1 实施 ABC 时，在发起、采纳和适用阶段，项目团队各自分工明确，财大专家负责理论指导和专业咨询，构建概念框架；实地企业项目团队负责协调、项目推进和具体实施。由于 ABC 是初次实施，公司很多人员都是第一次接触，没有经验，因此，主要由财大专家设计方案，员工自主性不占主导，主要是积极地支持、配合各项工作的开展。

　　在 IC2 实施 ABC 的整个过程中，由于有前期 IC1 实施 ABC 的经验，这次完全是由项目团队财务处成本科人员和 IC2 领导、财务人员、业务人员一起实施，从调研、方案设计、培训、软件的设计、不断修改和完善，到最终出具报表。各部门员工在实施过程中表现出极大的配合和奉献精神，保障了项目的顺利实施和良好的实施效果。因此，"员工自主性"在实地企业的实施过程中没有明显影响作用。

（三）员工责任感

在实地企业 IC1 实施 ABC 时，发起、采纳和适用阶段，是由公司高层领导牵头、指挥，由专门成立的项目团队负责具体实施，有具体的承诺目标。因此，项目团队成员，以及相关业务部门一线人员，为保证项目按时保质保量地完成预定目标，经常加班加点。并且，为了节约经费，在项目培训过程中，尤其是对各产品线经理、相关操作人员进行培训时，尽量使用现有设备，很多办公用品如打印纸都是正反面反复使用。员工这种较强的工作责任感，保证了工作的质量和效率。

IC2 分公司实施 ABC 时，在采纳和适用阶段，生产管理系统、仓储管理系统、BOM 的准确是实施 ABC 的重要前提。班组增加了物料发放的工作量，班组长责任感增强，要每天盘查，要学会看库存盘点表。计划员一个月关在办公室，核对成千上万个 BOM 数据，确保准确无误。为了将产品成本核算清楚、准确，员工发扬大公无私精神，加班加点工作。正是员工较强的工作责任感，保证了项目的顺利实施，才取得了很好的实施效果。

二、与国外相应因素的比较分析

与 Anderson（1995）的任务特征因素比较，如表 5-2 所示。

表 5-2　任务特征因素比较

类型	因素	比较分析	发起	采纳	适用	接受	惯例	融合
任务特征	目标清晰度	Anderson	+	+				
		本书	+	+	+			
	员工自主性	Anderson	+	+	+			
		本书						
	员工责任感	Anderson	+					
		本书	+	+	+			+

通过对任务特征因素的分析与国外研究的比较，同时进行的详尽理论评价，说明验证了或支持了相关的理论、文献等。

比较一致的结论是"员工自主性"在发起、适用阶段发挥了积极作用。差异比较大的方面体现在：第一，"目标清晰度"和"员工责任感"在实地企业发起、适用阶段发挥了积极的促进作用。这与实地企业 ABC 实施进行管理的方式手段、企业文化有很大的关系。如上文所分析的，实地企业 ABC 的实施是自上而下贯彻进行的，只有一个主体项目实施团队，在实施之前都会有清晰、明确的预期目标，在项目结束之后还会与预期目标进行比较，查找存在差距的原因。"员工责任感"与实地企业"团结、贡献、求实、创新"的企业精神相吻合，也体现出传统国有企业的本色。

第二，"目标清晰度"和"员工自主性"在通用汽车公司实施的采纳阶段起到了阻碍作用，但"目标清晰度"在实地企业 ABC 实施的采纳阶段发挥了重要的促进作用，"员工自主性"则没有明显的影响作用。

出现这种差异的原因主要是由于 ABC 实施和管理的方式不同。在美国通用汽车公司，首先是各个工厂的生产人员等自主设计 ABC 模型，这种自由、自主性使得高层领导认为各个工厂在 ABC 设计中的主观性增强，对标准模式的建立产生负面影响，进而降低了高层领导做出采纳的可能性。

第六章 企业管理会计制度化过程的后果分析

本章依据制度化模型，对实地企业 ABC 实施的制度化过程进行后果分析。彭斯和卡彭思（2000）为了更深入地评价组织变革，即评价管理会计创新的实施引起的对组织变化的影响，借鉴旧制度经济学（尤其是 Tool, 1993），提出了三种分类：正式和非正式的变革，即有意识或无意识的变革；革命和进化式的变革，即根本性的变革或逐渐的变革；前进或倒退式的变革，即有价值的或形式上的变革。这三种分类有助于我们深刻理解和评价实地企业管理会计变革的制度化过程产生的后果。

第一节 正式和非正式的变革

通过有目的的设计，引进新的规则或有权势的个人或团体的行为，正式的变革得以发生。ABC 项目在实地企业的发起和采纳阶段的分析，表明它是经过一系列可行性和必要性分析论证之后，适应公司当时客观的实际情况，预期能够弥补公司成本核算的不足，在满足更精确、更全面信息需求情况下，由集团董事长和财务总监正式发起和采纳的。这种自上而下，或由于公司统一领导实施的管理会计变革对管理会计的成本管理方法等正式规则有更直接的影响，因此，ABC 项目的发起和采纳行为是正式变革。

这种正式的管理会计变革，可能会比试图改变体现在公司现有管理会计惯例中的思维方式更直接。但是，这种正式变革的成功实施需要企业成员不断接受新的思维方式。本书的案例实地企业所实施的 ABC 这种全新的管理会计技术，如果能够顺利有效实施，要求公司领导和员工接受新的思维方式，即作业成本核算和作业管理的理念。

如果缺乏相应的思维方式变革，只是形式上发生了正式的变革过程，那么在变革实施过程中可能会出现问题，延缓、阻碍变革的行为，以及担忧和抵制的情况就会出现，可能导致实施的失败。因为在将现有管理制度转化为新规则的过程中出现了矛盾，对于组织中的某一个群体来说，新规则与他们已经形成的思维方式和体现在现有惯例中的行为标准不相容。如果主张实施新的会计系统的人员拥有足够的权力，仍然能够实施变革，但是效果不一定会理想；如果其他不主张实施的关键个人或团体有足够的权势，通过控制实施过程所需要的资源，他们就能够抵制或破坏变革过程。

随着 ABC 在实地企业 IC1 和 IC2 分公司的实施，尤其是进入接受和惯例化阶段，作业管理理念潜移默化地在公司领导和员工，尤其是在非财务部门的领导和员工的经营管理中得到运用和体现。这种管理理念被公司领导和员工逐渐接受和应用是正式变革真正的价值体现。

通过对 ABC 实施过程的接受阶段的分析，可以很明显地看出，无论是财务人员还是生产车间的领导和员工都对这种成本核算方法和成本管理理念有了深入的理解。项目团队成员 E 表示："实地企业投入了大量的人力、物力推广作业成本法。通过这种全新理念的推广，从领导到员工，成本节约意识有所加强，成本控制有了新的认识和提高，尤其是作业管理的理念确实很先进……我们成本科现在可以独自运用作业理念在 IC2 分公司实施作业成本法……"

从集团公司针对 Oracle 信息系统的建设向财务管理部门提出的目标中，也可以看到作业管理理念已经融汇到了日常管理工作之中："财务处必须加快实现财务工作战略转型。由核算型向管理型转变，并提出了'扎根业务、集中核算'的八字方针作为开展财务工作的基石。'集中核算'，就是利用公司实施 Oracle 管理系统的契机，通过网上报账和电子审批，消除单据传递和手工签字等不增值活动，优化作业、提高效率……"

从以上分析可以看出，实地企业 ABC 实施引起的公司变革是一种正式的变革。并且，正是由于实地企业成员对作业成本核算和作业管理理念的接受和持续使用，正式变革才得以成功实施。

第二节　革命和进化式的变革

不管分析任何类型的管理会计变革，这种分类都是很重要的。革命式的变革使得现有惯例和制度发生了根本性的改变，而不断演化的变革是逐渐进行的，仅仅是对现有惯例和制度有较小的破坏。并且它们和有意识与无意识的变革之间的区别存在一些相似之处。管理会计中有意识的变革可能根源于现有的惯例和制度，因此是进化式的变革，而不是革命式的变革。然而，以非正式过程进行的无意识变革本质上可能是革命式的，使它们能够挑战现有的制度。

通过对实地企业 ABC 实施的制度化过程和影响因素进行分析，可以看出，本书通过将管理会计系统和实践看作一系列规则和惯例，进而将管理会计变革反映为公司规则和惯例的变化，即将管理会计变革作为一个变化过程。随着 ABC 项目在 IC1、IC2 的发起、采纳和实施，新出现的关于 ABC 系统如何操作、使用和维护的规则和惯例，尤其是作业成本核算和作业管理理念随着时间的推移在公司高层和员工中被逐步、广泛地接受，以至于成为一种无异议的管理会计控制的形式，那么 ABC 项目引起的新规则和惯例可被认为制度化。这样，它们就不仅是高层领导要求执行的规则和惯例、会计人员需要遵守的程序，还反映了管理控制过程的本质特征，明确了组织内部不同群体之间的关系。

因此，我们可以认为实地企业 ABC 的实施引起的管理会计变革过程是进化式的变革，具有进化特征。变革的过程受许多随机的、系统的和惯性力量的综合因素的影响，这些因素共同构成了 ABC 实施所处的环境。也就是说，实地企业 ABC 的实施所引起的管理会计变革过程，由于受到公司现有的惯例、企业文化、制度背景等因素的影响，本质上是路径依赖的。

另外，从上一节分析中，我们得出的结论是，其是一种有意识的正式的变革。这种变革根源于公司现有的惯例和制度，因此也可以说明它是一种进化式的变革。

2002 年，在 IC1 实施 ABC 的总体目标和总体设想中，我们可以看出，公司由于认识到 ABC 是一个新鲜事物，处于尝试和实践的初级阶段，决定先局部实施，总结经验后再推广应用。实地企业 ABC 实施的 10 年历程也确实证明了这一点。因此，这是一种进化式的变革，是不断演化的变革，是逐渐进行的，仅仅对公司现有的惯例和制度有较小的破坏。

因此，实地企业实施 ABC 的初衷是提供准确的产品成本核算信息，弥补传统成本核算方法的缺陷和不足。通过作业在资源与最终的成本核算对象之间建立起更直接的因果联系，试图以作业成本核算来提升公司的成本核算和成本管理水平，预期达到以下目标：

第一，分配费用以作业为基础，以动因为依据，提供更加精确的成本信息。作业成本法分配基础不仅发生了质变，而且发生了量变，它不再局限于传统成本制度所采用的几种分配基础，而是集财务变量与非财务变量为一体，并且特别强调非财务变量（如产品零部件的数量、质量检测时间等）。这种量变和质变的结合，实质上加强了间接成本的可追踪性，可以为定价策略提供相对准确的产品成本信息。并且，试图将所有费用，尤其是研发费用和营销费用，追踪计入产品成本，使成本信息更加全面、完整。

第二，用于决策，以降低成本，提高盈利性。作业成本法引入作业中心，将成本核算假设发展为决策引发作业，作业引发成本，进而以成本动因为依据将成本与资源消耗作业联系起来，指明了影响成本动因的决策又如何影响着成本的发生。可见作业成本法动摇了原有决策方法的基础，扩展了许多原有决策方法与模式的用途。作业成本法在生产决策、定价决策、长期投资决策等方面可以提供更具准确性、及时性、相关性的决策信息，提高决策模式和方法的有效性，从而帮助企业优化决策。

第三，通过消除无效作业改进生产和管理过程、管理方式。作业成本核算体系，一方面通过对作业及作业成本的确认、计量，最终获得较精确的成本信息。另一方面通过对所有与产品相关联的作业活动的追踪分析，改进生产作业流程，改善经营过程，优化"作业链"和"价值链"，促使损失、浪费减少到最低程度。

实地企业 ABC 系统在设计过程中，在划分作业中心时，需要对 IC1 的组织结构、生产流程等进行详细的梳理和归类，从而可以对作业流程进行归类，对部门进行精简。在对销售费用的调研中，由于以前基础工作薄弱，管理上比较粗放，很多原始资料不能满足作业管理的需求。因此，ABC 的实施使公司财务人员深刻感受到其与原有成本核算的较大差异，它体现的不仅仅是一种成本核算方法，更是一种全新的成本管理理念。

ABC 在实地企业 IC1 和 IC2 分公司的实施，基本实现了上述目标，不仅弥补了传统成本核算方法的不足，更重要的是作业成本核算和作业管理的理念深入人心，为公司领导和员工的生产经营、管理方式和管理理念提供了全新的视角。

实地企业 ABC 的实施，10 年的时间只是在公司内部的 IC1 和 IC2 分公司，分别进展到融合阶段、惯例阶段，IC3 的 ABC 从 2008 年开始一直处于发起阶段。因此，ABC 项目进展的速度和实施的范围与公司最初的设想仍然有一定的差距，也可以说明这是一种逐步演化的变革过程。

第三节　前进和倒退式的变革

前进和倒退式的管理会计变革，即价值上和形式上的变革。价值上的变革主张将最好的知识与技术应用到解决问题上，而形式上的变革并没有引起企业相应问题发生实质性的改变，原因主要是保护现有的权力结构。Tool（1993）采用前进式的变革过程来描述有价值的行为，采用倒退式的变革过程来描述形式上的变革行为，因而限制有价值的行为变革。这种分类有以下几点益处：

第一，有助于我们加深对管理会计变革的了解。前进式的变革行为能够在保持组织原有形式和状况下发生，因为新技术能够激起人们对原有的主导形式行为价值的疑惑。

第二，可以使研究人员开始对以下问题提出疑问：一个组织的管理会计惯例是否大部分是形式上的，保护既定利益团体的权力和利益，并潜在阻碍新的实践活动的发展，包括新技术的引进和应用及研发的投入。因此，这种分类方法也为研究企业内管理会计的制度化特征和变革过程中权力的不同层次体现提供了有价值的参考。

第三，有助于我们对企业现有的管理会计惯例和制度提出质疑，这需要关注其所处的制度环境，进而有可能在各种条件具备时进行有价值的改革（如前进式的）。然而，这并不是说变革在任何时候都是必要的。在个体企业环境中，企业成员对现有的管理会计惯例可能很满意，从而认为新的系统或技术并不能真正提供有用价值。

随着实地企业 ABC 项目在 IC1 和 IC2 分公司的实施进入较高的接受、惯例阶段，其不仅提供了准确的成本信息，满足了各种管理需求，如产品定价、成本控制和管理，而且提高了会计人员的威信。

因此，作业管理理念被公司领导、项目团队成员及实施部门员工所理解和接受的程度逐步加深，进而在公司传播的范围也越来越广。这些都直接促使目前 ABC 的实施进入到初步融合阶段，已经上线的 IC1 成本核算初步体现了作业成本核算和作业管理的思想。通过这种更加全面和融合的方式实施 ABC 理念和方法，Oracle 信息系统不仅可以充分发挥作业管理的潜能，而且可以不断提高公司的经营效率以支持更高层次的公司发展。

对于 ABC 在实地企业的未来发展，主管财务和信息化工作的领导 A 谈道："不论是 KPI，还是其他，ABC 都可以，而且应该融合在一起才更有效果。可以提高效率，想过与

KPI 结合，而且容易结合。关键是怎么做。目前 KPI 主要就是按照预算进行的。因此我们可以要求做预算时用作业预算，这就挂起钩了。近两三年以来，一直要求财务与业务结合做预算，和业务结合就是作业的概念。"

因此，高层领导所提出的实施作业预算的目标，不仅可以将 ABC 与公司 KPl 考核相结合，而且可以真正实现系统之间的无缝隙融合。只有这样，公司的信息系统才实现了技术与管理理念的统一，才实现了战略性的实施作业管理的目标。

因此，尽管仍然有许多问题需要解决，有许多工作要做，但是，我们可以认为 ABC 实施引起的管理会计变革是前进而不是倒退的变革。

第七章　企业全面预算管理及全面预算

第一节　全面预算管理概述

一、全面预算管理的产生及发展

（一）全面预算管理的产生

全面预算管理可以简称为预算管理。最早的预算管理产生于19世纪末，美国最早将预算作为管理手段应用于企业，它被首先应用于广告费的分配。20世纪初，通用电气、通用汽车等公司为了避免由于生产规模不断扩大而导致的盲目生产，为协调部门间的经济活动，率先将标准成本、差异分析与预算相结合，以此来规划、协调、控制企业的经济活动，取得了显著的成效。1921年美国政府公布了《预算与会计法案》，该法案的通过和实施使预算管理的职能被人们所了解，作为企业重要管理工具的预算管理被提升到了一种社会性的必然地位，很多企业纷纷采用并迅速传播，英国、日本、德国的许多企业也开始仿效与采用。与此同时，一些学者开始对预算管理理论进行研究。1922年麦金西出版了《预算控制》一书，从控制角度较为详细地介绍了预算管理理论及方法，标志着企业预算管理理论开始形成。

（二）全面预算管理的发展

20世纪30年代，变动成本法和本量利分析等的出现推动了预算管理的发展，管理者开始对影响企业利润各因素的变化及其对利润的影响程度进行分析，并根据分析结果制订计划。20世纪40年代末期，组织行为学的出现对预算管理理论产生了一定的积极影响。企业开始倡导分权式的民主参与管理。具体表现就是预算编制环节自上而下、自下而上的反复循环，这使得企业所有层次的管理者和关键岗位人员都参与了预算的编制，由此形成了参与型的预算管理。20世纪70年代，零基预算在美国产生。美国时任总统卡特是一个零基预算的积极推行者，在其任佐治亚州州长期间的州预算以及之后当选总统任期内的政府联邦预算都采用了零基预算方法编制。受其影响，零基预算在美国颇为盛行并被其他国家所采用。

进入20世纪80年代，企业预算管理内容与体系趋于成熟，并与快速发展的网络技术和信息技术相结合。会计电算化的实施使得预算的制定准确度和速度大大提高，对费用、成本预算的控制成了更强有力的硬性约束。对预算的差异分析更为快捷、准确，对业绩的考评也更为合理。20 世纪 80 年代后期兴起的企业资源计划系统（ERP），将生产制造、质量控制、售后服务等环节，和人、财、物、供、产、销等资源全部纳入资源预算系统进行充分调配和平衡，实施有效管理，由此形成一种面向企业供应链的全方位的预算管理。应该说，ERP 的出现更加确立了全面预算管理在企业管理中不可替代的地位，而如何使 ERP 与全面预算管理有机结合而不出弊端，一直是人们努力的方向。

（三）全面预算管理在我国的应用

预算管理是随着管理会计教材的全盘引入为我国理论界与实务界所熟知的。20 世纪 80 年代初期，我国部分企业开始积极探索适合我国国情的企业预算管理模式。例如，山东华乐集团探索以目标利润为导向的企业预算管理模式；新兴铸管建立了企业内部预算管理机制；上海华谊（集团）公司、浙江交联电缆有限公司、杭州钢铁集团公司、中原油田等企业也进行了有益的探索，并积累了一定经验，创造了较好的经济效益。

我国全面预算管理的普及得益于政府的推动。2000 年 9 月，国家经贸委下发《关于国有大中型企业建立现代企业制度和加强企业管理的基本规范》，要求企业引进并实施全面预算管理。2001 年 4 月，财政部颁发《企业国有资本与财务管理暂行办法》，对全面预算管理进行了具体的要求。2002 年 4 月，财政部发布的《关于企业实行财务预算管理的指导意见》，为我国企业实行预算管理提供了详细的、具有可操作性的指导意见。这是一个重要的、标志性的政策，它标志着我国的全面预算管理走向全面应用阶段。

二、全面预算管理的概念及环节

全面预算管理是以预算为基点的管理，在阐述全面预算管理概念之前，必须明确预算的内涵。

（一）预算的概念

预算有政府与非营利组织预算和企业预算之分，人们在日常生活中所讲的预算通常指的是国家政府机关及事业单位预算，此类预算在于确保财政资金的收支平衡。管理会计中所指的预算是企业预算，其是企业内部管理的一种手段或工具。

关于预算的概念，理论界没有达成共识，不同的人有着不同的理解。笔者认为预算是指企业为实现既定的经营目标，对未来一定期间内各项经营活动过程和结果的详细定量说明。

管理会计倡导预算，并不意味着对"计划"一词的排斥。长期以来，有些人认为计划是计划经济的产物，我国转入市场经济后，"计划"一词将被抛弃。事实上，"计划"一词具有广泛的适应性，它不仅适用于计划经济，也适用于市场经济，无论何种经济体制下，计划都将存在。另外还有一些人常常将预算与计划混为一谈，认为二者的概念等同。事实上，预算与计划是既有联系又有区别的两个概念。笔者认为，计划是指企业对其未来经营目标和行动方案及应采取措施的预先安排。

比较预算与计划的概念，二者的区别主要表现在以下几点：一是性质不同。计划是对企业未来前景、经营方向的概括性说明，而预算是对企业未来具体经营活动的定质说明。二是表现形式不同。计划常常以文字形式进行高度概括，如销售收入未来三年翻两番等；而预算常常采用表格形式进行量化反映。

预算与计划二者的联系主要表现在以下几点：一是反映的时间点相同。无论是计划还是预算，二者都是对未来的筹划。二是都以预测为前提。预测是对未来经济事件及因素的估算，无论是计划还是预算，都以合理科学的预测为前提。可以这样讲，没有预测，就没有计划和预算。三是计划指导预算。计划是企业未来的奋斗目标，企业编制预算时必须以计划为核心，必须确保计划的实现。四是预算服务于计划。计划中所采取的行动方案及各项措施通过影响预算中的相关因素而得以实现，预算是实现计划的数量工具。

（二）全面预算管理的概念

全面预算管理是指一定期间企业围绕着预算而开展的一系列管理活动的总称。这里的期间通常为 1 年，我国常常与会计年度保持一致；管理活动包括预算编制、预算执行、预算调整、预算监控、预算考评等。严格来讲，全面预算管理与预算管理不是等同概念，预算管理的范畴大于全面预算管理的范畴。所谓预算管理，是指企业或内部单位或事项围绕着预算而开展的一系列管理活动的总称。这里的内部单位可能是子公司，也可能是某一职能部门或车间等；事项指的是特定的工程或固定资产投资等。比较全面预算管理和预算管理的概念可以看出，预算管理涉及企业的整体或某方面，而全面预算管理仅指企业整体。如果从企业整体角度看，预算管理等同于全面预算管理，本节正是以此为基础的。

我国财政部颁布的《关于企业实行财务预算管理的指导意见》中对财务预算管理进行了界定，此定义的核心思想与全面预算管理概念相一致，因此财政部所称的财务预算管理就是全面预算管理。

（三）全面预算管理的环节

全面预算管理的环节即全面预算管理的内容，这些环节围绕着预算年度顺次进行，不断循环往复，主要环节如下：

1. 战略规划

从表面上看，全面预算管理与战略规划没有必然的联系。而实际上，编制预算绝不能与企业的战略举措和筹划相脱节。战略规划决定企业的业务范围、产品经营的种类及规模的大小，它需要细化为预算目标并纳入年度预算。因此我们说，进行战略规划是全面预算管理的前提，全面预算管理只有与战略规划相结合，才不会盲目，只有这样才能促使企业长期发展。

2. 预测经济指标

预测经济指标是各部门实施预算管理的起点环节。在实际工作中，每一个生产车间、职能部门都承担一定的责任，完成这些责任需要花费一定的代价。因此无论是生产车间还是职能部门，都需要测算预算期间可能发生的各项费用，生产部门需估算生产成本，销售部门需估算可能实现的销售量等。

3. 预算编制

在预测经济指标的基础上，各内部单位需要结合企业的战略规划及预算目标，以表格形式编制各生产单位及职能部门自身的预算，财务部门需要对其进行汇总并编制财务预算。经过自上而下以及自下而上的反复综合平衡，经过高层领导审批，最终形成预算。

4. 预算控制

在预算执行过程中，必须以预算为标准对各项经济指标进行严格的控制。对于生产成本，需要区分直接材料、直接人工、制造费用三个成本项目，将其实际发生额与预算标准相比较。如果出现不利差异（实际超过预算标准的差异额），应分析产生差异的原因并采取措施解决问题。控制超支差；对于各项费用，必须将其控制在预算的范围之内；对于销售收入，应确保其完成预算。日常控制可以通过定期或不定期的例会汇总问题、分析问题并解决问题。

5. 预算调整

通常预算一旦确定了，为了保持其严肃性，不能轻易调整。但企业对于未来内外部环境的变动很难准确把握，当预算编制的基础已经发生变化，实际超出预算很多，或是编制预算过程中漏掉一些因素时，都可以调整预算。预算的调整可以是定期调整，如一个季度调整一次，也可以是不定期调整，在发现一些不可控因素，如市场需求、原材料的采购价格等显著变动时调整，但调整的次数不能过于频繁。调整时应由预算的执行者提出，并经过企业高层领导的审核批准。

6. 预算考核

预算是考核的尺度和标准，每一个预算期末，企业都需要将预算的执行结果与预算进行对比，并按照预算编制前的奖惩约定进行奖惩。为了使考核真正落到实处，制定的考核方式必须科学合理，且得到职工的认可。考核中应该以激励为主，以惩罚为辅。应该认识到，奖惩不是目的，关键在于如何调动广大职工的积极性，如何建立良好的预算管理的自我约束机制。另外奖惩的同时应该进行反思，对于有益于企业发展的经验应该倡导，对于不利于企业发展的行为活动应该杜绝。总之，考核不能流于形式，否则会导致预算管理流于形式。

三、全面预算管理的特征及实施体系

（一）全面预算管理的特征

全面预算管理由若干个环节构成，是一项系统工程，它涉及企业的各个方面，主要具有以下几个特征：

1. 全员性

全面预算管理的全员性体现在全体职工的参与上。企业编制的日常业务预算涉及每一个部门、每一个职工，它将成为一定期间内考核全体员工的依据，全体员工必定会关注预算的编制及落实情况。

2. 定量性

全面预算管理通过表格形式展示企业生产经营中涉及的每一个财务指标，细化企业的战略目标，规划企业未来在一定期间内的经营状况、财务成果和现金流量，它以量化形式规划未来，使日后的考核具有刚性。

3. 综合性

全面预算管理通过预算的编制，将企业的人力、财力、物力等资源统一调配，将企业的供、产、销过程有机衔接，将每一个活动、每一项业务都纳入其规划范畴，是所有活动、业务、资源、管理事项的综合反映。另外，企业的一切管理活动都围绕着预算进行，内部各项职能相互配合、统一协调。

4. 机制性

全面预算管理由战略规划、预算编制、预算执行、预算控制、预算分析、预算调整、预算考核等环节构成，这些环节缺一不可，每一个环节的缺失都可能使全面预算管理流于形式。如果这些环节能够很好地配合，就会在一定程度上形成自我约束机制，加强企业管理，提高经济效益。

5. 战略性

全面预算管理在编制预算前一般需要分析企业所处的内外环境和生命周期，分析企业发展方向，考虑自身的竞争优势和劣势，明确企业的远期规划和近期目标，并以市场为出发点，明确应对市场竞争的策略及手段，编制预算，以此协调各方面的关系。

（二）全面预算管理的实施体系

从实施的角度来看，如果将全面预算管理看成一个有机的整体，则该体系是由若干个相互独立且相互关联的子体系构成，主要包括预算管理的组织体系、预算管理的内容体系、预算管理的制度体系、预算管理的基础体系等。在实际工作中，只要将这些子体系良性运转，全面预算管理体系就会发挥其内部控制作用。

1. 预算管理的组织体系

预算管理的组织体系是预算管理的实施主体，包括预算管理的管理组织体系和执行组织体系，前者是预算管理的规划者和指挥者，后者是预算管理的编制者和执行者。

要使预算管理真正落到实处并发挥效益，实施预算管理必须建立健全相关的各项规章制度，并制定预算管理实施手册。预算管理规章制度一般采用文字、以条款形式规范，是对预算管理各项工作要求所做出的规定，是全体职工的行为准则。由于企业规模、性质、环境各不相同，因此预算管理制度各项条款不必强求一致。但涉及的主要内容存在共同之处，主要包括：①预算管理制度制定的依据和范围。②预算管理的组织形式。③预算的工作程序和方法。④预算的责任体系及相应的责权利划分。⑤预算编制及审核的具体内容和程序。⑥预算调整的申请及审批程序。⑦预算的分析和考核等。作为制度，通常具有高度概括性，为了细化预算管理制度，企业应编制预算管理手册。

预算管理手册实际上是预算管理制度的实施指南，是对预算管理制度的进一步说明，规定了每一个预算编制部门的责任和权利及每一个职工的工作任务，能够确保预算管理各项工作的正常及顺利进行，因此编制预算管理手册是预算管理制度体系中不可缺少的一个重要组成部分。

2. 预算管理的基础体系

预算管理的基础体系是确保预算管理各项内容顺利进行的基础保障工作，是实施预算管理必须具备的必要前提条件。如果没有这些基础工作，预算编制就会变成一句空话，预算管理也会不了了之。这些工作主要包括标准化工作、定额工作、计量工作、教育工作等。

标准化工作是组织企业专业化生产的重要手段。通常不同的技术方案、不同的生产组织方式等都会带来不同的成本耗费。若生产技术方案多变，则预算就难以固定，调整频繁，预算就会失去其前瞻性。因此，企业必须做好标准化工作，标准化需要制定标准，这里主要指技术标准。所谓技术标准，是指对生产对象、生产条件、生产方法及包装、贮运等所规定的应达到的标准，如规定产品的质量、规格、加工步骤、操作规程、设备的维护等。

定额工作是企业进行经济核算的前提条件，它要求采用科学的方法制定定额。所谓定额是指在一定的生产技术条件下，对企业的人力、物力、财力等资源的占用和消耗所规定的数量和价值标准。主要包括：①劳动定额，如产员定额、工时定额、工时单价、岗位工资或小时工资率等。②物资定额，如材料消耗定额和物资储备定额等。③设备定额，如单位产品的台时定额、单位时间的产量定额、设备的利用定额等。④流动资金定额，如资金、在制品的存货定额等。⑤管理费用定额，如办公费定额、管理人员定额等。

计量工作是确保原始记录准确的必备前提条件。所谓计量，是指测试、检验、化验、分析等方面的计量技术和计量管理活动。通常原始记录反映出来的数和量，都是通过计量等手段产生出来的。为了使原始记录真实可靠，计量工作要求从原材料、燃料等物资，一直到产品加工出售，在供、产、销各个环节上都要设置准确、可靠的计量器具和计量制度，建立计量管理机构，配备专业人员进行检测。

教育工作是对全体职工的观念和培训所从事的活动。由于预算管理在一定程度上制约了人的行为活动，因此要使预算管理成功，必须首先转变全体职工的观念。长期以来，预算管理的具体事务由财务部门负责，财务部是预算的汇总者和主要监控者，由此导致很多职工认为，预算管理只是财务部门的事情，与己无关。实际上，预算管理仅凭财务部门的力量推动是远远不够的，它涉及每一个职工的利益，需要全体职工努力才能实现其目标。另外由于财务部常常为了确保费用目标的实现而控制各部门的费用支出，一些中层管理者认为，财务部门专门卡本部门的事情，与己无关。实际上，预算管理是内部控制的有效手段，它需要得到各部门的认可，也需要各个部门的积极配合，财务部门只不过是从企业整体角度进行了费用分解，且费用分解是有依据的。因此中层管理者的矛头不能针对财务部，应该反思自身。全面预算管理实施前，通过对全体员工和中层干部进行宣传和教育，使其转变思想，认识到预算管理的重要性和合理性，以及实施的必要性。除此之外，还需要对全体员工进行培训。预算管理是一种科学的管理手段，需要全体职工了解预算管理的各项规章制度和工作流程，学会预算的编制方法及控制方法等，只有这样，才能确保预算管理工作的顺利进行。

3.各体系在全面预算管理中的地位及关系

全面预算管理体系由组织体系、内容体系、制度体系和基础体系构成，其中组织体系是预算管理的主体，包括预算管理的管理组织体系和执行组织体系；前者是预算管理的权力机构，后者是预算管理的执行机构；前者指挥后者，后者必须接受前者的领导。预算管理的内容体系是预算管理的对象，由战略规划、预测经济指标、预算编制等环节构成，它必须周而复始，不断循环往复。预算管理的制度体系和基础体系是预算管理成功的保障，它们之间的关系如图7-1表示。

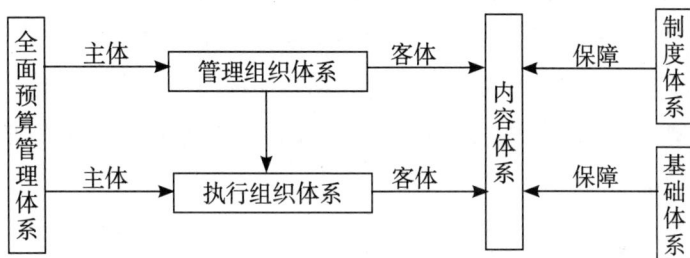

图 7-1 全面预算管理体系与各体系关系

第二节 全面预算概述

一、全面预算的概念及内容

全面预算是全面预算管理中不可缺少的一个环节，它是战略规划及决策的具体化，也是对生产经营活动进行控制和考核的依据。

（一）全面预算的概念

全面预算是指一定期间内企业以货币或实物量为计量单位，以一系列表格形式规划企业未来的销售、生产、成本等日常业务活动，并对其汇总，以反映预计的现金流量和财务报表的定量说明。全面预算的预算期间常常为1年，它以预测决策为基础，以战略规划为前提，以市场预测为出发点，按照企业既定的经营目标规划并反映企业未来的各项经营活动，揭示企业未来的财务状况、经营成果和现金流量。

全面预算不同于全面预算管理，比较二者的概念可以发现，全面预算仅仅是全面预算管理环节中的一个子环节。二者的共同之处主要表现在：①反映的期间相同，都是 1 年。②参与的人员相同，都需要全体职工参与。③前提条件相同，都以预测经济指标、进行战略规划、建立健全基础工作为前提条件。二者的最大不同在于本质不同：全面预算管理是围绕着全面预算而展开的一系列管理活动的总称。而全面预算仅仅处于全面预算管理的预算编制地位，是全面预算管理不可缺少的一个关键环节。

（二）全面预算的内容

关于全面预算的内容，中西方有着不同的解释。

1. 西方全面预算的内容

按照西方的观点，全面预算的内容包括业务预算、专门决策预算和财务预算三个方面内容。

（1）业务预算。

业务预算也称为经营预算，是指一定期间内与企业日常业务活动直接相关的一系列预算的总称。这类预算与各生产部门和各职能部门直接相关，是全体职工参与而形成的各类预算责任单位的日常业务活动预算。其主要包括销售预算、生产预算、直接材料预算、直接人工预算、制造费用预算、产品成本预算、期末存货预算、销售费用预算、管理费用预算、财务费用预算等。这些预算大多以实物量指标和价值量指标分别反映各预算单位的收入与费用的构成情况。

（2）专门决策预算。

专门决策预算也称为特种决策预算，是指与特定决策相关、反映特定决策结果的投资与筹资状况的一次性预算。与业务预算相比，专门决策预算不经常发生，它不属于日常业务活动。此类预算在决策后应根据决策结果而及时编制。它既反映投资总额的构成，也反映筹资的方式及数额，筹资与投资数额保持一致。专门决策预算具体包括经营决策预算和项目决策预算两种类型。

（3）财务预算。

财务预算是指与企业现金收支、经营成果和财务状况有关的各项预算的总称。此类预算建立在业务预算和专门决策预算的基础之上，需要财务人员汇总编制，具体包括现金预算、预计利润表、预计资产负债表、预计利润分配表和预计现金流量表。由于现金预算与预计现金流量表实质反映的问题相同，都是围绕着现金收支编制的预算，比较而言，现金预算更能直观地揭示现金流的余缺及筹措情况。因此预算编制中常常只编制现金预算而不编制预计现金流量表。

2. 我国全面预算的内容

我国财政部于 2002 年 4 月 10 日印发的《关于企业实行财务预算管理的指导意见》中规定，全面预算内容包括财务预算、业务预算、资本预算和筹资预算四项。其中前两项与西方的预算内容相同，但资本预算和筹资预算与西方的专门决策预算内容不完全对等。按照财政部的规定，资本预算是指与战略投资活动相关的预算，具体包括固定资产投资预算、权益性资本投资预算和债券投资预算。实际上，资本预算就是投资预算。筹资预算是指与筹资活动相关的预算。该预算中反映的具体内容有长短期借款和发行债券的数额、借款与债券的还本付息额、股票的发行费用。至于经批准拟发行的股票、配股和增发股票的预算，需要单独编制，筹资预算中不反映。

比较资本预算与筹资预算的相关规定，由于我国是从两类不同活动角度编制的，因此二者的数额不相等；而专门决策预算中的投资预算与筹资预算，由于预算中的筹资和投资数额都是围绕着固定资产投资项目这一相同对象编制的，因此二者的数额相等。

3. 基于编制的中西方预算内容的有机结合

比较中西方对全面预算内容的界定，可以看到，我国的资本预算、筹资预算与西方的专门决策预算具有差异，但二者并不排斥。如果从编制的角度深入分析，可以发现，我国的资本预算以西方专门决策预算中的投资内容为基础，另外还包括了投资项目之外的一些其他投资预算内容；而筹资预算是围绕着筹资活动编制的，一部分内容建立在西方专门决策预算中的筹资预算数据基础上。由于我国将投资和筹资作为两项独立的活动进行单独反映，这意味着，我国也有专门决策预算，该预算建立在固定资产投资项目预算基础之上，它是对各固定资产投资项目预算结果的反映和汇总。

在实务工作中，固定资产投资项目预算依据投资决策的可行性分析报告编制。当预算编制期临近时，专职的财务预算人员需要将已编制的各项固定资产投资项目预算进行汇总，编制专门决策预算，同时考虑其他的投资和筹资活动，按预算年度确定并编制资本预算和筹资预算，从而实现专门决策预算与资本预算和筹资预算的有机结合。

二、全面预算的作用及编制模式

（一）全面预算的作用

企业的内部管理离不开预算的编制，全面预算是企业具体行动的指南和奋斗目标。其作用主要表现在以下几个方面：

1. 明确工作的努力方向

预算实际上是一种目标，该目标体现了企业的整体规划与各级责任单位以及个人的具体任务的有机结合，它以定量形式规定了预算期末企业应完成的总目标以及各部门应完成的具体目标，是预算期间全体职工的努力方向。所有终期目标都被转化为各个月份的目标，从而使全体职工时时刻刻心中装有目标，知道自己应该做什么，它是每一个职工的行动指南，会促使每一个职工为完成目标而努力工作。

2. 协调各部门的工作

全面预算将所有的业务活动和人、财、物等资源以及各个责任单位的利益全部纳入预算编制系统，由于资源与利益直接关系各责任单位的业绩考核，因此在预算编制过程中，可能会出现不同部门之间以及部门与企业整体间的利益冲突和资源配置冲突。在这种情况下，预算管理委员会依据各分预算之间的内在联系，以销售量为主线，解决矛盾，统一协调各部门的预算，使各部门的预算能够有机衔接，未来的工作能够统筹安排，从而确保企业整体资源得到充分、有效利用，各部门利益与企业整体利益协调一致。

3. 控制日常经营活动

全面预算一般分月编制，经过审批并下达的全面预算既是企业预算期间的奋斗目标，也是控制日常经济活动的依据。在预算执行过程中，各部门都会及时计量与核算，并将实际情况与预算对比，从而揭露差异。对数额较大的差异通常会分析原因并采取必要措施，消除薄弱环节，以确保预算目标的顺利完成。

4. 定期进行业绩考核

全面预算以量化形式将企业的经营目标有机融入各责任单位的预算之中，形成考核标准。每一个预算执行期末，企业都会依据各责任单位的实际完成情况，根据事先确定的奖惩标准，兑现事前的承诺，奖励先进，惩罚落后。并在此基础上，对不合理的标准及时修订，从而确保预算管理工作的再次循环。

（二）全面预算的编制模式

编制全面预算，根据企业领导的特点以及企业规模等的不同，可以选择不同的预算编制模式。全面预算编制模式说明编制预算时的管理方式及编制程序，主要有以下三种形式的预算编制模式：集权式预算编制模式、适度分权式预算编制模式、分权式预算编制模式。

1. 集权式预算编制模式

集权式预算编制模式即自上而下的编制模式，该模式与集权式管理方式保持一致，其特点是：企业高层管理者根据企业战略规划制定预算目标并编制预算，之后将其下达到各级预算单位直至个人。在这种模式下，各级预算单位仅仅是预算的执行者，不参与预算的编制；高层领导既是预算目标的制定者，也是预算的编制者。预算编制的基本步骤是：

（1）制定预算目标。预算管理委员会根据企业的发展战略及对未来经济形势等的预测，做出相关决策，制定预算政策，提出经济指标的预算目标，如确定目标销售量、目标利润、目标成本费用等。

（2）编制全面预算。预算管理委员会成员根据董事会提出的预算目标，编制企业整体预算，编制各责任单位的分预算。在编制过程中直接考虑资源的合理配置以及各责任单位的利益问题。

（3）审批并执行预算。完成编制后的全面预算需要上报董事会审批，获批后，会将预算下达给各分公司、各职能部门和各生产部门。各预算单位必须以此作为预算年度的任务和目标贯彻执行。

集权式预算编制模式的优点是：预算编制高度集中，编制中需要沟通的人数少，编制所需的时间短。其显著缺点是：预算由上级制定。一方面，预算可能会与基层的具体情况脱节，带有主观片面性，故容易使职工产生消极和抵触的情绪，从而挫伤全体职工完成预算的积极性；另一方面，所制定的预算考核目标如果不能十分贴切地反映实际，下级可能会为完成目标而弄虚作假。该预算模式一般只适用于高度集权管理方式下的中小企业或家族式企业。

2. 适度分权式预算编制模式

适度分权式预算编制模式即自上而下与自下而上相结合的编制模式，该模式与适度分权管理方式保持一致。其特点是：企业高层管理者根据企业战略规划制定预算政策及目标，并将预算目标层层分解到各预算责任单位，各责任单位根据分解目标及本责任单位对未来的预计情况编制全面预算，逐级向上汇总并最终确定全面预算。在这种模式下，各级预算单位参与预算的编制，其编制的基本步骤是：

（1）制定预算目标。预算管理委员会制定预算政策并提出预算目标。

（2）编制全面预算。各预算责任单位根据预算目标并结合自身对未来的经济预测，按照要求编制本部门预算草案。

（3）综合平衡预算。预算编制中发生的部门之间的冲突由预算管理委员会负责仲裁和协调，经过自上而下与自下而上的反复综合平衡后，确定最终的全面预算。

（4）审批并执行预算。最终确定的全面预算上报预算管理委员会，经审议通过后再上报董事会，获批后，下达给各级、各部门执行。

适度分权式预算编制模式的优点是：领导的意志与职工的心声有机结合，职工参与预算编制，在一定程度上可以调动全体职工完成预算的积极性。其缺点是：由于下级的参与，容易产生部门间的利益矛盾，需要协调的问题较多，由此导致预算编制的时间较集权式模式要长，缺乏效率性。该预算模式一般适用于既集权又分权管理方式下的企业集团或大中型企业。

3. 分权式预算编制模式

分权式预算编制模式即自下而上的编制模式，该模式与高度分权管理方式保持一致，其特点是：企业高层只设定预算目标，各预算单位自行编制预算，并报预算管理委员会审批备案。其编制的基本步骤是：

（1）制定预算目标。预算管理委员根据战略规划和企业未来的发展来确定预算目标。

（2）编制全面预算。各预算单位根据预算目标编制本单位的预算。

（3）审批并执行预算。预算管理委员会审批各部门预算并下达执行。

分权式预算编制模式的优点是：强调高度分权，企业高层不过多地介入预算的编制过程及控制过程，将预算编制权力下放给经营者，这样可以最大限度地调动经营者的积极性，从而达到"无为而治"的最高管理境界。其显著缺陷是：各预算责任单位各自为阵，容易造成企业资源的不合理利用。实施该预算模式，一般需要具备两个前提条件：一是企业拥有发达的 ERP 信息系统；二是企业具有深厚的企业文化基础，职工的素质较高，具有较先进的管理理念和技术水平。一般具备这两个条件的大型企业集团可以采用此种预算编制模式。

三、全面预算的编制期、编制时间及编制顺序

按照我国财政部的规定，全面预算由业务预算、投资预算、筹资预算和财务预算四项内容构成。这四项内容从编制期和编制时间来看具有一致性，但从编制顺序来看，与内容顺序存在着不一致性。

（一）全面预算的编制期

总体来看，全面预算四项内容的预算编制期间相同，均以 1 年为期。我国的预算期间与会计年度保持一致，具体预算编制中需要按分月或分季反映。其中第一个季度的预算，必须有分月的预算，当第二个季度即将来临的时候，需要将第二个季度的预算数按月分解，提出第二个季度分月预算数，以此推进。从具体的各项分预算来看，对于管理水平较高的企业，现金预算可以进一步细分到按旬或按周甚至按天编制预算；另外，最初围绕各项固定资产编制的固定资产投资项目预算是按其寿命期编制的，该预算在全面预算编制前已经形成。

（二）全面预算的编制时间

由于全面预算是对未来一个年度预算的反映，从编制角度需要一个时间提前量。因此一般要在下一个年度到来之前的 3 个月甚至更长时间内就着手落实全面预算的编制工作，按规定进程由各级人员组织编、报、审等，至年底要形成完整的预算并颁布下去。

（三）全面预算的编制顺序

全面预算的各预算内容之间具有内在的联系，编制中必须相互配合、协调一致。无论采用何种预算编制模式，在具体编制时，都存在先行后续编制问题。总体来看，一般先编制业务预算和专门决策预算，将两类预算的结果汇总后编制财务预算、资本预算和筹资预算。具体而言，以战略规划为预算编制的前提，以市场预测为出发点。业务预算的顺序是：销售预算—生产预算—直接材料预算—流转税费预算和直接人工预算—制造费用预算—产品成本预算—存货预算；管理费用和销售费用预算可以在确定销售预算后同时编制。财务预算的顺序是：现金预算—预计利润预算—预计资产负债表；在编制了现金预算之后，可以编制财务费用预算、资本预算和筹资预算。显然，各细化的分预算之间前后衔接、互相勾稽，形成了一个完整的预算内容体系。它们之间的关系，如图 7-2 所示。

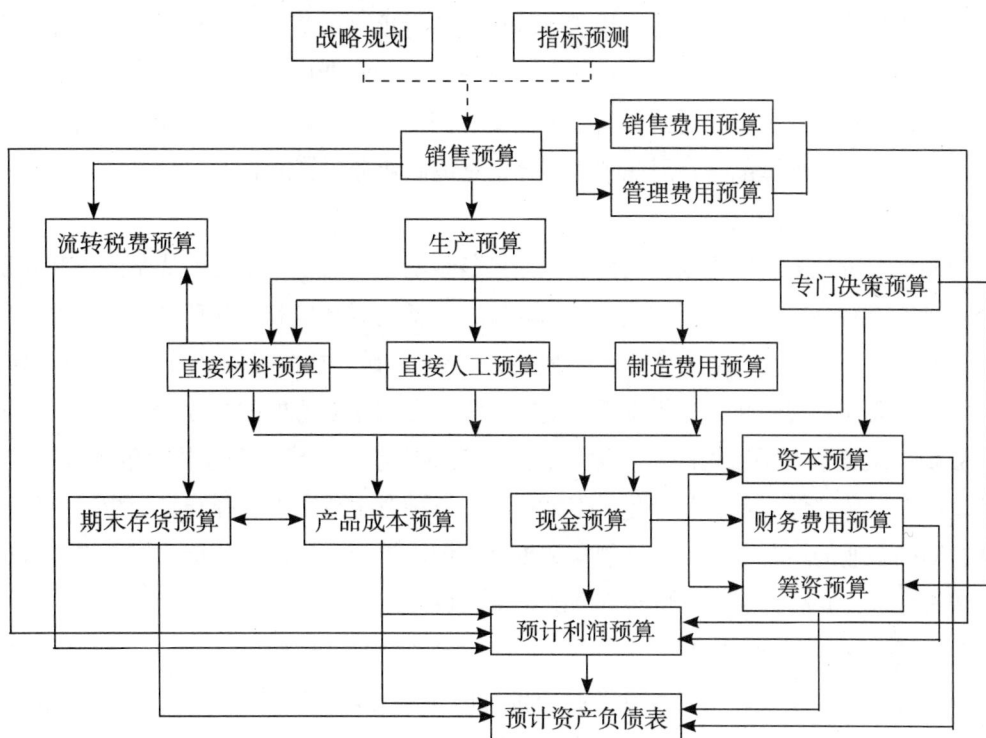

图 7-2 全面预算编制体系

全面预算编制需要说明以下三点：第一，筹资预算是对单纯筹资活动的单独反映，虽然它可以在现金预算后编制，但不属于财务预算的范畴；第二，财务费用预算从预算的性质上属于业务预算内容，但从编制的顺序上看，是在现金预算编制后才能编制的预算，绝不能基于此将其划归财务预算范畴；第三，按照我国相关制度的规定，资本预算包括证券投资行为，因此资本预算只能在现金预算后编制。

第三节　全面预算的编制

一、业务预算的编制

业务预算以部门为单位编制，涉及企业的每一个部门。既包括生产部门也包括职能部门，与全体职工的利益密切相关，在适度分权式预算编制模式下，它需要全体职工参与并得到其认可。主要预算内容有销售预算、生产预算、直接材料预算、应交税金及附加预算、直接人工预算、制造费用预算、产品成本预算、期末存货预算、销售费用预算、管理费用预算、财务费用预算。财务费用预算需要在现金预算编制后才能编制，因此这里不再阐述。

（一）销售预算的编制

销售预算是指预算期间以产品的预计销售量和售价为基础编制预计销售收入和预计经

营现金收入的一种业务预算。由于销售预算以销售量预测为基础，销售量决定产品的生产量、材料消耗、人工成本、设备的投入、存货成本、期间费用、现金收入和利润等，可见其他各项预算或多或少都会受到销售量的制约，因此销售预算是编制全面预算的起点。而销售预算属于业务预算范畴，因此销售预算也是编制业务预算的起点。

1. 销售预算编制的前提

预测销售量是编制销售预算的前提，而销售量的预测必须与企业的战略分析和规划相结合。进行战略分析时应分析企业所处的环境，包括宏观环境和微观环境。分析宏观环境时，需要考虑国家政策、经济增长、通货膨胀、技术突破、社会习俗等因素对市场的作用，从中寻找机会并发现威胁；分析微观环境时，需要考虑企业所处的行业寿命周期、竞争对手的数量以及竞争对手所处的竞争地位、成功关键因素等，确定企业的竞争优势和劣势，在此基础上，从"低成本、差异化、集聚一点"三种竞争战略中选择与自身相适应的竞争战略，明确企业的经营方向、投资规模和投资方向，进而采用趋势分析法或因果分析法定量预测销售量，并结合定性分析对其预测结果进行修正。

2. 销售收入预算的编制

以销售预测为基础，结合预计产品售价等因素就可以编制销售预算。在具体编制时，销售预算可以细分为销售收入预算和销售现金收入预算两种形式。

销售收入预算反映预算期间含销项税额的经营收入预算。该预算分产品列示并进行汇总。具体编制时，首先按照各种产品的预计单价和预计销售量计算各产品的预计销售收入，产品的预计价格一般考虑产品的成本、竞争对手的价格、市场的供求关系、供应商的报价等因素综合决定。然后在汇总的基础上，依据规定的税率计算与销售收入总额相关的增值税销项税额，最后计算预计的含税销售收入。含销项税额经营收入的计算公式如下：

某产品含销项税额的经营收入 = 该产品的预计销售量 × 该产品的预计价格 + 该产品的增值税销项税额

（二）生产预算的编制

生产预算是指预算期间以产品的预计销售量和期初、期末存货量为基础编制的预计生产量的一种业务预算。该预算只使用实物量计量单位，为后续的直接人工预算和制造费用预算等提供实物量数据。

具体编制时，生产预算应分产品品种列示。由于实务工作中生产量与销售量常常不能做到"同步同量"，即常常出现产销不平衡现象，这必然会导致产品的期初存货量和期末存货量的出现，因此，预计生产量时必须考虑期初、期末存货量计算。相关的计算公式如下：

某种产品预计生产量 = 预计销售量 + 预计期末存货量 − 预计期初存货量

预计期末存货量一般结合长期销售趋势，按预先估计的期末存货量占下期销售量的比例进行估算；期末存货量递延到下期就会形成下期的期初存货量。在估算存货量比例时，应适度，不能储备过度，否则会增加企业的资金占用量；但也不能储备不足，否则会给企业带来损失，应在估算存货安全储备量的基础上确定存货量。

例：假定南通公司产成品库存显示的资料如下：年初 A 产品有库存 100 件，年末产成品预计库存量为 120 件。该公司根据销售状况预计的期末产成品存货占下期销售量的百分比为 10%。要求：编制该公司 2019 年度的生产量预算。

依据所给资料并结合销售量预算编制的生产量预算如表 7–1 所示。

表 7-1　生产量预算

单位：件

季度 项目	1	2	3	4	全年
预计销售量	1100	1600	2000	1500	6200
预计期末存货量	160	200	150	120	120
期初存货量	100	160	200	150	100
预计生产量	1160	1640	1950	1470	6220

（三）直接材料预算的编制

直接材料预算是指预算期间内以生产量预算为基础，结合预计材料耗用量和采购价格等编制的生产耗用材料数量、采购成本以及采购现金支出的一种业务预算。该预算建立在生产量预算的基础上，一方面明确生产部门由于组织生产活动耗用的各种材料数量。另一方面明确供应部门由于组织采购活动而发生的各种材料的采购成本及现金支付额。实务工作中，该预算可以细分为直接材料消耗预算、直接材料采购预算和直接材料采购现金支出预算。

1. 直接材料消耗预算的编制

直接材料消耗预算反映每种产品生产过程中所需的各种材料消耗数量和材料的总消耗量。具体编制预算时，需要考虑各种材料的消耗定额并考虑预计生产量，分产品品种列示各种材料的消耗量，并进行汇总反映耗用材料的总量。

例:假定南通公司生产的 A 产品消耗甲、乙两种材料，甲材料的消耗定额为 3 千克/件，乙材料的消耗定额为 2 千克/件。要求：编制该公司 2019 年度的直接材料消耗预算。

依据所给资料并结合生产量预算编制的直接材料消耗预算如表 7–2 所示。

表7-2　直接材料消耗预算

单位：千克

项目	季度	1	2	3	4	全年
甲材料	材料单耗	3	3		3	
	预计生产量（件）	1160	1640	1950	1470	6220
	预计材料消耗量	3480	4920	5850	4410	18660
乙材料	材料单耗	2	2	2	2	2
	预计生产量（件）	1160	1640	1950	1470	6220
	预计材料消耗量	2320	3280	3900	2940	12440

2. 直接材料采购预算的编制

直接材料采购预算反映产品采购过程中所需支付的采购成本。编制该预算时，需要按产品品种所涉及的材料种类列示并进行汇总。具体而言，以预计材料消耗量为基础，结合材料的期初、期末库存量计算预算期间的各种材料预计采购量，并结合事前确定的材料采购单价估算预算期间的材料采购成本。另外，按照国家税法规定，材料采购成本是计算增值税进项税额的基础，采购成本最终应反映含增值税进项税额的采购成本。相关的计算公式如下：

某产品耗用某种材料的预计采购量 = 该种材料的预计消耗量 + 该种材料的预计期末库存量 − 该种材料的预计期初库存量

某产品耗用某种材料的预计采购成本 = 该种材料单价 × 该种材料的预计采购量

公式中的预计材料期末存货量属于经验数据，一般按照下期预计材料消耗量的一定百分比估算，材料的预计期初存货量等于预计上期材料期末存货量。

3. 直接材料采购现金支出预算的编制

直接材料采购现金支出预算反映产品采购过程中需要支付现金的预算。为了便于后续的现金预算的编制，这里需要计算采购过程中的现金支出。由于材料的采购方式有现金采购和赊账采购两种，因此一定期间的材料采购现金支出包括当期给付的材料采购款和前期应在本期支付的赊购材料采购款两种。相关的计算公式如下：

当期需支付的材料货款 = 当期含税的采购成本 × 当期现金支付比例 + 当前期含税的采购成本 × 前期现金支付比例

公式中的前期现金支付比例即前期应在本期支付的赊购材料采购款比例，该比例和当期应付现金比例常常为经验数据，在预算编制前预先确定。另外，为了便于下年直接材料采购现金支出预算的编制，需要确定各月或各季的期末应付账款余额。

（四）流转税费预算的编制

流转税费预算是指预算期间内依据国家纳税规定编制的产品购销过程中应缴纳的各种税费的一种业务预算。这里的流转税费只包括增值税、营业税、消费税、资源税、城市维护建设税和教育费附加，不包括应交所得税，预计的印花税应在管理费用中列示。由于税金需要及时清缴，为简化预算的编制，可以假定预算期发生的各种流转税费均于当期以现金形式支付。

流转税费预算具体编制时应分各税种列示，按照国家规定的计算方法计算。相关的计算公式如下：

当期预计发生的流转税费 = 该期预计的应交营业税金及附加 + 该期预计的应交增值税

其中：当期预计的应交营业税金及附加 = 该期应预计的应交营业税 + 该期预计的应交消费税 + 该期预计的应交资源税 + 该期预计的应交城建税 + 该期预计的应交教育费附加

上述公式中的预计应交营业税等于应纳税额与适用税率的乘积。预计应交消费税有从价定率和从量定额两种计税方法，为了简化计算，这里假定采用从价定率方法计算，等于应纳税额与适用税率的乘积。预计应交资源税按照应税产品的课税数量和规定的单位税额计算。预计应交城市维护建设税和应交教育费附加分别等于预计应交营业税、消费税和增值税之和与适用税率的乘积。预计应交增值税等于增值税销项税额扣减增值税进项税额后的差额与适用增值税率的乘积。

（五）直接人工预算的编制

直接人工预算是指预算期间内依据人工工时消耗定额和工资价格等编制的生产过程中耗用直接人工成本的一种业务预算。直接人工成本包括生产过程中发生的生产工人的直接工资，以及以直接工资为基础按照一定比例提取的职工福利费、工会经费等。

直接人工预算编制时应分产品列示，首先依据事先确定的每种产品的预计单位产品工时消耗定额和预计小时工资率，并结合生产量估算直接工资成本；然后根据国家的相关规定，按照一定的比例计提应付福利费等，汇总结果就是直接人工成本。相关的计算公式如下：

预计的直接人工成本 = $\sum$（某产品预计的直接工资 + 该产品预计的直接工资相关费用）

其中：

某产品预计的直接工资 = 该产品的单位产品工时消耗定额 × 该产品的预计小时工资率 × 该产品的预计生产量

该产品预计的直接工资相关费用 = 该产品预计的直接工资 × 相关费用的计提比例

直接人工成本各项一般以现金形式支付，因此无须单独计算付现的直接人工成本。另外，为了便于后续产品成本预算和存货预算的编制，需要计算单位工时的直接人工成本。

（六）制造费用预算的编制

制造费用预算是指预算期内以预计生产过程中发生的除直接材料和直接人工预算以外的其他各项生产费用为基础编制的生产耗费总额及付现生产耗费的一种业务预算。为了便于日后控制各项制造费用的发生，该预算一般应区分变动性制造费用和固定性制造费用两类。

在编制制造费用预算时，对于固定性制造费用，应分别预计预算期内可能发生的各种固定费用项目，如厂房和机器设备的折旧费、租金等。由于这些项目与生产量的变动无关，一经形成，短期内不会改变。因此预计各费用项目时，可以参照上年的实际水平并做适当调整而确定。对于变动性制造费用，如间接材料、动力费等，由于这些项目会随生产量的变动而呈正比例变动。因此预计各费用项目时，需要首先确定变动性制造费用的预计小时费用分配率，结合预计的单位产品工时消耗定额及预计的生产量，就可以确定变动性制造费用的预算水平。另外，制造费用预算中的一些费用属于非付现成本，如固定资产折旧费等，无须支付现金。为了便于后续现金预算的编制，制造费用预算的最后应列示扣除了非付现成本后的需支付现金的制造费用预算值。相关的计算公式如下：

预计的付现制造费用 $=\sum$（预计某产品的变动性制造费用 + 预计该产品的固定性制造费用 − 非付现的固定性制造费用）

其中：

预计某产品的变动性制造费用 = 该产品的单位产品工时消耗定额 × 该产品的预计小时费用率 × 该产品的预计生产量

预计的全年固定性制造费用需要分摊到各季或各月，可以采用全年预计固定性制造费用总额的算术平均值进行分摊。

如果某企业实施了作业成本法，在这种情况下，编制制造费用预算时需要分别作业中心分产品编制预算。

（七）产品成本预算的编制

产品成本预算是指预算期内以直接材料、直接人工和制造费用耗用水平为基础编制的单位产品成本、产品成本总额以及销售成本总额的一种业务预算。该预算为后续期末存货预算、预计利润表和预计资产负债表的编制提供数据。

编制该预算时，需要分产品列示，考虑生产预算、直接材料预算、直接人工预算和制造费用预算中的相关数据，并结合期初、期末在产品余额确定当期预计的产品成本总额，结合期初、期末产成品余额，确定当期预计的销售成本总额。

按照会计制度的规定，存货的计价方法有先进先出法和加权平均法等，预算中选择的存货计价方法应与预算前的实际存货计价方法保持一致。另外为了揭示差异，制造费用需要区分变动性制造费用和固定性制造费用列示。

如果某企业实施了作业成本法，编制产品成本预算时，各产品的产品成本预算需要按照作业中心列示制造费用的构成，不需要区分固定费用和变动费用。

（八）期末存货预算的编制

期末存货预算是指预算期内以原材料在产品、产成品余额为基础编制的反映期初、期末存货成本总体水平的一种经营预算。该预算为后续的预计资产负债表的编制提供数据。

企业的存货由原材料在产品、产成品存货构成，如果产成品存货采用先进先出法计价，则期末产成品存货成本按当期计算的单位产品成本计价。在编制该预算时，需要分产品列示，首先考虑直接材料预算、产品成本预算的相关数据，计算每种产品的期初、期末原材料存货成本、在产品存货成本和产成品存货成本，然后汇总确定期初、期末存货成本的总额。

（九）销售费用预算的编制

销售费用预算是指预算期内以预计发生的各项与销售活动相关的费用为基础编制的反映销售费用总额和付现销售费用总额的一种业务预算。该预算的编制方法与制造费用预算的编制方法非常接近，需要将销售费用划分为变动性和固定性两类。

编制销售费用预算时，按照现行的制度规定，销售费用属于期间费用，不需要分产品编制。因此可以首先在事先估算可能发生各项变动性销售费用单位额以及固定性销售费用各明细项目的基础上，结合销售量预算列示变动性销售费用各项以及固定性销售费用各项的分季或分月值，然后汇总并反映销售费用的预算总额，最后扣除非付现的销售费用，反映分季或分月的付现销售费用总额。通常变动性销售费用以现金形式支付，固定性销售费用中的折旧费属于非付现成本。

如果某企业实施了作业成本法，按照作业成本法的要求，为了较为准确地反映各种产品的获利能力，销售费用应该区分直接费用和间接费用：凡直接费用，直接归集于某产品；凡间接费用，选择一定的成本动因分配给各产品，并按产品进行汇总。

实务工作中，确定付现的固定性销售费用分季或分月值时有两种处理方法：一种方法是平均分摊法，即根据预计的全年固定性销售费用预算总额扣除其中的非付现成本，其差额在年内各季或各月平均分摊。另一种方法是预计分摊法，即根据冬季或各月扣除了预计付现成本项目后的总额直接反映，对付现成本不进行分摊。从预算的准确性来看，第二种方法优于第一种方法。

（十）管理费用预算的编制

管理费用预算是指预算期间内以预计发生的各项与组织企业行政管理活动相关的费用为基础编制的反映管理费用总额的一种业务预算。该预算与制造费用预算、销售费用预算相同，也需要将全部的管理费用区分为变动性和固定性两类。

具体编制管理费用预算的方法有两种：一种是简便法，即直接按各项目预计其分期及总体的费用水平并扣除付现的管理费用。这样做的原因在于：实务工作中的大部分管理费用属于固定性管理费用，因此将其全部视为固定成本处理。另一种是常规法，即分别变动性管理费用和固定性管理费用进行预计并汇总。首先在事先估算可能发生的各项变动性管理费用单位额以及固定性管理费用各明细项目的基础上，结合销售量预算列示变动性管理费用各项以及固定性管理费用各项的分季或分月值；其汇总并反映管理费用的预算总额；最后扣除非付现的管理费用，反映分季或分月的付现管理费用总额。对于非付现的管理费用，常常采用平均分摊法分摊到各期。如果采用常规法编制，涉及的计算公式与销售费用的计算公式基本一致，将公式中的销售费用换成管理费用即可。

如果某企业实施了作业成本法，管理费用应该区分直接费用和间接费用：凡直接费用，直接归集于某产品；凡间接费用，选择一定的成本动因分配给各产品。编制的预算分产品列示并进行汇总。

二、专门决策预算的编制

专门决策预算是西方术语，相当于我国资本预算中的固定资产投资预算的汇总，即项目投资预算汇总。该预算反映固定资产投资决策的结果，是固定资产投资决策结果的定量反映。

固定资产投资决策与日常业务活动不同，并不经常发生，由于此类决策关系到企业的长期发展，因此每一项决策内容被决定采纳后，都需要编制相应的预算，以反映该决策的投资与筹资的结果，由此形成特定内容的项目投资预算。专门决策预算为了便于现金预算以及直接材料预算的编制，是对各项目投资预算的汇总。编制专门决策预算时，应分别对每一个项目投资预算内容列示，并以此为基础进行汇总。

单纯某项目投资预算的编制，一方面应分明细项目列示各项投资的内容及支出额；另一方面为了确保投资所需资金有保障，还需分明细项目列示所采用的筹资方式及筹资额。另外从项目的投资内容来看，不仅有固定资产投资，有时还会涉及流动资产投资或其他投资，此时投资支出中应分类别反映。

三、财务预算及财务费用预算的编制

财务预算包括现金预算、预计资产负债表、预计利润预算等，其中预计利润预算包括预计利润表和预计利润分配预算。财务费用预算属于业务预算范畴，但从编制顺序来讲，是在现金预算后编制的。上述预算均由财务人员编制。具体编制顺序如下：现金预算—财务费用预算—预计利润表—预计利润分配表—预计资产负债表。

（一）现金预算的编制

现金预算是指预算期间内以现金收入与现金支出、资金筹集与运用为基础编制的预计各期现金余额、期末现金余额的一种财务预算。这里的现金指的是货币资金，包括库存现金和银行存款。现金是维持一个企业正常运转的前提，现金一旦短缺，日常经营活动就不得不停止，因此现金预算对于企业至关重要。

一个完整的现金预算过程包括以下几项内容：期初现金余额、现金净额、现金余缺、余缺现金的筹集与运用、期末现金余额。为了清晰地反映当期的现金净额以及余缺现金的筹集与运用，可以将现金预算进一步细分为现金净额预算及现金筹集与运用预算。

1. 现金净额预算的编制

现金净额预算是反映预算期间现金收入扣除现金支出后余额的预算。该预算以业务预算和专门决策预算为基础。具体编制时，首先将业务预算中的各项现金收入单独列示并进行汇总，然后列示业务预算和专门决策预算中的各项现金支出并进行汇总，最终确定各期的现金净额。

2. 现金筹集与运用预算的编制

现金筹集与运用预算是反映预算期间现金余缺、余缺现金的筹措与运用以及期末现金余额的预算。该预算以现金净额预算为基础，并结合期初现金余额及筹资方式、用资方式编制。

企业的筹资方式分为短期筹资与长期筹资两类，按照财务管理资金管理的一般原则要求，短期资金应由短期筹资方式弥补，长期资金应由长期筹资方式弥补。短期筹资方式有短期借款、短期融资券、应付账款等，长期筹资方式有发行股票、发行债券、留存收益等。前述的固定资产投资预算中的投资由于属于长期资产，由此导致投资所需的资金应由长期资本满足，而现金预算属于一年以内的预算，即短期预算，因此资金缺口应由短期筹资的方式补足。基于此，编制现金筹集与运用预算时的步骤如下：第一步，考虑期初现金余额，并结合现金净额预算确定当期的现金余缺；第二步，将固定资产预算中的筹资预算部分纳入现金预算，列示长期筹资获得的资金并计算累计资金余缺；第三步，如果资金结余，考虑对外短期投资，如果资金不足，用短期筹资方式补足；第四步，计算期末现金余额，该余额必须满足期末库存现金管理规定。

（二）财务费用预算的编制

财务费用预算是指预算期间内以预计发生的各项与筹措资金活动相关的费用为基础编制的反映财务费用总额的一种业务预算。该预算建立在现金预算的基础上，是对利息支付的单独反映。该预算与其他费用预算相同，也需要将全部的财务费用区分为变动性和固定性两类。

在编制该预算时，应分别以各筹资方式列示利息的支付额。如果某筹资方式，如短期借款一年内出现次数超过一次，应在某筹资方式下逐一反映。需要特别强调的是，为了便于预计利润表的编制，按照现行制度的规定，项目建设期间发生的利息不属于财务费用范畴，应予以资本化。因此最终确定的利息支付额应扣除项目的资本化利息支付。

如果某企业实施了作业成本法，财务费用应该区分直接费用和间接费用：凡直接费用，直接归集于某产品；凡间接费用，选择一定的成本动因分配给各产品。分产品列示不同筹资方式下的利息支付并进行汇总。

（三）预计利润预算的编制

预计利润预算是指预算期间内反映利润及其利润分配的预算。编制时可以细分为预计利润表和预计利润分配表的编制。

1. 预计利润表的编制

预计利润表是指预算期间内以相关业务预算为基础编制的反映企业经营成果水平的一

种财务预算。该预算涉及的相关业务预算有销售预算、产品成本预算、流转税预算、各项期间费用预算。

编制该预算时，既可以按照贡献式损益来确定程序编制利润表，也可以按照传统式损益确定程序编制利润表。不同形式的利润表提供的信息不同，满足分析的目的也不同。前者能够提供变动成本、固定成本、贡献边际的信息，可以满足加强内部管理，落实责任评价与考核的需求；后者则可以提供销售毛利、期间成本等信息，以满足对外报告的信息需求。如果只按照贡献式损益确定程序编制利润表，为了揭示完全成本法下的利润总额信息，应借助于两法利润差额的简算公式，将其调整为完全成本法下的利润信息。

2. 预计利润分配表的编制

预计利润分配表是指预算期间内以预计利润为基础编制的反映企业净利润分配的一种财务预算。该预算建立在传统式损益确定程序的基础上，必须严格按照会计准则的相关规定进行利润分配。

（四）预计资产负债表的编制

预计资产负债表是指预算期间内以相关业务预算和预计利润分配表为基础编制的反映企业财务状况的一种财务预算。编制该预算应在已知上年资产负债表相关数据的基础上，考虑相关业务预算和预计利润分配表，按照会计制度规定的内容编制。

四、资本预算与筹资预算的编制

根据 2002 年财政部颁布的《关于企业实行财务预算管理的指导意见》相关规定，要求企业编制资本预算和筹资预算。

（一）资本预算的编制

资本预算即投资预算，该预算围绕着企业的投资活动进行。

1. 资本预算的内容

资本预算的具体内容包括固定资产投资预算、权益性资本投资预算和债券投资预算。

固定资产投资预算，也就是西方所称的专门决策预算，它是企业在预算期内因购建、改建、扩建、更新固定资产而编制的资本投资预算，其中包括处置固定资产所引起的现金流入，但不包括国家基本建设投资和国家财政生产性拨款。如果某企业获得国家基本建设投资和财政生产性拨款，应单独编制预算。固定资产投资预算是依据投资预测数据编制的，是固定资产投资决策结果的定量反映。

权益性资本投资预算是企业在预算期间内因获得其他企业单位的股权及收益分配权而进行的投资预算，其中包括转让权益性资本投资或者收取被投资单位分配的利润所引起的现金流入。该预算依据权益性资本投资计划编制，是企业并购以及权益结构调整决策结果的定量反映。

债券投资预算是企业在预算期间内因购买国债、企业债券、金融债券等而编制的预算，其中包括转让债券收入本息所引起的现金流入。该预算主要是依据对市场行情和现金流量的预测编制。

2. 资本预算的编制

固定资产投资、权益性资本投资和债券投资通常具有不同的目的，它们分属于三类不同的投资活动，每类活动又由各项具体的活动构成，各项活动发生前都会制定相应的预算。在这种情况下，编制资本预算时，首先应将各类别的具体项目内容进行汇总，编制固定资产投资预算、权益性资本投资预算和债券投资预算，然后将三类预算内容汇总即可。

从编制顺序来看，资本预算需要在现金预算编制后编制，因为资本预算涉及有价证券投资内容，只有编制了现金预算，有价证券的投资数额才能确定。

（二）筹资预算的编制

筹资预算是指与筹资活动相关的预算。该预算反映借款的状况，预算编制时，需要考虑现金预算和专门决策预算的相关数据，并结合《关于企业实行财务预算管理的指导意见》中的有关规定，列示短期借款、长期借款以及发行债券的数额，同时反映这些债务的还本付息额，另外还需要列示股票的发行费用，但不反映股票的发行额、配股额和增发额。从编制顺序来看，只有在编制现金预算后才能编制筹资预算。

（三）作业预算

作业预算的全称是作业基础预算。它是以作业成本计算为基础的一种新型预算管理方法。该预算首先预测产出量，再预测产出消耗的作业量，最后预测作业消耗的资源量。一般预算编制步骤如下：①预测产品或劳务（成本标的）在下一经营期间的需求量。②确定作业消耗比率。③用作业消耗比率乘以产品或劳务的预测需求量，预测下一期间的作业量。④确定资源消耗比率。⑤用资源消耗比率乘以第③步中预测出来的作业需求量，预测下一期间满足作业消耗需求的资源量。该步骤要求资源达到经营平衡，即资源的需求量必须与目前资源供应量一致。⑥用资源供应量乘以资源的预计单价，预测资源需求成本。⑦分配资源成本额到预测产品或劳务上。将步骤⑤中达到经营平衡时的资源供应总成本分配到作业和成本标的上，计算相关的财务指标（如利润等），并与组织确定的财务目标进行比较，要求二者一致，即达到财务平衡。

第四节 全面预算的编制方法

一、全面预算编制的传统方法

全面预算编制的传统方法是伴随着全面预算的诞生而最早出现的预算编制方法，包括固定预算法、增量预算法和定期预算法，分别简称为固定预算、增量预算和定期预算。这些方法虽然自身存在一些弊端，但至今仍然被一些企业所采用。

（一）固定预算

固定预算也称静态预算，是指编制预算时，以某一固定业务量水平为基础而形成的一种预算编制方法。上一节编制的全面预算是以全年事先预计的销售量 6200 件推算出的生产量 6220 件为基础编制的，采用的编制方法就是固定预算编制法。

固定预算的特点是，不论未来预算期内实际业务量水平是否发生波动，都只按照预计的某一个固定的业务量水平为基础进行编制。其优点是，可操作性强，在一定程度上可以起到控制的作用。其显著缺点是，当实际业务量与预算业务量存在较大差异时，有关预算指标的实际数与预算数之间就会因业务基础不同而失去可比性，此法不利于正确地进行分析、评价与考核。例如，假定上节中的南通公司 2012 年执行预算的实际结果是生产 6400 件，发生的甲材料的直接材料成本是 105600 元，此时产生差异 12300 元（105600-93300），出现超支差。如果拟追究责任，将全部的责任归咎于生产消耗部门是不合理的。因为超支差异中，既含有产量因素的作用，也含有材料消耗因素的作用，如果将由于生产量上升而导致的材料成本超支差归咎于生产消耗部门显然是不合理的。这就是固定预算的致命弱点。固定预算一般只适用于业务量水平较为稳定的企业或非营利组织编制预算。

（二）增量预算

增量预算是指编制成本费用预算时，以基期水平为基础，结合预算期间业务量以及相关因素未来的变动情况而形成的一种预算编制方法。这种方法有利于预算的执行者，所以在实务中常常采用。

增量预算存在的理论依据是，原有的管理和业务活动是企业生产经营所必需的，因此保留原有的各项管理和业务活动，与之相应发生的原有各项成本费用的支出就具有了一定的合理性，可以保留。在这种观点指导下，该预算的特点是，以基期实际发生的成本费用项目和水平为基础，结合预算期间的因素变动，对基期值进行增减调整并确定预算水平。其优点是，直接保留过去成本费用项目，编制相对简单，所耗时间较短。其显著的缺点，一是可能使不必要的开支合理化。由于这种预算编制方法，常常不加分析地接受原有的各成本费用项目，可能使原来不合理的费用开支继续存在下去使不必要的开支合理化，进而导致预算出现浪费。二是可能人为忽视必要的支出。由于这种预算编制方法只考虑已存在的费用项目，出于本位考虑，预算的编制者常常会对那些有利于企业长期发展、确实需要开支的费用项目不予考虑，一定程度上会对企业产生不利影响，会制约企业的发展。三是可能主观臆断预算的结果。由于这种预算编制方法是在上期成本费用项目和水平值的基础上的增减变动，预算的编制者常常不进行科学分析，主观臆断，平均削减各项预算或对其只增不减，从而造成预算结果的相对宽松。增量预算仅仅适用于成本费用预算的编制，无论是企业还是事业单位都可以采用此法编制。

（三）定期预算

定期预算是指编制预算时，以不变的会计期间（如日历年度）作为预算编制期的一种预算编制方法。由于预算的编制与责任考核直接挂钩，因此这种方法在实务中常常采用。

定期预算的特点是，预算的编制期与会计期间吻合，预算期内预算数据保持不变。其优点是，便于预算的考核与评价。其显著的缺点，一是预算缺乏灵活性。由于定期预算的预算期间内数据固定不变，即使预算执行过程中所规划的各种生产经营活动在预算期内发生重大变化，也不调整预算，因此预算缺乏灵活性。二是预算缺乏连续不断性。由于受预算期间的限制，经营管理者的决策视野仅局限于本期规划的经营活动，努力完成本期预算。当预算超额完成时，就会出现"松一口气"的思想和行为，工作相对松懈，不顾分期，不能像预算初期那样连续不断地工作，由此形成预算的人为中断。三是可能使预算考核流于形式。定期预算是在上年的最后一个季度编制的，由于未来因素具有不确定性，对于预算期间的后期生产经营活动很难做出准确的预计，编制预算时只能对预算后期进行笼统的估算，因此后期预算数据的可靠性可能较差，进而会导致整个预算的可靠性较差，这样容易使预算考核流于形式。四是可能会制约企业的发展。由于定期预算不能随情况的变化而进行及时调整，当预算执行过程中存在有利的发展机会时，由于预算与考核直接挂钩，如果预算一成不变而企业又具有发展的机会，预算的执行者出于利益考核需要就会阻碍，进而影响企业的发展。定期预算的适用性较强，企事业单位均可以采用。

二、全面预算编制的修正方法

全面预算编制的修正方法是针对上述传统预算编制方法的弊端而出现的，包括弹性预算法、零基预算法和滚动预算法，分别简称为弹性预算、零基预算和滚动预算。这些方法较之传统预算方法具有显著的优势，因此实务中常常与传统方法结合应用。

（一）弹性预算

弹性预算也称为变动预算或滑动预算，是指编制预算时，以预计一定可能范围内的各种业务量水平为基础而形成的一种预算编制方法。这里的业务量既可以是生产量或销售量，也可以是直接人工工时或机器工时等。

1.弹性预算的特点及优点

弹性预算是为了克服固定预算的缺陷而出现的一种预算编制方法。其特点是，编制预算时，考虑预算期间可能出现的各种业务量水平，并以此为基础编制预算。由于业务量具有伸缩特性，从而导致预算也具有伸缩特性，弹性预算由此被命名。该预算的优点，一是适应性强。弹性预算按照多种业务量水平编制预算，能够反映不同业务量下的各种预算，一定范围内的业务量都可以找到相同的控制依据和评价标准，具有较强的适用性。二是可比性强。弹性预算建立在成本性态分析的基础上，反映了不同业务量与成本之间的关系，所建立的预算具有可比性，通过实际与预算的比较，可以进行业绩评价与考核。

2.弹性预算的适用范围

弹性预算由于以未来可预见的一系列业务量水平为基点编制，业务量的变动会影响到成本、费用、利润等各个方面，因此，弹性预算从理论上讲适用于编制全面预算中所有与业务量有关的各种预算。但从实用的角度上看，主要用于编制弹性成本与费用预算和弹性利润预算。

3. 弹性预算的编制程序

编制弹性预算一般可以分为以下四个步骤：

步骤一，选择业务量的计量单位。虽然编制弹性预算所依据的业务量计量形式可以多种多样，如生产量、直接人工工时等，但在具体编制时，不同的部门采取的计量形式可能不同。应该选择一个最能代表本部门生产经营活动水平的业务量形式。例如，以手工操作为主的车间，应该选择人工工时；机械化程度较高的生产部门，应该选择机器时；制造单一产品或零部件的部门，可以选择生产量；制造多产品的部门，可以选择机器时或人工工时；修理部门，可以选择直接修理工时等。

步骤二，选择业务量的变动范围。虽然业务量本身具有弹性，但其变动不是无限的，因为实务中的生产能力具有制约性。业务量的变动范围即业务量的变动区间，其选择应根据企业的具体情况而定。一般来说，可定在正常生产能力的 70%~120%，或以历史上最高业务量或最低业务量为其上下限。

步骤三，编制弹性成本与费用预算。这里的成本指的是生产成本，费用指的是制造费用、销售费用和管理费用等。生产成本预算分成本项目列示，而费用预算区分固定和变动各项列示。

步骤四，编制弹性利润预算。依据本量利分析原理，可以在业务预算和现金预算的基础上编制弹性利润预算。

4. 弹性成本预算的编制

弹性成本预算常常在标准成本制度下采用。在标准成本制度下，编制预算时，直接材料、直接人工、变动性制造费用、固定性制造费用需要区分数量和价格两个因素列示。预算时的业务量可以按照固定预算的思路以预计固定的某业务量水平编制。当预算执行后进行业绩评价时，实际业务量与预计业务量常常不相等，会出现差异，在这种情况下，为了落实责任，需要按照实际业务量调整生产成本各项，由此形成弹性预算。

从弹性生产成本预算的编制时间来看，弹性生产成本预算只有在预算实际执行后才能编制。没有实际执行的结果，该预算就不能编制。

5. 弹性费用预算的编制

编制弹性费用预算有两种方法：一种是公式法，另一种是总额法。

公式法是以成本性态分析模型中的 α 和 β 为基础编制的一种弹性费用预算。这种方法首先对费用进行成本性态分析，将所有的费用区分为变动（β）和固定（α）两部分，然后选择业务量的变动区间，在此基础上按照成本性态进行汇总即可。

该方法的优点是，能够直接反映每一费用项目的成本性态，编制预算的工作量相对较小；但其不足在于，不能直接查出特定业务量下的成本预算总额。

总额法是以成本性态分析为基础编制的反映各项费用总额的一种弹性费用预算。编制该预算的方法与公式法基本相同，唯一不同的是，需要计算出业务量变动区间内特定业务量下的各项费用的总额以及费用的总体水平。

总额法在一定程度上弥补了公式法的不足，但公式法的优点也不复存在。因此在实际工作中，可以将公式法与总额法结合起来应用。另外对未来的预测，由于影响因素的不确定性作用，业务量的变动区间是企业结合实际确定的极有可能出现的变动范围。在其范围内，固定成本和单位变动成本也可能会变化。在这种情况下，应依据变动后的值确定预算水平。

6. 弹性利润预算的编制

编制弹性利润预算既可以分产品列示，也可以按总额反映。前者称为品种法，后者称为总额法。另外编制弹性利润预算既可以以完全成本法为基础编制，也可以以变动成本法为基础编制。

品种法是依据单一产品贡献式损益确定程序或传统式损益确定程序，为每一种产品编制产品获利水平的一种弹性利润预算。该预算建立在弹性成本预算的基础上，预算编制时，采用的预算公式是"利润 = 销售收入 − 变动成本 − 固定成本"，或是"利润 = 销售收入 − 销售成本 − 非生产成本"。首先需要确定所选业务量变动区间内的特定业务量下的每一种产品的单价、单位变动成本和固定成本，在此基础上依据预算公式计算利润。这种方法适用于采用分算法处理固定成本，或固定成本可以按照事先确定的某一固定比例分配给各产品的企业。

总额法是依据多产品贡献式损益确定程序或传统式损益确定程序。编制企业总体获利水平的一种用性利润预算。编制该预算时，采用的预算公式是"利润 = 销售收入 × 加权平均变动成本率 − 固定成本"，或是"利润 = 销售收入 − 销售收入 × 加权平均销售成本率 − 非生产成本"；首先确定业务量变动区间内的特定业务量下的销售收入总额、变动成本总额和固定成本总额，或是销售成本总额和非生产成本总额，然后依据相关预算公式计算利润总额。

（二）零基预算

零基预算也称为零底预算，是指编制成本费用预算时，以零为出发点，逐项确定所需的成本费用项目及其水平的一种预算编制方法。该预算最初由美国德州仪器公司的彼比·派尔在 20 世纪 70 年代提出，现已被西方国家广泛采用。

1. 零基预算的特点及优点

零基预算是为了克服增量预算的缺陷而出现的一种预算编制方法。其特点是，编制预算时，不考虑以往会计期间所发生的成本费用项目和相应的数额，一切从实际需求与可能出发，逐项提出所需的成本费用项目，并根据投资效益分析结果，分轻重缓急确定所需的资金数额。其优点，一是能够促使资金合理、有效地利用。由于零基预算不受现有成本费用项目的限制，并按轻重缓急分配资金，从而可以使企业将有限的资金用在"刀刃"上，促使资金合理流动。二是能够促使各部门节约费用。零基预算不考虑过去的成本费用水平，要求各部门提出预算期间所需的各项费用，并说明其用途，由此可以避免一些不必要的费用发生，并能够促使各部门精打细算、量力而行。

2. 零基预算的编制程序

编制零基预算，一般可以分为以下四个步骤：

步骤一，提出费用项目。根据企业预算年度的目标规划及任务状况，不以上年费用项目为参照，在充分讨论的基础上，提出本部门在预算期内可能发生的所有费用项目，并说明费用的用途。

步骤二，分析费用的性质。根据预算期间企业的实际情况，可以将提出的各项费用划分为必要性费用、酌量性费用和可避免性费用三类。必要性费用是指预算期间必须支付的费用；酌量性费用是指预算期间可以降低其数额的费用；可避免性费用是指预算期间可以免于支出的费用。通常预算中提出的各项费用都可以划分为上述三类。从表面上看，提出的各项费用都有一定的用途，但常常由于采用的措施或方法不同，费用的性质可能会发生变化，有些费用可以由酌量性转化为可避免性，另外有些费用完全可以延迟到下一个预算年度发生，此类费用也属于可避免费用。凡能确认为可避免的费用项目，应该将其剔除掉。

步骤三，排序费用项目。为了合理分配资金，对于保留下来的各费用项目，需要比较其所得与所费，并区分轻重缓急对其进行排序。

步骤四，分配资金并编制预算。根据费用的性质，对于必须发生的费用项目，应该优先保证，全额给予资金；对于可以增减变动的费用项目，在确保生产经营正常进行的前提下，应根据成本效益分析结果，给予其一定比例的资金。据此可以编制相关的费用预算。

例如，假定某公司拟采用零基预算方式编制管理费用预算，所属的某部门根据预算年度公司的经营目标和管理任务，在认真讨论的基础上，提出预算期间内将要发生的费用项目及预计支出的数额如下：内部员工及外聘宣传人员培训费 20000 元、律师及经济专家顾问费 4000 元、日常办公费 18000 元、办公房屋装修费 7000 元、差旅费 500 元。根据行业经验和历史资料显示，内部员工及外聘宣传人员培训费的成本和收益比为 5%，律师及经济专家顾问费的成本和收益比为 25%。办公房屋进行的是内部装修。假设该公司可以用于该部门的资金是 65000 元。要求编制该部门的管理费用预算。

依据所给材料，首先分析每一项费用的性质：日常办公费和差旅费应该是必不可少的开支，属于必要性费用；内部员工及外聘宣传人员培训费、律师及经济专家顾问费属于酌量性费用；办公房屋装修费应该是可有可无，属于可避免性费用。

通过分析，将办公房屋装修费剔除掉，然后将剩余的费用项目再进行排序。由于律师及经济专家顾问费的成本和收益比高于内部员工及外聘宣传人员培训费的成本和收益比，因此费用的具体顺序如下：①日常办公费与差旅费。②律师及经济专家顾问费。③内部员工及外聘宣传人员培训费。

根据所给资金额度，可以将资金分配给各项费用并编制该部门的管理费用预算，如表7-3所示。

表 7-3 某部门管理费用预算

单位：元

项目	金额
办公费	18000
差旅费	5000
律师及经济专家顾问费	35000[（65000－18000－5000）×25/30]
内部员工及外聘宣传人员培训费	7000[（65000－18000－5000）×5/30]
合计	65000

3. 零基预算的实务应用及适用范围

零基预算虽然较增量预算更有利于成本费用的降低，但自身仍存在不足。由于所有费用项目一切从零出发预测，对于酌量性费用还需要进行投入与产出关系的效益分析，这必将耗费大量的人力、物力和财力，从而加大预算的工作量，延长预算的时间。为避免该缺陷，实务中可以将其与增量预算结合应用，一般可以间隔 3 年或 5 年按零基预算编制费用预算，在此期间内的各年度预算，可以按照增量预算编制，这样既可以减少不必要的费用开支，也可以降低零基预算本身的不经济性。

零基预算适用于成本费用预算的编制，无论是企业还是事业单位，都可以采用此法编制。

（三）滚动预算

滚动预算也称为连续预算或永续预算，是指编制预算时，随着预算的执行不断延伸并补充预算，预算的编制期一直保持 12 个月的一种预算编制方法。其形成的理论依据是，由于企业的生产经营活动是连续不断的，因此编制的预算也应该是连续不断的。

1. 滚动预算的特点及编制

滚动预算是为了克服定期预算的缺陷而出现的一种预算编制方法。其特点是，将预算期与会计年度脱离，使预算期始终保持 12 个月。编制滚动预算时，一般以月份或季度为预算的编制和滚动单位，每过一个月或一个季度，就需要对以后各期预算进行调整和修订，并增加下一个月或季度的预算，这样逐期向后滚动，使预算期始终保持 12 个月，由此形成连续不断的预算。

如果按照逐月滚动方式编制预算，预算的精确度较高，但编制的工作量太大，因此为了简化预算编制工作，也可以采用按季度滚动的方式编制预算，但其精确度较前者差。

为了提高预算的精确度并简化预算的编制工作量，在实务中，可以将逐月滚动预算与逐季滚动预算结合应用，即同时使用月份和季度作为预算编制和滚动的单位，对近期的预算按月反映，对远期的预算按季反映，由此形成混合滚动预算。

混合滚动预算符合人们对未来认知规律的了解，能够做到长计划短安排，远略近详。因此，这种预算形式较单纯月度或季度的滚动预算更具有科学性。

2. 滚动预算的优点及适用范围

滚动预算较之定期预算的优点：第一，滚动预算具有连续性。滚动预算与企业连续不断的生产经营特点相联系，预算期始终保持 12 个月，从而使预算不会造成人为中断，这样就会促使职工一直努力工作。第二，滚动预算具有灵活性。由于企业所处的市场环境随着时间的推移，可能会产生难以预料的变化，因此就需要不断地调整预算以适应复杂的环境。滚动预算能够满足环境变化的需求，不断地修正预算，从而使预算具有灵活性，这样便于发挥预算的控制作用。第三，预算具有长期指导性。滚动预算将管理者和职工的眼光一直固定在 12 个月的预算中，使其一直能够明确未来的奋斗目标及任务，行为具有全局性和长远性，工作不盲目，可以动态把握企业的生产经营。

由于滚动预算需要逐期滚动调整预算，因此其不足在于，预算的编制工作量较大。当企业的生产经营受外部环境影响大、因素具有显著的不确定性时，适合采用滚动预算编制方法。

第八章 战略管理会计的应用实践

第一节 战略管理会计在商业银行中的应用

一、战略管理会计在商业银行中的应用历程

（一）萌芽阶段

企业战略管理会计在商业银行的萌芽主要源自外部环境的大影响。可以说，宏观环境直接导致商业银行产生企业战略管理会计。20世纪末期，随着经济全球化的不断发展，中国的外资企业在各个领域的发展速度也在不断加快，导致我国的许多企业也受到不同程度的影响，企业战略管理会计开始在各个企业产生并扩展。金融行业也是一样，随着越来越多的资本的涌入，以及外资银行在中国市场的落地，这些银行在管理上有先进经验，特别是很多大型国外商业银行等金融机构，广泛推广使用了企业战略管理会计，使金融市场的竞争越来越激烈，这些外资金融机构的不断扩大，使得中国商业银行面临着激烈的市场竞争。而且很多国有商业银行也有市场拓展的意愿，他们开始放眼全球市场，并积极参与激烈的国际竞争。因此，国内银行和国外银行竞争范畴进一步拓展，在海外也展开了激烈的竞争。这就要求国有商业银行重视革新，引入更多优秀管理方法，实现这些方法的普及并得到深化应用，以此得到更好发展。总体而言，外部环境的总体情况，要求银行从传统的管理会计发展为外向型战略管理会计，建立健全企业战略管理会计系统。从全球范围来看，企业战略管理会计的本质，就是改变固定的区域研究内容，要比传统的管理会计研究内容更为丰富。从全球来说，针对全球市场的金融分析也是从这个阶段开始的。基于此，各商业银行在竞争范畴内，实现相应的资产配置以及产品组合的进一步优化。在进行信息的获取上，要重视财务以及非财务信息的全面收集，让企业战略管理会计在当时的特殊时期不断完善并发挥越来越重要的作用。

（二）发展阶段

进入21世纪之后，商业银行对企业战略管理会计的应用开始进一步深化。商业银行的内部环境可以说是微观环境，在这个时期，因为引入了企业战略管理会计而得到了整体的完善。中国的商业银行组织布局多数采取的是事业单位布局方式，财务是"集中决策，分散经营"的传统管理模式。然而，这种结构使得各部门之间相对独立，部门间的交流成

为障碍并导致信息传递和流通不顺畅。传统管理会计的财务会计数据处理可以为经营者做出决策，但是在进行决策的制定时，很难从其他机构或是部门进行有效数据获取。显然这种情况不利于商业银行的稳定发展。而且如果是基于运营商进行数据的获取，其提供的数据和会计部门的数据可能会有出入，且数据难以实现融合。为此，在这个阶段，要求商业银行必须重视战略管理会计体系的构建，通过该系统布局解决内部信息不顺畅这一迫在眉睫的问题。战略管理会计系统的建立，让企业战略管理会计系统更加完善，企业战略管理会计的管理理念触角能够充分延伸到不同的部门。在进行运营时，运营商可以基于统一平台，进行数据、模式以及方法的统一，最终实现数据的融合，以满足商业银行对各类信息的需求，帮助商业银行的管理者们更好地做出决定。同时，先进的信息技术在银行的应用为企业战略管理会计提供了技术和信息方面的支持。

二、商业银行战略管理会计应用的必要性分析

（一）商业银行战略管理会计顺应金融体制改革的趋势

虽然目前我国金融产品价格仍由中国人民银行制定，但近年来有所放松，如浮动利率贷款的范围和利率浮动的区间都有所扩大。随着金融体制改革的深入和金融市场的成熟，利率市场化是大势所趋，各商业银行将面临自行确定存贷款利率的问题，即产品定价问题。虽然银行经营管理理论提供了完备的产品定价模型，但在实际操作过程中，及时、准确、完整的产品成本信息是合理定价的重要保证。从改革和发展的角度来看，各银行应从现在开始着手结合战略管理会计开展产品成本核算，为迎接未来的挑战做好基础工作。

（二）商业银行战略管理会计是适应金融环境变化的需要

在金融业进一步全球化的大背景下，资本跨越国家的界限，自由地在世界范围内活动，跨国金融活动日趋频繁，外资金融机构争相进入我国，银行间国际化竞争愈演愈烈。与此同时，国内各种商业银行蜂拥出现，导致存贷利差不断缩小，金融创新日益丰富，随着商业银行服务范围和业务项目的扩大，客户对商业银行的产品和服务提出了更高的要求，使得银行业竞争更加激烈，外部环境的不确定性程度加深。如此复杂的金融环境，考验着商业银行决策层的战略思维能力和战略管理能力，商业银行决策层迫切地需要战略管理会计为其提供有助于分析环境、分析竞争对手的相关信息，以明确银行在市场中的竞争地位，进而不断完善战略规划并调整具体的经营策略以适应金融环境的变化。

（三）传统管理会计已难以满足商业银行战略决策的需要

传统管理会计的许多内容如规划与决策会计、控制与业绩评价会计均未考虑到与战略的结合。例如，在预测过程中，其重点主要放在产品短期的销售和利润等的预测，未能从影响商业银行经营的长期的、潜在的及全局的因素综合考虑。决策会计虽然也进行长期投资决策分析，但其主要考虑的因素只包括货币时间价值和风险价值，未考虑一些影响决策

的非财务指标，而往往这些非财务指标对长期决策会产生非常重大的影响。除此之外，传统管理会计还缺乏对环境的应变性，不能提供反映商业银行相对竞争地位的信息，这些都在一定程度上反映出其在应用方面的局限性。应在传统管理会计中导入战略管理的思想，实现管理会计功能上的扩张，以满足商业银行战略决策的需要。

（四）商业银行战略管理要求实施战略管理会计

商业银行战略管理理论是在企业战略管理理论的基础上产生并发展起来的。商业银行战略管理是商业银行关于自身在未来不确定的环境中，为实现既定总体发展目标而进行的一系列决策和活动。对商业银行加强战略管理已成为必然趋势，作为银行决策层最终的任务就是战略研究，明确银行的发展方向和目标，并为实现战略目标制订具体的实施规划。在银行战略管理中特别强调营造持续性竞争优势，实际上银行是否能够保证其利润稳定增长，很大程度上取决于银行的竞争地位。战略管理会计能够协助分析商业银行的相对竞争地位，并根据长期竞争地位的变化来把握银行未来的发展方向，它更加注重银行持久竞争优势的取得和保持，甚至不惜牺牲短期利益。银行战略管理理论的发展和实践的不断深入，对战略管理会计的实施提出了更高的要求。

（五）商业银行竞争力的提升迫切需要运用战略管理会计

随着金融业的竞争日趋激烈，商业银行切实体会到了生存的危机感，商业银行间的竞争最终反映到核心竞争力的竞争。核心竞争力是商业银行所有能力中最核心、最根本的部分，而银行对成本的管理与核心竞争力的取得密切相关。但是，对于传统成本管理而言，在任何时候降低成本对于银行来说都是不可忽视的。但如果从战略管理的角度来看，银行依靠新的金融产品的开发与优质的服务，能够取得竞争优势，即使成本有所提高，这种战略仍然是可以接受的。传统成本管理把目光过多地集中到为降低成本而降低成本上，没有很好地将成本管理与竞争优势联系起来，从而影响了竞争力的形成，最终可能影响到银行的发展战略。战略管理会计在成本管理中以战略为导向，运用战略成本动因分析，全面、准确地分析各种隐性成本动因，通过对银行自身和竞争对手的价值链分析，对商业银行的各个价值活动有的放矢地保留或去除，从而加强商业银行对成本的管理，帮助商业银行构建和提升核心竞争力。

三、战略管理会计在商业银行应用中的实践价值

（一）提高商业银行员工对战略管理的参与程度

战略管理会计的研究内容广泛，包括企业内外部、财务和非财务信息等，所以战略管理会计人员就不仅仅是企业的财务人员，而是企业多个部门都要参与使用战略管理会计系统，即便非财务部门的人员可能不能做出一些指标分析，但是至少他们需要将自己部门掌握的数据记录在系统当中。这样可以看到一些其他部门或关于自己部门的其他数据，提高

员工对战略管理的参与程度。战略管理的应用一直是在管理层，很多员工对企业战略管理并不明白，也没有参与感，传统财务管理体系只是对财务数据进行分析，其他部门的员工对这些数据也没有概念。战略管理会计的应用，使得其触角延伸到各部门，员工也会认为自己在为企业战略管理提供一定的数据支持，并且可以通过其他业务部门（人力、财务）提供的自己部门的数据，对本部门进行更全面的分析，有些数据也可以让企业员工了解自己部门的战略目标完成情况，大大提高了员工对战略管理的参与程度。

（二）提高商业银行完成战略目标的能力和商业银行的管理水平

战略管理会计研究的内容有很多，包括战略环境分析、战略目标制定、战略成本管理、经营投资决策、人力资源管理、风险管理和战略性业绩评价等。而研究这些内容的方法也相对比较科学和先进，包括价值链分析法、战略成本动因分析法、平衡积分卡、作业成本法、竞争对手分析法等。可以说战略管理会计的内容包含了一个企业的很多领域。商业银行应用战略管理会计，将其研究的内容和方法运用到银行相对应的工作之中，建立银行的战略管理会计制度，辅助员工的各项日常工作，提高了银行内部多个领域完成战略目标的能力。

战略管理会计的应用离不开战略管理会计系统的开发和使用，当今商业银行内部信息技术的使用，也给战略管理会计系统的开发和使用提供了基础和支持。战略管理会计系统的建立，可以将银行内部各个领域的数据（人力资源、财务、营销部室等）集中，也可以将企业外部的信息（如经济环境信息、竞争对手信息等）集中，将银行内外部数据，财务、非财务数据都统一呈现在战略管理会计系统的平台中。管理者可以通过系统轻松地得到各种想要的数据来进行比较和分析，经过全面考虑后做出决策。这样就减少了管理者收集数据的时间，使管理者得到的数据口径统一，而且十分丰富。管理者可以根据自己的需求选择最有用的数据帮助他们快速、及时地做出管理决策，从而制订相应的管理方案，得到反馈，整体提高了商业银行的管理水平。战略管理会计涉及的维度十分广泛。传统管理会计可能更多的是对财务信息进行提炼和分析，得出一些比较数据。而战略管理会计基于战略管理中平衡计分卡的方法和原理，涉及产品、客户、机构、员工等多维度的研究和分析，为银行的绩效评价提供更丰富的数据。

（三）提高商业银行数据利用的价值

现在，我国的商业银行中存在一个普遍的现象，就是各个业务部门中都有自己的系统或记录方法。这些系统和方法统计了大量的有价值的信息，为各部门的经营分析提供了数据。由于这些数据都分散在商业银行各个部门中，且各部门的记录口径不一致，这些数据只能供某个部门自己使用，且由于这些数据都是分散的，不能整合联系到一起，也就导致数据的利用很单一。这就造成了商业银行中大量的数据没有发挥其最大的价值，不能得到充分的利用。

战略管理会计涉及的内容十分广泛，它所收集和记录的数据相对全面很多。战略管理会计通过构建战略管理会计系统，将系统的应用分布到银行内所有的业务部门，各部门可以通过统一的系统、统一的口径和统一的模型方法来进行数据的录入和记录。这些数据在同一个系统中结合并呈现出来，所带来的价值远远高于它们分散在各部门当中的价值。例如，某个营销部门的营销数据和该部门人力成本数据以及管理费用数据相结合，就可以完成该部门单独的本量利分析和绩效评价。可以横向和纵向比较各个业务部门之间以及每个部门历年来的情况，还可以根据银行的外部环境信息来做具体的分析。

四、战略管理会计在商业银行应用中存在的问题

（一）商业银行缺乏对市场的准确分析和把握

1. 商业银行当前的会计信息核算系统不符合要求

在商业银行传统的会计系统之中，虽然源文件详细反映了商业银行的各项数据，也较为全面地反映出商业银行从事的所有业务活动。但商业银行在进行相应的数据处理操作后，由于会计系统会进行数据的筛选、排序，导致在进行操作时，相同数据存储和验证的时间重复发生，大大增加了商业银行会计人员的工作量，也给商业银行员工时间和劳动效果带来了负面影响，不利于工作效率的提高，导致资源的耗费。此外对于传统的商业银行会计信息系统来说，在进行经济活动的管控上，其核心的目的是实现流动信息的收集，这也导致很多重要信息被忽略。以至重复存储的信息形成，从而未能实现融合全体商业银行各种信息进而辅助商业银行实现正确决策目标的制定。从传统的体系布局来说，会计工作唯有被分解到部门后才能够成为系统。随着系统的升级，全新的商业银行管理模式需要解决这个问题，并期待着未来实现更为完善的系统开发。

我国商业银行的管理会计采取的是责任制，要想确保责任制的作用得以发挥，则要实现横向和纵向延伸到商业银行的全部人员和整体部门，坚持各部门都要融入管理过程。同时，在商业银行的责任中心，必须明确职责，不同的商业银行子系统和不同的商业银行部门应该有明确的责任界限，而不是因为在一个中央系统之中单纯实现一体化。然而，我们也应该看到，商业银行的子系统在管理责任中心仍然是集体的责任、权力和利益，战略管理还存在一定的差距与理想。可能在某些情况下，一些商业银行的部门完全脱离具体的评价体系，没有形成收入约束，这是很难做到责任制的，也不利于商业银行及时掌握员工的工作状态的相关信息。由于商业银行经营部、网点没有融入这一系统，实现责任到人是很困难的。2014年10月，财政部印发的《关于全面推进管理会计体系建设的指导意见》指出，管理会计信息是开展管理会计活动过程中所使用和生成的财务信息和非财务信息，是管理会计报告的基本元素。管理会计报告是管理会计活动成果的重要表现形式，旨在为报告使用者提供满足管理需要的信息，是管理会计活动开展情况和效果的具体呈现。而这些信息都要建立在完善的信息系统之上，商业银行当前的会计信息核算系统不符合要求的现状也倒逼商业银行积极通过指导意见予以改变。

2.商业银行仍然在使用传统的会计工作流程

当前商业银行的会计流程实现以手动操作为主。这并非是简单的自动化水平低，而是先进的会计处理方式没有在商业银行得到应用的表现。由于会计电算化工作和要求不断提高，信息技术之下，设计方案能充分满足会计工作的基本需求。但在商业银行所面临的财务工作内容日益复杂的情况下，在进行系统布局时，不应只满足设计要求，还要确保商业银行的会计工作流程符合电算化的要求，商业银行会计人员目前如果仍然使用传统的会计工作流程显得不符合实际。

例如，某商业银行目前使用的管理信息系统，并未真正用于信息管理，主要是对手工系统的模拟。以制订经营计划为例，年度、季度、月度经营计划的制订，先由财务部门分解总计划目标，确定出各部门的计划。在计划下达后，各部门根据实际进行调整，最后将调整后的数据上报给财务部门，财务部门再对数据进行汇总，形成总的经营计划。在计划的下达和汇总过程中，涉及大量的业务数据，如果涉及修改，则工作量大，手工作业难以完成，财务部门往往是根据经验进行粗略估算，因此无法制订出最优计划。

因此，目前商业银行的会计工作虽然实现了电算化，但商业银行会计工作在具体的流程布局上并没有出现太大的变革。通过计算机技术的引入仅仅是实现操作过程的变更，使处理速度得以提升，并没有在实质上改变商业银行会计工作流程。《关于全面推进管理会计体系建设的指导意见》中明确提到，单位管理会计工作的本质就是实现相应会计活动的落地，需要充分实现对具体应用环境的分析，在此基础上把管理会计活动嵌入规划、决策、控制、评价等环节，促使管理会计达成闭环运作。此外按照财政部印发的《关于全面推进管理会计体系建设的指导意见》的内容，实现管理会计目标一个重要的方式就是相应工具方法的运用。因此，管理会计工具法是单位应用管理会计时所采用的战略地图、滚动预算管理、作业成本管理、本量利分析、平衡计分卡等模型、技术、流程等的统称。这些都说明，当前商业银行传统的会计工作流程已经严重不符合战略管理会计的要求，需要得到彻底的改变。

（二）商业银行未建立完善、科学的绩效评价体系

1.商业银行缺乏完善的绩效评价体系

银行从事多种业务，而且手续复杂，商业银行提供的金融服务属于一种无形产品，其价值和相关的绩效需要进行准确评估和评价。因此，识别商业银行现有资源、分析商业银行资源变化的原因、规划作业成本计划在作业成本法的应用过程中的成本管理，可能会有困难。其根本原因在于当前商业银行缺乏完善的绩效管理体系。也正是因为缺乏绩效管理体系，可能根本无法获得数据信息，也无法确保相关信息的真实性。只有通过人的判断来收集和处理简单的数据，这是很主观的，精度不能保证。因此，如何选择合适的成本动因成为间接成本分配的重点和难点。必须选择一个比较合适的绩效和考核评价体系，如果没有这一体系，商业银行战略管理会计系统的应用就失去了方向，不但增加了数据收集的难

度、增加了商业银行财务人员的劳动量，而且对金融资源的浪费也较大。总体而言，根据商业银行的需求构建绩效评价体系，据此做出正确的数据分析，判断可能产生的负面因素并制定战略和相应的管理举措，至关重要。

2. 商业银行的现有绩效评价体系未得到充分利用

首先，大部分商业银行基于部门的现状，结合商业银行各部门的工作特点，建立起自己的绩效考核体系，主要是为自己部门的利益考虑，这样的绩效评价体系和制度不利于整体的商业银行管理，不利于商业银行部门之间的竞争和激励，缺乏战略考虑。

其次，目前的绩效考核体系未能得到完整应用，商业银行过于追求短期利益，容易造成短期目标偏离的情况，不利于商业银行长远发展的总体构想。

最后，目前的绩效考核机制应该得到完善和征求广大员工的意见，要确保商业银行的绩效考核系统可以真正激励人，不是单纯的简单绩效考核制度，也不是单纯将绩效考核作为商业银行工作人员的惩罚工具。要在绩效评价体系构建的过程中确保商业银行的实际价值得到体现，必须建立一个健全的绩效评价体系，同时确保这一体系在商业银行中得到实际应用。

（三）商业银行管理信息系统不能满足需求

1. 商业银行管理信息系统不全

市场竞争的日益激烈，使商业银行充分意识到实现管理品质改善的价值。中国的商业银行相比过去而言，已经较为注重会计管理战略的重要性，因为商业银行充分意识到引入战略管理会计，有助于改进银行管理水平。在这种情况下，绝大多数商业银行都已经根据自己的条件实施并开展了一定程度上的战略管理会计系统构建。也是在这一背景下，我国的商业银行不断积极探索战略管理会计系统应用于商业银行的具体实践，使商业银行投入战略管理会计中的人力和物力逐年增加，但有一个关键问题是，虽然商业银行自身处于不同的发展过程中，却依然没有实现战略管理会计系统的落实。

20世纪90年代，我国商业银行开始实行信息化管理，会计逐步从手工转向电算化，这种转变实质上仅是记账方法的提升。商业银行内部的金融管理机构和其他有关机构虽然实现了工作的电算化，但是部门之间的联系并不密切。各部门主要根据本部门的业务开发管理信息系统，不同的信息存在于不同的部门机构中，各部门使用的信息系统技术手段不统一，缺少统一的信息交换标准和格式，开放性和兼容性较差，产生的信息无法共享。例如，某商业银行的前台业务部门通过业务系统对业务录入并处理；风险管理部门通过风险系统进行信息的收集和处理；财务部门通过会计信息系统进行信息的收集和整理。业务部门、风险管理部门和财务部门之间的信息不能共享，各自通过自己的系统开展工作，数据重复录入，口径不一致，效率低，工作量大，管理信息系统难以对各业务部门的信息进行统一归集和分析，管理者在进行经营决策时无法通过管理信息系统获得有效的信息支撑。

2. 商业银行管理信息系统缺乏分析

虽然部分商业银行已经开始进行战略管理会计信息系统构建，在商业银行的日常管理过程中，也让这些商业银行在竞争中具有相当的优势。但从本质上来说，战略会计系统的构建是为了更好地实现决策的制定，所以其必须实现对复杂环境应对，而且需要强化信息数据的分析和整合。要确保商业银行在银行业务流程的价值链分析及发现问题，如发现本商业银行的竞争优势和处理商业银行自身的定位，信息沟通要保密，而且应该对竞争对手进行跟踪分析，了解竞争对手的具体情况等。

例如，某商业银行目前使用的管理信息系统只具备简单的处理功能，无法对业务风险进行数据分析测试，风险管理主要依据工作人员的主观判断和经验。同时管理信息系统也无法实现对竞争对手信息的分析（缺少必要的信息分析功能），不能体现战略管理会计系统较传统会计系统而言的比较优势。

（四）商业银行内部信息处理水平不高

1. 商业银行内部管理系统收集信息不及时

战略管理会计系统是管理信息系统的本质，对商业银行的制度要求比较高，在建立了战略管理会计系统的商业银行，协调和管理部门提供绩效评价信息至关重要。另外，对于计划的实施，商业银行财务会计部门提供相应的需求信息，这个信息是保证商业银行系统正常运行的重要因素。如果商业银行的这些信息不能及时进行有效的传递，则会影响商业银行战略管理会计系统的顺畅运行。同时，商业银行的外部工作，如评估贷款的风险，掌握市场信息和发展的业务战略这些工作都需要收集信息，行业之间的竞争风险的信息也需要进一步收集。而目前商业银行对于这些重要信息收集都不及时，表现为以下情况：

当前，部分商业银行的财务工作人员没有充分认识商业银行管理人员信息收集工作的重要性。商业银行的信息量比较大，分散的商业银行信息采集、信息处理、信息分析不容易让商业银行信息收集产生实际效果。

在这个过程中，商业银行各种信息和数据呈现出复杂的情况，数据库的不同部门和不同的形式之间的彼此交叉和重复现象较多，同时不同的操作系统也容易让大量信息不能及时被收集。这导致了不同数据格式的信息需要由商业银行不同的部门进行收集，然后商业银行对数据进行处理，如此影响了商业银行信息收集和处理并应用的成效。此外，任何政策的上传过程中都有可能偏离，没有高水平的财务人员，很多时候不一定能够对部分信息保证充分理解，从而造成各种意想不到的损失，引起商业银行任务执行错误。当然，商业银行信息不能及时收集这一结果的原因可能是多方面因素共同归集而产生的，如果不能改变这一现状，将不可避免地导致商业银行政策执行不能达到预期的效果。

2. 商业银行信息在具体管理应用中存在偏差

翔实的数据报告是所有商业银行做出合理决策的基石，同时也关系到商业银行管理会计系统的成功。虽然商业银行在努力提高数据的真实性和时效性，尤其是一些大的商业银行在这方面付出了大量的代价和成本，但还不能完全避免虚假信息的存在。也就是说，商业银行的信息应用仍然存在一定的偏差。当然，商业银行信息应用存在偏差的原因是多方面的，如商业银行数据采集手段落后，商业银行员工个人因素的影响，缺乏在技术信息传输过程中的监督和管理等。

信息采集规范性差直接导致商业银行管理信息系统采集信息的真实性无法保证，以某商业银行为例，从一线业务到总行存在若干环节，目前仍以书面报表和报告形式作为数据信息传递的主要方式，而各部门设立的业务系统仅发挥辅助作用。由于没有统一的信息采集规范，部门之间存在对信息的多头采集、采集口径不统一、报送时点不一致的问题，就导致数据信息可靠性低、资源利用效率低。在信息采集责任不明确的情况下，存在各部门不配合信息采集工作，内部管理出现信息死角或者盲点等问题。一些商业银行的基层单位或个人为了完成商业银行高层领导交办的任务，如要实现商业银行的各种既定任务和指标，有一定程度的编造虚假信息也是普遍现象，这些事情在商业银行并不是特别容易取缔的。例如，商业银行工作人员为了完成既定存款的任务，在临近商业银行绩效考核之前加入了大量的临时存款，在新的阶段又迅速撤回。一个科学、合理的管理信息系统不仅要避免前述提到的信息重复采集、遗漏和滞后的问题，也要为银行管理者提供及时、可靠的数据信息来源。

此外，为了保证商业银行数据的真实性，也要增强商业银行数据的充分性和完整性。商业银行战略管理会计系统建立并完善之后，就需要信息顺畅通达各部门，基于所有业务和所有产品的本金和利润，确保商业银行能够提供更全面的财务或非财务数据。现代企业管理必须以人作为管理的主体，商业银行制度仅仅是人与人之间沟通的工具。因此，商业银行战略管理会计信息系统不仅要能够处理信息的广义集合，而且要使信息流网络化。但现实是，在我国现有的国有银行和其他类型商业银行的信息网络中，只能发挥整体功能的很小的一部分信息的管理功能，出现这种情况的主要原因是现有的系统过于分散，诚信度不高，从信息处理开始就有限，不能满足商业银行集中管理和业务发展的最基本的信息需求。

总之，客观环境制约了商业银行战略管理会计制度的实施使得现代商业银行战略管理会计制度在一定程度上还没有在商业银行得到全面贯彻和实施。战略管理会计需要为商业银行的决策者提供完整、真实和全面的数据信息，帮助商业银行决策者做出有效的战略选择和计划。然而，商业银行战略管理会计制度还存在许多不足之处：

第一，一些数据具有不同口径，导致商业银行战略管理会计系统数据不完整、不准确，使得商业银行战略管理会计不容易实施，容易误导商业银行的决策者，使商业银行决策者做出错误的判断和选择。

第二，现在的商业银行管理会计系统的主要数据的分析存在一定的不足，以前会计期间的数据统计不够及时，决策者通过商业银行的数据预测未来的发展趋势不一定准确，使战略管理会计为决策者提供帮助之前缺乏必要的联系，分析未来的发展趋势也不够准确。

第三，现在的商业银行战略管理会计系统的主要数据是基于会计数据，但是其不能满足商业银行战略管理会计的要求。商业银行战略管理会计数据不仅要包括财务方面的，而且除了传统的财务会计数据，还应结合更多、更全面的数据。

第四，现在商业银行的管理会计部门比较分散，一些商业银行可能有一些类似的系统，但这些系统彼此没有联系，所以商业银行的数据往往在不同部门之间彼此独立。战略管理会计系统应该是一个功能强大的信息处理系统，可以连接到分散的系统，如商业银行各种分散的模块之间的桥梁，连接和整合，统一数据口径，建立商业银行各模块之间的关系，集成数据，形成商业银行的综合分析。

五、构建和完善商业银行应用战略管理会计的对策与建议

（一）商业银行战略管理会计系统的设计与步骤

管理会计系统的构建需要注意多方面的影响因素。首先，应该对银行的实际情况做一个系统的了解，在此基础上，要充分理解建立战略管理会计系统的原则，利用现代化工具，组建相对完整与完善的信息管理平台，使现在运行的核算与管理子系统能够在该平台上高效运行，发挥其应有的作用。建立的系统不但应该包含财务结清核算、预算规划管理、费用花费审批、费用建册归集以及成本预算管理、资产负债合理管理等一系列子系统，同时应该包含银行人力资源管理、自动化办公、银行与客户关系管理等子系统。其实质是依据这些存在复杂联系的子系统的运行，实现银行全面的信息大整合，把分散于各部门、各单位的相关数据信息收集起来，作为决策层做出重大决策的依据。

1. 战略管理会计系统的设计

在相应的理论指导下，银行战略管理会计系统应该从设定业务目标、全面预算管理、全面成本管理、资产负债分析、企业绩效管理五个方面体现出能够实现企业价值最大化的战略目标。

（1）设定业务目标就是制定商业银行的业务目标。要从商业银行目前条件的角度出发，根据银行的未来发展大方向，依据平衡计分卡的理论来制定战略目标。当然，在战略目标制定过程中，必须充分考虑将重大战略从抽象转化为表象，让员工能够普遍理解和接受，将金融理财产品、投资项目等业务列为对员工绩效的考核对象，实现公平公正。

（2）全面预算管理既是财务管理的一项重要内容，也是一种实现财务优化管理的重要手段。它普遍存在于企业任何业务发展的因素中，是一个企业合理、科学地制定业务以及具体实施过程中最为重要的一个环节，是影响企业宏观目标制定的根本。建立预算管理的过程包括目标编制和业务上报两个方面，在所有管理具体的执行过程中，二者紧密联系、协同配合，这样才能最合理地做出预算。通过全面的预算管理，银行业务发展就有了制定目标的基础，为具体实施提供了有力依据。与此同时，预算信息的来源要充分拆解到公司的每个部门，包括执行业务的预算、运营费用的预算、大体资本性的预算等不同性质的预

算，把每个人的考核指标都细微到实处，把公司所有员工的利益与集体的利益紧密结合到一起，这样能够把公司的战略制定与落实和所有员工联系起来，让大家兢兢业业地为公司服务，为自身利益而努力工作。

（3）借鉴西方的成本会计理论与方法实行全面的成本管理，并结合我国实际情况，探索适合我国商业银行发展的具有我国特色的现代管理办法。外国成功经验值得学习，但必须批判地学习，不能完全照搬，要充分研究外国银行成功的例子和我国银行所处的实际环境，对未来形势要准确把握，制定适合自己的发展之路。运行作业成本法就是依靠全面分析金融相关业务把产生成本的动因作为纳入费用的一个分配标准。

（4）资产负债分析管理是所有商业银行进行经营管理活动的重要内容之一。无一例外，其实质就是归集和细分所有负债管理银行的业务数据信息，进而通过原有的模式来建立企业的资产分析模型。举例说明，风险管理模式、投资管理模式等的存在与建立有利于丰富银行的管理制度，能够促进银行尽快实现构建完善管理模式的目标。

（5）完善企业绩效管理机制从某种意义上说就是利用 BSC 评价法、层次分析法、对比评价法等一系列现有分析评价体系，均衡与战略目标实现密切相关的各种因素，通过检测绩效指标在某阶段完成程度，不断调整每个业务载体所应该达到的绩效目标。

2. 战略会计系统构建的步骤

第一阶段：确定企业的战略规划。商业银行在发展中的目的是提升内部管理水平，对外服务较好，对内运营较好，实现经营的项目达到国际先进水平，实现竞争力增强的目标。研究并规划了详细而准确的目标，内部管理会计系统的进一步完善才能够实现，整体竞争优势的目的才能够实现，尤其是在财务信息与非财务信息的收集和分析上、内外管理的结合上，都能够有详细而准确的操作流程对企业的经营和管理过程提供支持。支持企业实行统一全面管理，发挥系统整体优势，实现资本的保值、增值，不断提高经济效益。

第二阶段：确定子目标，统一理念，按照系统整体思路进行设计。商业银行全部的策划、决议、筹划都必须在以客户为中心的基础上策划和管理，我们应借鉴外国银行相关的账户管理体系成长的进程。随着人民币利率管理逐渐市场化，应增强银行办事的效率。商业银行是企业，要以客户为核心，强化成本管理，扩大金融企业对产品和服务的自主定价空间，创新出多种金融新业务产品，从而达到营利的目的。商业银行要完善金融服务，在体系中强化相应的办理机制，以获取利润，达到企业价值最大化最终目的。代价竞夺取决于企业是否可以大概率取得成本优势，从提供产品到提供完善的服务以满足客户的需求，并伴随着成本的降低和效率的提高。要实现这个目的，就要鼓励金融产品和业务创新。创建和完善银行内部各责任中心的利润分配机制，鼓励面向客户的需求。金融竞争核心将由现在的办事质量、产品创新转向代价竞争、各种客户关系的管理等。以效益为中心，实现"管控到部门、产品、员工、客户"，结合中国商业银行生长的实际环境，深化成本管理。根据巴塞尔新资本理论实施风险监控管理、资本管理的要求，确定商业银行全面账户管理体系的子目标，加大市场占有率。全面的账户管理体系要创建体现战略生长意图的审核体系，分析客户的需求。产品营销，从客户的代价评估入手，要实现以效益为中心，提高市场占有率。强化风险监控手段，优化效益。

第三阶段：内部部门和业务流程的改革要根据战略管理会计系统体制的要求进行。全面账户管理体系需要各个部门和谐、统一。全面账户管理体系的构建涉及银行的全部部门，实施业务流程的重组，才能顺利完成银行内部部门的设置。全面账户管理体系的构建要围绕以客户为中心集约化、信息化的原则。

第四阶段：运用先进的数据分析技能开辟体系，以效益为中心，促使商业银行财务管理进一步精细化，财务流程更为优化，推行全行财务管理一体化，以客户为中心，完善风险警备机制。

实施多维核算体系、全面预算监管体系、全面成本监管体系。降低产品和管理成本，增强商业银行的综合定价本领和产品竞争本领，支持各级分行有效控制成本，全面掌握各项策划成本，对银行当前的各项业务绩效进行如实审核，如业务进程中费用的开支以及其他方面。支持对资本付出和成本等进行财务控制，决议多维业绩报告，以便及时采取相应的措施，控制作业成本尺度。同时，创建商业银行的产品成本优势和代价优势，形成公司各部门、个人等在战略目的上与公司的划一性，支持对成本多维核算和账务处理改进。细化责任，支持财务分析、责任预算和业绩考评，改进布局，并与筹划数据做比较，构建一个致力于全行的、统一的银行数据整合的业务信息平台。要加强生成机构、部门、产品、客户多维红利报告，在全面账户管理体系中创建科学的量化分析模型，根据战略管理会计数据分析技能，在银行账户管理体系生长下发展。

（二）实施对策与建议

1. 加强信息管理，加快银行信息化建设

信息资源的收集和利用是推行战略管理会计的基础。要充分发挥战略管理会计的优势，更好地为商业银行战略管理服务，提高信息的质量，增强数据的完整性、充分性。为克服传统管理会计信息系统问题，商业银行应该考虑建立竞争对手信息系统，通过该系统采集和面向银行内部的缺陷，记录和分析竞争对手的资料信息，为商业银行战略管理提供更加全面和相关的信息。同时，商业银行可以根据自身实际情况，成立统一、权威的信息管理部门，将这个部门定位为兼具数据统计枢纽中心和咨询调研功能的全行范围内信息资源的管理部门，加强对信息的收集和处理。

为消除数据在存储和利用上的"信息孤岛"，商业银行应该加大科技投入，加快信息化建设，引进先进的财务管理软件，对银行现有的业务模式、营销模式和管理模式进行深层次的改革和整合，打造基于数据资源全行集中、客户信息全行集中、管理信息全行集中、业务流程全行集中、授权管理全行集中的现代商业银行管理平台。以统一计算机平台、统一规章制度、统一信息及业务编码、统一管理、统一监督的财务与业务一体化为整体目标，实现财务系统与营销、信贷、风险等其他系统的信息集成和数据共享。通过内部

局域网或直接通过互联网，使总、分、支行能及时反映、传递会计信息，从而为战略管理会计的实施提供更加及时、完整、全面的信息，促进战略管理会计在商业银行的有效应用。

2. 业务流程的重构

现今，国内很多商业银行的内部业务构造很不完善，更多的时候业务往往需要多个部门的配合才能完成业务流程，缺乏完整而有效的流程管理制度，办事的流程不成系统。从旁观者的角度来看，银行办事流程冗杂而烦琐，彼此之间的业务信息由于管理体系的不完善而无法完整。例如，随着全球化及信息化的发展，金融市场进入激烈竞争的时代，金融产品的极大丰富对银行的个别产品提出了更高的要求，金融产品的附加值在逐渐上升，这也说明了在客户数量不断增多的情况下，银行也在努力提高金融产品的质量和内涵，也认识到了客户在产品的销售过程中无可代替的地位。因此，在这种情况下，就促进了个性化服务的发展，这是传统业务流程中完全不具备的，也是当今商业银行获取竞争力的重要法宝。在当前经济条件下，传统业务流程逐渐走向没落，难以满足市场的需求。打个比方说，有一个客户在银行办理了贷款业务，银行的贷款系统给客户反馈一个编号，同时这个客户在该家银行也办理了理财业务，银行的代理基金系统也反馈给这个客户一个编号，而往往这两个编号是不相同的。这种情况造成的直接结果就是，银行业务分析部门无法将两个业务系统里的人对应起来，在做具体业务分析的时候，只能从一个系统里去分析，没有办法完整而统一地分析客户的多种诉求，对于客户的综合利润贡献情况也没有一个完整的考核结果，这种信息分割给业务分析部门带来了非常大的不便。除此之外，还有一种信息割裂是非常常见的，银行的总行一般情况下信息化程度较高，但是具体到基层可能就没有比较完善的信息化体系了，银行基层由于较大的业务压力，在具体办理业务的时候可能会出现客户信息部分缺失的情况，业务部门和营销部门各自为政，没有很好地交流沟通，信息完全无法对称和达到同步。这在现实生活中经常能够见到。比如，一个企业客户，在同一家银行的不同分行分别开户，一个开立的是公司基本账户，另一个开立的是公司存款账户，那么这种情况下如果银行自己的系统给该客户的编码不同的话，银行总行的高层就不会成立该客户的专门工作组，那下面的分行之间就会出现竞争的混乱状况，对于银行的综合发展很不利。从这个角度出发，银行应该将客户做一个分类，按照不同的客户分类重新分配不同部门的业务流程，进而提高整个银行的工作效率。

首先，明确整个业务流程的核心。相对于之前银行以账务为核心的会计流程，新兴的银行会计流程则是以客户为核心，充分考虑到客户的需求，一切的流程和细节都围绕客户的需求和使用的方便，只有这样才能够充分整合客户信息，分析客户价值。

其次，把握业务流程的原则。在设计业务流程时，针对原有业务流程中的冗余部分，应该及时撤销，使得整个业务流程尽量简洁。另外，要找出流程前后环节衔接不当的地方并尽快排除，这样才能使整个业务流程结构紧凑，不至于存在断点。

最后，在银行业务流程优化的过程中应该有所区分、有所侧重。对外流程的优化以客户需求为主。实现业务转变，主要是追求产品的销售量，同时帮助客户实现他们的理财诉求。对内的流程优化则与对外流程优化有较大的不同：①引进大数据的软件能够实现业务的批量处理，集中为会计系统提供信息。后台的业务处理可以因业务而异，根据业务的不同选择不同的处理模式。具体划分的话，临时业务按照正常的流程处理；批量业务需要批量处理，信息相对来说集中一些，可以借助专业的软件来实现，完成一系列的数据核算、处理和存储的工作；对大客户业务可以提供团队化的专门服务，从而实现个性化的服务，真正能够让用户体会到个人定制式的服务。这样的内部流程优化必然会给银行的客户业务提供多角度、全方位的数据信息，用以分析客户业务行为。②将核算的层次提高，财务方面尽量集中化管理。一方面，收回散落网点和支行的财务权限，将财务权限上提；另一方面，收回同一层级的各个部门的财务权限，集中到财务管理处。在财务核算方面，实现"五个统一"，即内容统一、制度统一、核算模式统一、支付管理方案统一和操作平台统一。只有将财务管理集中统一之后，整个财务管理系统才能够实现集中化和规范化，完善整个管理机构。③充分发挥会计系统的控制和考核功能。在业务流程完成的各个环节进行分析和监督，扩充核算对象的维度，对产品和项目等实行全方位的控制，并及时分析业务数据，最终形成完整的业务报告，为银行提供较为可靠的参考。

（三）应用战略地图，提高平衡记分卡实用性

商业银行在应用平衡计分卡进行绩效评价时，为了使抽象的战略目标和规划变得生动形象，可结合战略的可视化工具——战略地图，对战略具体、系统、全面的描述，使战略目标之间的因果关系清晰、直观地展现出来，以战略地图作为沟通的媒介，对商业银行的战略目标、行动计划、目标值及用于评估业绩的各种评价指标进行描述，消除了员工对银行战略的不解与困惑，使各个职能部门及其员工明确自己在银行经营发展战略中的权利，从而确保部门目标及个人目标与银行战略发展方向保持一致。

为使指标选取、权重及目标基准值设置更加科学，可以考虑在人力资源部门建立相关的数据库。一方面保存银行以前的绩效评价相关指标和反馈信息等历史数据，另一方面收集竞争对手绩效评价的相关信息，这些数据信息将成为未来指标设置和选取的重要参考资料。在设置考评指标值时要难易适度。①要保证岗位目标与战略目标相一致。②设置的指标必须是可以实现的，但其实现具有挑战性，员工必须努力付出才能完成这些指标。指标过高，会导致员工对完成指标失去信心，指标形同虚设；指标过低，则不能体现员工努力的差别，激励效果无法体现。③不要忽视非财务指标的重要作用，如新产品研发、客户满意度、核心客户等。这些指标的改善是需要银行长期努力的，一旦这些指标得到改善，可以更加有效地帮助银行提升核心竞争力，提升财务业绩。因此，应当注意财务指标和非财务指标的有机结合，更加全面客观地对绩效进行衡量和考评。

（四）薄弱环节的加强与改进

明确业务流程优化的方向之后，最重要的是要有针对性的、主要着重于薄弱环节的优

化与改进。对于银行来说，核算及资金管理制度的完善是整个银行正常运转的核心。只有这部分职能明确完善，整个会计系统才能真正完善起来。总而言之，商业银行的稳步发展有赖于会计管理过程中薄弱环节的改善和加强。

第一，做好职能基础部分的工作。传统的会计结算系统并不能在信息化时代得到很好的应用。那么，改善方向主要是将核算的费用继续细分，加大发展型项目的开展和资金投入，做好即时信息的发布工作等。

第二，扩展会计核算的维度。计算机技术正在迅猛发展，在目前，已经完全达到面向数据仓库及处理相关操作的能力，会计完全可以在学习的基础上掌握操作技术，总结和整理更多的原始数据，并通过加工实现数据资源的有效共享性。源数据是一种简单的数据，是在原始数据的基础上通过标准编码的加工而形成的数据，能够根据管理的需求通过调整表现出多种对应关系，可以说这在一定程度上实现了资源的有效共享，减少了不对称信息所造成的不利影响，满足了企业内外各部门对信息的需求。因此，有了源数据的支持，会计核算的工作内容应该扩大化，不再仅局限于经济内容上的划分，而是应该根据企业经营活动的需求来进行核算内容的确定，根据企业的具体需求，分类方法可以有多种。当然，会计系统中软件的应用无疑是核算维度扩充的主要技术支持，核算内容也可以因需求不同而有不同的分类。

第三，完善财务报告系统。信息化时代，信息的及时性和有效性已然是市场战的关键所在，在具体实施过程中，一定要实现信息获取与处理的同步，提高分析信息的能力，扩展信息来源的渠道等，从而实现信息的整合，提供一个更加全面、系统的信息框架。同时，也要实现信息的明细分类和加工。从信息的角度而言，信息可以分为共性信息和个性化信息两种。前者是企业内部所有员工都需要看到的信息，也是会计信息使用者所关注的信息，而后者则是为了给领导阶层提供一个更加有针对性的信息源而通过精心加工得出的。在内容上，财务信息的扩展和财务信息的呈报以及非财务信息的呈报都是非常重要的工作，在具体操作过程中，要同等重视，以便提供更加全面的信息。

（五）将战略管理会计的理念融入企业文化中去

全体员工的思考方法和行为方式都会受到企业文化的影响。当战略目标与银行员工的基本信念相一致时，企业文化便会发挥出巨大的能量，激发员工极大的工作热情来贯彻、执行银行战略；当战略目标与现存的企业文化不一致时，企业文化则会表现出巨大的阻力，阻碍、破坏战略的贯彻执行。战略管理会计具有长期性、全局性、外向性等特点，战略管理会计的实施是一项需要管理层、各部门及全体员工共同参与的工程，只有各个部门对银行的整体战略、局部策略和阶段性策略都充分认同，才能保证战略管理会计顺利的实施。因此，必须建立起战略管理会计与企业文化建设良性的互动关系，将战略管理会计的理念与银行的企业文化相结合，充分发挥企业文化的积极作用，在企业文化中强化可持续发展观念、全局整体观念、外向型观念，使员工形成较为一致的价值取向，促进战略管理会计的全面实施。

六、案例分析——中国农业银行四川省分行的战略管理会计应用

（一）中国农业银行四川省分行概况

中国农业银行四川省分行自 1979 年恢复开业以来，继续发扬为国家和客户创造价值的作风，客户至上，立足市场，提供快捷、安全、便利的金融服务。在四川省各大商业银行中，农业银行营业机构最多，服务范围最广，网络覆盖面最广，存、贷款规模最大。作为四川省银行业中首家省级文明行业，是四川的龙头企业。目前四川省分行有 1 家省分行营业部，7 家直属支行，20 家二级分行，186 家县域支行，1287 家营业网点，近 2.5 万名职员。

进入 21 世纪后，四川省分行加快了股份制改革，进行了经营战略转型，提高了管理层和基层员工的综合素质。近几年，四川省分行抓住了西部大开发、灾后重建、扩大内需的机遇；深化"三农"金融服务，充分发挥了该行在农村金融体系中的支柱作用；加快发展城市业务，做强零售业务，实现了经营效益与竞争力的双增长。其中存、贷业务，中间业务，利润等多项核心指标位于全国农业银行前端，在省内银行业中名列前茅；网上、电话缴费等特色业务给客户带来便利，赢得荣誉。

（二）战略管理会计应用于此案例的战略分析阶段

1. 对农业银行战略成本动因的分析

战略成本动因分析是在战略的高度针对农业银行分析战略成本的动因，是战略管理成本的基本方法，可以帮助农业银行发现决定成本的因素。农业银行的战略成本动因可以分为结构性成本动因与执行性成本动因。

结构性成本动因产生于生产之前，具有耗时较长但稳定的特点。影响人力资源、生产经营，能够决定银行的基础经济结构。结构性动因主要包括银行所处的地理位置、采用的科学技术、员工综合素质、业务范围、银行规模等。例如，对于四川省分行的一些偏远的营业网点，由于客流量小、营业额低、运输成本高，建立网点后不能充分利用，且成本难以收回，转换成沉没成本。因此银行在选址建设网点时应战略权衡地理位置、建立成本与未来效益的勾稽关系，从源头减少成本。

执行性成本动因分析可以帮助银行改善成本，确定竞争优势，是成本管理的重点。执行性成本动因发生于结构性成本动因之后，具有定性分析的特点，若分析得当能够降低成本，是在结构性成本动因分析后对成本管理的进一步强化，包括银行与客户的沟通、员工的参与度、服务质量与效率等。例如，银行的各项产品服务成本的分摊，需要通过执行主体——员工的参与，因此员工的参与度是降低银行成本的重要元素。如果员工具有高度的责任感和参与积极性，不仅事半功倍地提高活动与服务的效率，更重要的是节约了人力成本。因此，通过设置激励措施与企业文化培训，增强员工的归属感与责任心，提高他们的

参与度将大幅缩小银行成本。

结构性成本动因分析是起步，执行性成本动因分析是后续的配合。如果起步不当，继续配合将成倍扩大成本；如果起步分析得当，结合后续的强化，将战略性优化成本。

2. 对竞争对手的分析

农业银行作为国有控股上市商业银行，竞争对手包括其余 4 家国有银行、外资银行、城市商业银行及其他股份制银行等。国有银行普遍规模宏大、资金雄厚、影响力广；城市商业银行成长速度较快，受地方政府支持，当地市场占有率高于其他全国性的股份制商业银行，服务较为人性化，机制灵活，应对环境变化的反应迅速。农业银行面对这样复杂的竞争局面，应做出以下应对：①通过市场占有率、主要业绩指标和行业标准，筛选竞争对手，尤其是主要竞争对手。②关注竞争对手的核心业绩指标、筹资情况、投资情况、产品特点等信息，了解竞争对手重要的公开、非公开活动和战略规划。③以 SWOT 战略分析法综合评估竞争者在行业中的优势与劣势，建立资料数据库来供长期参考。④根据多途径掌握的信息，预测竞争对手的未来战术，抢在竞争对手行动前，应对或回避竞争对手的出击。

3. 对农业银行价值链的分析

价值链分析法是指把整体的银行作业分解成单个的价值作业，各种价值作业组成银行的价值链，关注价值链内的相关关系来增强银行的竞争力。分析农业银行的价值链必须将其置于整个产业链中，从内部和外部展开分析。

分析农业银行内部价值链：根据价值链分析原理，将农业银行的价值活动分为基本价值活动和辅助价值活动两类。农业银行的基本价值活动是关于产品营销、服务及后勤的价值活动，辅助价值活动是通过农业银行的人力资源管理、产品与技术研发、基础设施等的相互支持来辅助基本价值的活动。金融业是国民经济的命脉，受到中央人民银行（以下简称央行）和中国银行业监督委员会的统一指导、监督。因此，各家商业银行的服务方式、手续费、存贷利率、产品类型较为相似，因而不能忽视辅助价值活动的重要性。

如果把农业银行各部门、总行与分行、支行与网点、信贷部与财务部等划分为客户的关系、部门，这些子单元就组合成为一条内部价值链。管理者应该找出基本价值链，从价值链各战略环节里那些相互衔接的子单元中发现增值和浪费的业务，提高业务效率，并转化为银行的效益和竞争力。

分析农业银行外部价值链：金融企业经营对象的特色性，决定了农业银行四川省分行外部价值链不同于普通企业。上游包括央行和中国农业银行各存款单位、个人，下游包括省分行下属支行和贷款单位、个人。

优化整个价值链的活动，调整自身位置和活动，能够科学定位，减少不必要的耗费，提高绩效。

（三）战略管理会计应用于此案例的战略执行阶段

作业成本分析法（ABC 成本法）是对某一对象进行数理统计，以部分元素占整体比重为标准，将管理分为 A（重点）、B（次重点）和 C（一般）的一种定量的战略管理成本核算方法。作业成本分析法通过收集相关指标的数据，汇总整理后制图，在此基础上确定管理的方式并执行。

农业银行的产品包括吸收存款、办理贷款、提供结算服务等，采用作业成本法，按照产品耗费作业、作业耗费资源的递推关系，将耗费的资源分摊到产品和客户中去。

农业银行四川省分行采用作业成本法的程序分为以下步骤：

第一步，确定资源。资源包括房租费、机器设备折旧费、员工工资、资料印刷费、福利费等。

第二步，确定作业。作业是指为支持作业成本计算的活动，可以参照活动的一系列流程，通过访谈员工和了解岗位职责来判断员工的工作内容，确定具体作业。

第三步，确定作业中心。所谓作业中心，是指密切联系，成本分配率相同的作业的集合，如可以将农业银行四川省分行的贷款流程涉及的若干作业项目确定为贷款作业中心。

第四步，确定资源动因。资源动因是资源与作业的桥梁，将账表上的资源成本归集到具体作业中去。

第五步，确定作业的流程及子作业元。将作业细分为子作业元，有利于确保将耗费的资源归集到产品和客户中。比如，柜员作业中心的现金取款业务可以拆分成接受排号客户递交的单据及其他资料，检查，清点钞票，复查钞票，输入业务指令，打印凭证，检查，盖章，退还相关资料并发放钞票，收好盖章后的凭证原件，现金轧平，交主管审查的子作业元。

第六步，确定子作业元的作业动因。作业成本根据作业动因分摊到产品与客户身上，确定并归类作业动因，将耗费的资源分摊到各种作业动因，求得单位作业动因成本。依据一项产品包含多少单位的作业动因，得出产品成本。

作业成本法以成本管理为基础，依据成本动因分配资源的耗费，提供了成本计算的精准度，可以更科学地计算产品的盈利情况。找出需要改进的消耗较多的作业，能够更有针对性地控制成本。

（四）战略管理会计应用于此案例的战略评价阶段

1. 建立平衡计分卡

平衡计分卡是一套能够系统、全面地反映银行业绩的评价方法。建立农业银行的平衡计分卡绩效管理系统，应该以农业银行的战略为导向、管理为核心，将银行战略目标分解为财务维度、客户维度、内部运营维度、学习与成长维度四类，转化为各类相互平衡的具体绩效考核指标体系，并考核这些指标的现状。建立关于平衡计分卡的绩效管理体系。同时，照顾到农业银行四川省分行结果与原因、财务与非财务、长期与短期、内部与外部、主观与客观的平衡，有助于战略目标的达成。具体包括以下内容：

（1）财务指标。农业银行的财务指标是体现农业银行价值创造利润最直观的指标。农业银行的管理者制定战略时首先要考虑的就是财务目标，及时准确的财务信息是管理层进行有效决策的关键要素。在平衡计分卡指标体系中财务指标不再是唯一的指标，是四项主要指标之一的最重要的指标，使绩效评价更科学、有效。财务指标反映了战略目标对财务绩效的要求，是平衡计分卡其他三个维度的出发点和整合后的最终表现。

（2）内部运营指标。良好的财务业绩和目标客户需求的满足离不开银行的内部运营流程管理。平衡计分卡的内部运营流程能够满足目标客户需求，强调财务导向性和客户满意度。不仅要改善现存流程，还要营造新的流程，通过内部运营流程集合财务、客户、学习与成长指标。内部运营指标一般由农业银行四川省分行的具体支行根据当年总体绩效规划、工作流程和内部各部门的具体职责来确定，包括服务效率、方式和金融创新产品种类、比例等指标。设计内部运营指标时，银行一定要明确在哪些流程上表现优秀才能成功执行自身战略，这样有利于实现关键的财务和客户目标。

（3）客户指标。农业银行四川省分行当以客户为战略思维中心，坚持客户价值的创新，提供宾至如归的服务，通过不断地提高客户价值来赢得市场优势地位。在平衡计分卡中，银行应对客户所关心的时间、质量、服务等方面分别设立具体的测评指标，以保证银行服务工作满足客户的需求。银行客户指标大致包括客户满意度、信用评价、客户存留率和客户投诉次数等，农业银行可以借助这些指标，充分满足客户的现在和未来潜在的需求，形成一条客户价值链，以保持持久的竞争优势。

（4）学习与成长指标。农业银行要想拥有可持续的竞争优势，就必须拥有核心竞争力，而知识和能力是构成核心竞争力的来源。一家商业银行要从短期、外在的竞争优势转向持久、内在的竞争优势必须加强对员工的人力资本投资，提高员工的学习能力，减小员工现有技术与未来工作需要的技术的差距，同时对员工采用激励措施，提高员工的使命感和成就感。学习与成长需要重点关注三个方面：员工、信息系统和规章制度。

2. 实施战略评价——以总府支行营业室为例

实施战略评价是指通过战略评价体系，评价已经制定并执行的战略效果。下面以农业银行四川省分行总府支行营业室为例。该营业室主要经营人民币业务，如代理收付款项、债券发行和保险业务、吸收公众存款、发放贷款、贴现票据等。

营业室针对员工进行绩效考评，下面用平衡计分卡为该支行的营业室建立绩效评价指标体系及评分标准。根据营业室经办各项结算、汇兑、贴现和转账等业务的工作范围，考核员工的实际工作量、工作质量和效率等。

具体评分标准如下：

（1）财务维度。财务维度通过业务收入、营业利润、成本收益率及人均业务量等指标来体现。业务收入是指在考核期间内营业室完成的所有业务收入（小额信贷除外）。营业利润是指营业室在考核期间内获得的利润，计算公式为：

利润 = 业务收入 - 成本

人均业务量是指营业室在考核期间内，按指标件折算后的各种经办业务笔数的总和与员工总人数的比值，计算公式为：

人均业务量 ＝ 各种业务笔数综合 / 员工总人数

成本收益率是指营业室在考核期间内成本与收入的比率，计算公式为：

成本收益率 ＝ 成本 / 收入 ×100%

（2）内部业务流程维度。内部业务流程维度通过工作质量与业务处理的准确程度两个指标来体现。业务处理准确度指标表现了总府支行营业室的员工在日常业务处理中的准确性。准确性具体表现在现金收付流程业务中的操作、转账、汇兑业务的操作、处理凭证的操作。业务处理准确度的计算公式为：

业务处理准确度 ＝ 员工准确处理业务笔数 / 员工处理业务总笔数 ×100%

营业室员工日常工作质量通过工作质量指标来体现，具体表现为操作的业务质量情况、工作认真负责的状况、对待客户的态度及内部团队的协作性等。

（3）学习与成长维度。业务技能水平指标的提高与否反映了学习与成长维度。业务技能水平表现了总府支行营业室员工日常业务处理的准确度、效率及客户的满意度。员工需要具有专业业务技能和继续学习的能力，并通过定期（一个星期、一个月、半年、一年）的业务知识技能考核来考评，如小键盘打字、点钞比赛等活动形式和新金融产品理论知识的营销考试等。

（4）客户维度。客户满意度指标通过客户维度来体现。客户满意度指标反映总府支行营业室对客户的交流沟通能力、服务质量和效率。具体从员工及时地与客户联系沟通的工作效率、营业室内部各部门的协同合作程度、服务质量、服务效率等方面展开测评。

使用平衡计分卡后，银行还需要定期对各项指标进行实时监控并反馈发展的动态信息。一旦发现某项指标不适合自身战略目标的实现，应及时调整修正，直到相匹配，保证继续促进战略目标的实现；若发现某项指标已经严重偏离战略目标，应该即刻取消，重新开发匹配的新指标。

（五）案例启示

农业银行在应用战略管理会计方面需要注意的问题，具体表现为以下几个方面：

1. 战略管理会计理论在不断发展和完善，需要员工终身学习

调查发现，现在农业银行四川省分行的一些管理者和员工，通过现有战略管理会计理论的学习，已经拥有战略管理的意识，掌握了一定的战略管理会计的方法，在农业银行实际应用中获得了良好的回馈，但是现有的战略管理会计理论不能完全胜任迈入国际化发展的中国农业银行的战略需求。

尽管管理学家罗伯特·西蒙斯于 1981 年提出了战略管理会计，但是战略管理会计理论仍处于摸索阶段，对其内涵的理解也众说纷纭，战略管理会计理论体系还有许多值得推敲的地方。战略管理会计是为了应对内外部环境的变化而产生的，现在竞争市场的环境是不断变化，需要不断发展的战略管理理论来相互匹配。另外，战略管理会计是管理会计的

延伸，马克思主义哲学、管理学、经济学、行为学和系统学理论是它的理论基础。作为科学的学科，理论基础都在不断地发展、完善，因而延伸出的战略管理会计理论也在不断完善中，需要农业银行的员工坚持学习、终身学习。

2. 农业银行对国有企业的贷款，有降低运用战略管理会计的可能

目前农业银行的最大股东是中央汇金公司和财政部代表的国家，持股比例达到 80%，农业银行与其他同属国有的兄弟企业，渊源深厚、关系复杂。开展业务合作时，容易提供"绿色通道"，难以严格按照标准操作。领导者知道这种行为明显不利于农业银行主体的战略发展，在明知难以进行全面的战略管理时，对战略管理会计的需求将降低。

3. 价值取向短期性阻碍了战略管理会计的实施

价值取向短期性，是指国有银行的管理者为了自身利益，以追求短期性效益为目标。战略管理会计作为一种新兴的会计管理方法，在观念、方法上是否能够真正发挥实效取决于经营者在管理活动中的认知与抉择。改革开放以来，我国不少企业曾经发生过重大的投资或经营决策上的失误，许多失误是因为决策时价值取向的急功近利造成的。为了提高委托管理的效能，需要对管理者进行考核。农业银行的不少高层领导者为了自己任期内的优异绩效考核，非常直观地看重银行的财务业绩，急功近利，相关竞争战略、战术都围绕一定期间业绩来制定，反而降低了管理的效能。访谈得出，四川省分行某支行曾经出现以牺牲未来三年的营销计划来推广新业务，促进短期的利润增长。

战略管理会计遵循长期性的竞争原则，周期性长、见效慢。它以可持续的发展原则来分析、评价银行的管理策略，注重长久、持续的竞争优势。

一些管理者强调短期效益的愿望，与战略管理会计理论相背离，导致执行力低，这是很多管理者即便明知战略管理会计的优势也不会重视的原因。

4. 缺乏足够的战略管理会计人才

实施战略管理会计需要具有较高综合素质的专业人才，要求管理人员不仅要熟悉银行业的整体环境状况与特征，还需要了解经济领域内外的诸多学科知识。例如，管理学、心理学、马克思主义哲学、行为学等，这些信息知识的支持有助于培养战略的全局观和敏锐的判断力。然而在我国经济发展迅猛的背后，中高级职业经理却一直处于缺乏状态，具备战略管理思想的管理会计人才更是少之又少，影响了战略决策的选择和执行效果。

第二节　战略管理会计在电信企业中的应用

一、电信企业运用战略管理会计的意义

中国的电信企业正面临战略转型，企业战略的运用显得至关重要，因此对于我国的电信企业而言，战略管理会计的运用更具有现实意义，主要体现在五个方面：

（一）电信市场的开放

在 WTO 规定的电信市场开放过程中，我国需要履行逐步开放的原则，即先开放增值电信业务，然后开放数据和移动通信业务，最后开放基础电信业务。面对已经到来的国外电信巨头的竞争，中国电信企业的经营不仅要对国有资产保值增值负责，还要从企业自身出发来考虑企业的发展壮大，使其价值最大化，企业经营者就必须以长远发展的眼光看待企业的经营，对企业的发展要有战略管理思想，从长远和宏观的角度把握企业发展，想方设法提高企业的竞争力。

（二）电信企业管理体制的变化

我国电信运营业的格局已经从原有的中国邮电独家垄断，转变为如今数家运营商竞争的局面，管理体制也由原先的行政管理向现代企业制度转变。

因此选择正确的发展方向，制定适当的经营战略，成为企业管理上急需解决的问题。而传统的管理方法存在着许多缺陷，如目标及行为短期化；追求短期利润最大化，而忽视风险，缺乏对环境的应变性；提供的信息失真；涵盖的内容较为狭隘；对人力资源不够重视等。在很多方面传统的管理会计是无能为力的，所以，战略管理会计的实行就成为一种迫切的需要。

（三）电信技术的发展

技术的进步，尤其是信息技术、电子计算机的普及应用，使得信息的收集、整理、传递的成本大大降低，从而为战略管理会计的应用提供了强有力的技术支持。

（四）全球化竞争的需要

首先，资源配置的全球化使电信企业的战略管理会计系统在分析自身及竞争对手的资源情况时，不能再是静态地分析所处时刻、所处地域的资源状况，而要动态地分析资源的未来流动的趋势。这种考虑可以是全球性的，也可以是区域性的。市场机遇的全球化还要求企业的战略管理会计系统关注全球的市场动态，以便更早地进入市场，获取利润。

其次，网络交易的推广将使企业更直接地面对客户，获取有关需求信息。

最后，人类需求层次的提高，造成需求个性化发展趋势加强，战略管理会计系统有助于一方面加强收集此类信息，另一方面注意分析企业产品或服务被购买的全球性变化情况，以尽快调整全球的战略部署和寻求新的客户需求方向。

（五）建立有效的业绩评价需要

我国的主要电信运营商都已完成了海外上市，并建立了以董事会为中心的公司治理结构，相应地成立了审核委员会、薪酬委员会、提名委员会。

完善的公司治理结构需要有效的业绩评价。战略性的业绩评价制度是将业绩评价制度与企业战略联系起来。由于一个企业的战略行为通常针对公司的具体形势和行业环境而变动，所以各企业所采取的战略之间有着许多差异。战略性业绩评价以形成企业整体竞争优势为目标，综合运用货币性和非货币性的业绩指标，做出合理的评价。

总而言之，战略管理会计在电信业的运用可以为企业提出明确的发展方向和目标，为企业迎接一切机遇和挑战创造良好的条件。同时，可以将企业的决策过程和外部环境联系起来，使决策更加高效、科学。

二、电信企业战略管理会计应用存在的问题

（一）管理体制机制及保障未能同战略管理会计取得充分匹配

中国电信自公司化运营以来，以国际化优秀企业为标杆，更新财务管理理念，改进财务管理体制，增强财务调控能力，为达到与世界级电信企业相适应的财务管理水平做了不懈努力。企业价值最大化的经营理念已初步构建，财务管理由单纯的管家角色逐步向管家与战略家均衡的角色发展。

从管理体制来看，通过近几年的财务集中管理使管理级次减少，集权型财务管理体制有力地促进了管理效率和效益的提高。但在推进财务管理集中的过程中缺乏与企业战略的有机衔接，与法人治理结构和组织转型相匹配的责权利相统一的财务管理体制还需要继续深化。作为结合业务和财务的战略管理会计理念和框架尚未完全建立，财务战略职能扮演往往不能全过程嵌入业务流程，发挥不了战略管理会计的职能。从管理机制来看，传统的运行、动力、约束机制的加强，使自主经营、自我发展、自我调节内容得以强化，并通过全面预算、绩效考核、资金资产、成本管控、内控建设、财务信息化多种财务手段创新提高财务管理的水平和能力。但在外部政治环境、法律环境、经济环境、社会文化环境、科技教育环境等不确定的情况下，企业需要更多从财务战略层面支撑管理层做出动态的趋势判断和决策，提供基于客户、产品、业务、区域的盈利分析报告，持续改善公司财务结构，防范环境、流程和决策信息风险，以此推动企业价值增长方式由投资拉动型向规模效益型转变。从中国电信管理会计目前承担的职能来看，中国电信集团公司财务部下设有管理会计处，承担研究和跟踪国内外先进管理会计理论和实用工具、方法，提出管理会计工作计划；制定管理会计报告相关规章制度，负责制度的不断完善和有效落实，对下级企业开展管理会计编报进行工作指导；负责编写企业管理会计日常报表、报告和专题分析报告，为管理决策提供支撑；配合业务部门，参与商业模式设计、新产品盈利测算、营销活动效益分析等企业日常经营活动，支撑日常经营管理决策等具体职能。很显然，作为连接财务治理与财务管理系统整合的重要纽带，战略管理会计的重要内容未在职责定位和职能扮演中予以明确，包括在战略分析阶段要准确提供行业、竞争对手、公司内外部的财务数据与分析；在战略选择阶段确定业务组合、发展新业务提供财务敏感性分析，揭示财务风险，评估业务机会的价值创造能力；在战略规划阶段将战略目标落实到具体的财务规划和年度预算以及战略管理会计与规划、预算的有机衔接；在战略实施和控制阶段准确、适时的财务分析，跟进战务实施结果进行绩效评估，提出战略改进的建议等。

（二）财务信息化手段不能支撑战略管理会计的实施

信息化是企业管理的趋势，也是提升企业管理水平的一种手段。当前，电信业和IT业相互影响、相互交融的形势促使电信企业的管理方式向信息化方向转移。电信企业纷纷把信息化与自身的盈利模式进行融合，以信息化为手段来提高企业的管理水平。中国电信企业信息化的战略目标是用3~5年时间建成符合中国电信企业转型需求的CTG-MBOSS，其中包括面向人力、财务、工程等企业管理的管理支撑系统（MSS）、业务支撑系统（BSS）；面向资源配置和网络运营的运营支撑系统（OSS）；面向经营分析决策和信息数据管理的经营分析和决策支持系统（企业级数据架构EDA），以及与之相适应的专业化IT组织管控服务体系等。

中国电信目前的财务信息化管理水平表现有以下几点：

第一，没有为企业战略服务的数据库系统。企业战略提供服务需要大量的数据信息，这些信息的获取途径主要有两类：一类是由管理会计人员通过企业的会计软件、报表资料等直接获取的企业内部信息；另一类是管理会计人员通过收集政府文件、官员讲话、报纸、杂志、图书、竞争对手发布的财务报告、供应商提供的信息、前端销售人员的沟通等各种渠道从企业外部获取的信息。管理人员获得以上信息后，应对相关信息进行整理归类，并根据企业实际情况详细分析，去伪存真，形成报告以服务于企业战略管理。这些大量的信息单纯依靠管理会计人员手工进行汇总整理是不切实际的。中国电信目前有覆盖广泛的财务管理系统，但是结合战略管理层面的财务信息化建设才刚开始，部分思路尚未上升到操作层面。

第二，财务数据不同程度地存在孤岛问题。中国电信目前的财务基础核算系统不统一，且存在财务与业务系统、财务系统和ODS、MIS、NC、资产管理系统数据接口建设庞杂等问题，部分数据差异性较大，有的系统之间的数据还需要通过手工进行数据导入，无法实现整个集团范围内按需取数、按时供数、数据准确，从而导致数据运营管理效率较低。对于中国电信而言，以前对信息化程度不够重视，利用信息手段提升管理效率已经成为目前应对市场竞争的需求，加速中国电信的财务信息化建设也已成为深化和完善企业信息系统的重要步骤。

第三，中国电信在财务信息化领域要面对管理信息化创新、集成信息环境、管理系统整体设计等方面的挑战。信息系统作为高效的管理平台，将为企业的经营提供可靠的决策依据。为此中国电信需要不断提高财务信息化水平，通过系统整合固化管理流程，实现流程系统化和信息共享，纵向打通集团公司与省公司、地市分公司之间的财务系统，逐步实现一体化、集中控制，提高集团整体执行力，支撑一体化运营。

第四，需要真正站在企业战略管理的高度，围绕决策支撑和价值管理，整合财务、营销、产品、客户、资产等方面信息，统一数据口径，建立规范的数据结构体系和数据收集、报送、审核、考核流程，切实提高数据的准确性和相关性，提升决策支撑能力，全面提升企业核心竞争力。实施企业资源计划系统（Enterprise Resource Planning，ERP）是公司信息化管理的重要组成部分，它可以提高财务管理的效率并提供反映经营状况的基础财务信息，在ERP系统的基础上建立盈利性分析系统能够满足财务会计及管理会计的报表需求，而这正是中国电信财务信息化未来发展的方向。

（三）战略管理会计的经营决策支撑职能没有充分发挥

中国电信管理会计报告具体包括生产运营报告、产品运营报告、资产运营报告和资本运营报告四大类。生产运营报告是指企业投入一定人力、物力资源，为保证按时、保质、保量完成一定生产运营任务过程中所编制的报告，主要以降低成本、提高效率为主要分析目标，包括部门成本报告、专项成本报告、成本标杆报告等。产品运营报告是指企业围绕产品进行采购、生产、销售等各环节经营管理所编制的报告，该报告以产品经营利润最大化为分析目标，包括产品盈利分析报告、客户盈利报告、产品定价测算报告等。资产运营报告是指将资产作为企业资源投入，并围绕资产的配置、重组、使用等进行管理活动所编制的报告，以提高企业资产总资产回报率为分析目标，包括资产投资回报报告、资产结构报告、资产利用报告等。资本运营报告是指围绕资本保值增值进行经营管理所编制的报告，以提高资本收益率（净资产收益率）为分析目标，包括EVA报告、资本结构报告、资金成本报告、投资成本与投资效益报告等。

中国电信目前的管理会计报告为编报工作初期，目前侧重前两类报告。由于中国电信的管理会计报告前期主要将作业成本法作为成本核算的基本方法，对能够直接归集到产品或客户的成本费用，在会计核算或网上报账系统中直接归集，对需要分摊的成本费用则通过设置作业成本核算对象进行归集和分摊。出现这种情况，一是受制于基础资料（房屋使用面积使用比例、耗电量比例、出车次数比例、设备加权工时比率、新增网元净资产比例）收集的完备性及财务人员职业判断的局限性与多层数据收集和成本分摊的复杂性，使生产运营报告、产品运营报告在实际中发挥的作用不大，某种程度上出现和财务会计结论相悖的情况，大大影响了功能的发挥。二是目前的前两类报告就企业内部作业和价值链、产品生命周期、客户盈利性分析、营销渠道成本获取、作业、网元、网络产品的标准成本、多维度资源配置、价格转移体系、前后端内部服务水平协议机制（SLA）、基于作业的预算管理（ABB）及相应内部考核与评价、支撑企业战略规划等方面探究不深入，无法深入支撑企业战略和精确管理的需要。三是更为关键的顾客价值、战略成本、适应环境、战略定位、有效控制和评价思想从未体现，管理会计与数据统计对经营决策的支撑能力还停留在传统的财务层面，关键非财务信息在其中根本无法参与管理。四是在实际财务工作中，普遍存在重财务会计、轻管理会计的现象，企业已习惯将主要的人力、物力和财力投入财务会计工作，在具体应用领域分析研究管理会计应用的力度很小，战略管理会计只是作为一个概念被提到。

（四）战略管理会计人员素质有待提高

战略管理会计涉及会计学、宏观经济学、管理学、统计学、市场营销学及企业文化等相关理论和知识。战略管理会计是企业经营战略的产物，为适应外界环境及企业组织机构的变化，应用方法较传统管理会计有很大变化。多样的信息来源和信息种类需要多种信息分析方法，因此，它不仅是财务指标的计算，还是结合了环境分析法、竞争对手分析法、价值链分析法、生命周期分析法、矩阵定位分析法、预警分析法、动因分析法、综合记分法等多种技术方法的灵活运用，它无疑是对传统管理会计方法的丰富。

战略管理会计人员就总体素质而言，不仅应熟悉本企业所在行业的特征，而且要通晓经济领域其他各个方面，乃至了解心理学、行为学等相关的社会科学知识。中国电信的战略管理会计人员应熟悉电信行业基本特征，了解掌握国家经济动态，具有战略的头脑、开阔的思路、高瞻远瞩的谋略、敏锐的洞察力以及准确的判断力，并能善于抓住机遇，从整体发展的战略高度来认识和处理问题，是具有高智能、高创造力的人才。

中国电信目前虽在集团公司层面设置了管理会计处，但对管理会计岗位人员的要求为"具备管理、财务、经济、通信技术、电信业务等方面的基本理论和基础知识，同时应熟悉企业实际经营管理"，存在人员定位和要求模糊、不具体等情况，同时未将战略管理这一理念纳入会计人员具体要求。从实际执行情况来看，目前省级公司均设置了管理会计专职岗位，但大部分兼任其他岗位，多为财务背景出身，市（州）分公司层面根本无相应岗位设置，战略管理会计承担的职能不同程度存在无法落地或执行的情况。另外，从近几年来看，由于人员不到位、部门配合不畅及培训跟进不及时等均在很大程度上影响了战略管理会计职能的充分发挥。没有掌握战略管理会计理论知识，并具备一定实际经验的管理会计人才，开展战略管理会计就成了"无米之炊"。

三、电信企业战略管理会计应用策略

（一）加大战略管理会计在中国电信应用的研究力度

与传统的管理会计相比，战略管理会计超越了一个会计主体的局限，将视角更多地投向影响企业的外部环境中去，重视通过与竞争对手的比较来发现问题，同时提供更多的非财务信息，使企业管理者所能获得的信息更为全面。改进了业绩评价尺度，以竞争地位变化带来的报酬取代传统的投资报酬。改变了传统预算的编制形式，增加了顾客及各竞争对手项目等。它使企业的决策更加具有长期性和灵活性，着重从多重竞争地位的变化中把握企业未来的发展方向，更注重企业持久竞争优势的取得和保持。中国电信当前要重点从以下几个方面加大战略管理会计应用的研究力度：

第一，在传统管理会计的框架范围内，尽快充实战略管理会计理念。要建立战略管理会计理念，许多传统的管理会计观念必将受到挑战和冲击，一些传统的管理会计概念、原则、方法都要从新的角度加以认识。战略管理会计作为管理会计的新的发展阶段，无论是其理论基础，还是其对象、内容和方法都与传统管理会计大相径庭。①要在建立战略管理会计理念的过程中，克服传统观念的束缚，强调其对中国电信的经营发展、战略转型等方面的积极意义。密切结合中国电信实际，对战略管理会计理论和实践进行系统研究，逐步建立适合中国电信的战略管理会计理论和方法体系。②要培育适应战略管理的理性思维观念。战略管理会计与其说是一种方法，不如说是一种观念。它的应用首先表现在塑造人的理性思维观方面，尤其是可以帮助企业高层决策者形成求异创新的思维与高瞻远瞩的眼光，彻底摒弃过去那种在目标上只追求短期利润而忽略长期价值，在发展上只顾眼前而不顾长远，在管理上重物轻人，在业绩评价上只注重结果从而不注重过程的非理性行为。要重点强化企业高层决策者的战略观念、整体观念、"以人为本"的观念、相对竞争优势观念、外向型观念和可持续发展的观念等。③要广泛研究战略管理会计，全力宣传战略管理会计的先进性、优越性，通过报纸、网站、交流、培训、大赛、调研等多种手段和方法，广泛开展战略会计管理的学习和讨论活动，研究其对中国电信战略转型和支撑财务职能转变的现实意义，梳理中国电信战略管理会计推进的关键路径和关键点，找准短板，树立目标，切实推进战略管理会计的实施和应用。④在具体应用过程中，应该密切结合中国电信的实际情况，加强对现有理论体系的重新评价，推翻其中不合理的假设，抛弃过时的技术方法。不要只追求高深莫测的理论与数学模型，不要生搬硬套抽象的名词、概念与方法，要把加强战略管理会计具体理念落地执行，便于广大会计人员和管理人员的实际操作，这样才能促进战略管理会计理论的建立、创新以及在实践中的广泛应用。

第二，在体制机制上做好保障和支撑，努力营造适合战略管理会计运用的良好环境。现代企业制度的最大特点是企业所有权和经营权的分离。企业的激励机制和自我约束机制健全，从制度上引导企业经营者的价值取向与企业根本利益趋向一致，只有当企业经营者能切实地承担起对企业的受托经营责任，才能对包括战略管理会计在内的经营管理科学产生发自内心的需求。因此，一是要重点解决在所有者这一层面政府与企业的"界面"问题，完善和发挥股东大会、董事会、监事会以及独立董事制度的功能，充分发挥首席财务官（CFO）的法律责任、经营责任和管理责任，在执行公司战略的时候CFO要对CEO负责，在行使管理监督甚至财务监督的时候，CFO则应当对股东和股民负责。通过完善公司治理结构层次，实现国有企业产权的多元化，塑造清晰的国有产权主体，促使企业经营机制的改变，为战略管理会计的应用创造良好的经济环境。二是要在财务机构管理层面探索创新财务管理机制，稳步推进财务集中管理，加大集权财务管理体制建设，适当分离管理职能和操作职能，突出价值管理，以适应战略转型和精确化管理要求的管理实践，有效推动财务远景规划及方向与总体业务战略的统一。三是要在既定机构和人员设置的基础上，明确并修订管理会计处为战略管理会计处，职责定位则可尝试为战略层级和财务层级交叉互补，将战略层级的相关内容纳入部门职责，遵循会计人员愿意应用会计制度规范会计行为的惯例，制定指导性的管理会计制度，为企业应用战略管理会计提供制度环境。建立"三位一体"的集团、省、市纵向战略管理会计专家分析团队，横向适当补充战略层面人员参与战略会计建设，更好地发挥其价值引导和决策支撑作用。四是要强化企业的市场观念、风险观念、人本观念、时间价值观念、竞争观念等在市场经济机制作用下企业应具备的观念，建立适应市场机制的企业文化，为战略管理会计的良好运行创造一个良好的企业文化氛围。

第三，加强战略管理会计在中国电信具体应用领域的分析研究。战略管理会计的基本内容包括战略成本管理、长期经营投资决策、战略性业绩评价、人力资源管理和投资风险管理等，它面向长远和未来，研究长期性的战略问题。为此，在应用过程中，一是必须加强决策支撑模型工具的建设，总结、提炼并制定出一系列具有一定前瞻性、切实可行、更易于使用战略管理会计分析模型等工具模型，提高决策支撑效率。二是要关注企业可能面临的风险程度，注重人力资源的开发和管理，分析实现可持续的竞争优势地位。三是要从企业外部和内部搜集信息，提出各种可行的战略方案，供高层决策者选择，协助其制定战略性业绩评价。以市场为导向来划分责任单位，结合非财务指标和各责任单位的竞争战略进行综合评价。以市场为导向，通过研究、分析市场，把握好市场先机，争取竞争的主动权。企业只有通过战略管理会计的实践，进一步理顺企业与外部市场的各种关系，研究市场、研究客户、创造竞争优势，以变应变，促使企业进一步开展管理创新、经营思路和方法创新，才能提升企业的核心竞争力。四是要积极引进和自我开发战略管理会计应用软件，参照国内外电信行业的成功经验，充分利用网络信息对战略信息库中的信息进行加工、分析和处理，加大应用程序的开发力度，提高应用的深度和广度，为企业决策提供信息支持。

（二）建立战略管理会计信息库，大力促进企业信息化

战略管理会计应用是一项复杂的系统工程。企业内外经营环境是不断变化的，必须从战略的高度去审视这些变化，并不断改变策略以适应这些变化。信息产业著名的"摩尔定律"认为，信息技术产品以平均每6~9个月的速度更新一代，而且目前有迹象表明，"摩尔定律"的有效时间跨度正在缩短。技术革新和传播的速度大大加快，这种快速变化使产品的寿命周期缩短，新技术所能拥有的超额回报期也在缩短。新的竞争环境下，厂商只有不断创新，才能保持竞争力。而创新的方向和决策的做出，要基于对客户需求和竞争对手的战略分析，这就要求管理会计系统提供更为及时的信息，知识经济时代来临后，人们更加强调知识对企业保持持续竞争力的重要意义，并日益重视信息的价值。这在实务中表现为对软件（人、技术）和硬件（信息工具、网络）的管理和运用的不断加强。传统的"维护财务会计和管理会计两个信息系统过于昂贵"的观点将会改变，建立并维护一个能同时提供财务会计和管理会计两个信息的系统，将普遍为各种规模的企业所接受，企业管理人员将更有机会和能力从战略角度分析企业的经济状况。另外，人和知识要素对企业发展的重要性日益加强，要求战略管理会计提供充分的信息，促使决策者确定是否对人力及技术进行投资，并评价所做出的人力及技术投资决策的投入—产出效率和效益。这些信息包括研究与处在同一技术革新方向的合作者或竞争对手的有关信息，并结合分析决策前后客户需求的变化等战略信息，以判断投入是否有利于企业获取战略竞争力。

　　中国电信目前正面临管理信息化创新、集成信息环境、管理系统整体设计等方面的挑战，因此，必须加强系统和数据的整合，强化 IT 手段对战略管理会计工作的支撑作用。以决策理论为依托，抓住战略管理会计的本质规律，加大应用程序的开发力度，积极引进和自我开发战略管理会计应用软件，用先进的手段来推进战略管理会计的有效应用。为此，必须建立企业的战略管理会计信息库，以充分利用企业资源和及时提供战略性信息。要在平时收集并整理来自各方面的多样化信息，包括本企业和竞争对手的各类资料、行为分析报告、政府政策和统计公告、国际市场行情、国际经济发展动态、重要的新闻报道及其他有价值的信息。充分应用网络信息技术，迅速收集相关信息，降低信息收集、整理、传递成本，为战略管理会计运用并服务于企业战略提供信息保障。要在目前使用的财务信息化的基础上，通过横向打通财务与业务系统、优化财务系统和 ODS、MIS、NC、资产管理系统数据接口，系统整合固化管理流程，实现流程系统化和信息共享；纵向打通集团公司与省公司、地市分公司的财务系统，逐步实现一体化、集中控制，提高集团整体执行力，支撑一体化运营。要站在企业战略管理的高度，围绕决策支持和价值管理，整合财务、营销、产品、客户、资产等方面信息，统一数据口径，建立规范的数据结构体系和数据收集、报送、审核、考核流程，切实提高数据的准确性和相关性，提升决策支撑能力，全面提升企业核心竞争力。

（三）促使传统财务管理与战略管理会计有机结合

　　战略管理会计与传统财务管理是不仅有联系，而且有区别的两个子系统。传统财务管理深入企业内部，旨在提高企业内部效率，重在"知己"；而战略管理会计是将关注的焦点投向市场和竞争对手，站在战略的高度为企业寻求比较优势，重在"知彼"。二者各有重点，相辅相成，缺一不可。应将传统财务管理与战略管理会计有机地结合起来，共同为企业的战略管理服务。

　　中国电信目前的财务管理主要围绕企业转型，拓宽财务领域，实施精确管理，提高企业价值，企业价值导向型财务管理体制和机制基本构建，通过反映、管控、分析、参与职能的充分发挥有力地支撑了企业战略转型目标。战略管理会计则一直未被中国电信纳入财务管理的范围，到目前为止还没有建立起一套较为完善的战略管理会计理论和操作框架。而在实务中，在某些领域已涉及了战略管理会计，这种理论和操作双重研究滞后的状况直接影响了战略管理会计的发展。为此，一是要在集团公司层面成立专门机构来负责战略管理会计理论和操作的研究，可尝试成立"战略管理会计专门委员会"，吸收公司战略管理、法律、财务、业务等相关领域专家参与研究。同时可以邀请会计学、社会学、管理学等领域的专家和相关领域的学者、专家参加，对一些难点问题开展调查研究，提出解决方案，在目前的财务管理体系基础上逐步完善战略管理会计体系，达到指导实践的目的。二是要在目前的财务管理体系中，就战略支撑、全面预算管理、业绩考核、投资项目管理、成本管控、财务报告、财务信息化、内控及风险管理等方面分别结合企业战略进行职能补充和细化，充分运用短板改进、滚动预算、平衡计分卡、全生命周期、作业成本管理、价值链等多种分析方法和手段，以嵌入战略管理会计在财务领域的具体实施和引导。三是需要认真总结国内外推行战略管理会计的案例研究，找准战略管理会计在财务领域的具体切入点，分析战略管理会计和传统财务职能的相关性，总结经验并逐步推广复制实施。四是结合战略管理实施修正目前的财务定位，树立正确的价值取向，加强高层领导者的长期价值观教育，在推进财务管理中协调推进战略管理会计的实施。

（四）结合企业管理工作实际推行战略管理会计

战略目标是企业在生产经营过程中长期发展的趋势和努力的方向，战略管理会计必须结合企业的战略目标推进。企业采用何种财务管理和战略管理会计方法，与企业的规模、经营状况、管理水平等因素密切相关。应用战略管理会计，应结合中国电信当前战略转型的实际情况，参考国内外先进企业的做法，不断建立适合自身战略目标管理需求的战略管理会计系统。为此。一是需要结合中国电信的实际，在制定长期发展的战略目标前做好SWOT分析，明确自身的战略定位，保持产品或服务的质量，不断更新完善并满足顾客需求，使之处于不败之地。同时要站在战略的高度，对自己的劣势深入分析原因，全方位分析了解各个因素，挖掘其中有价值的措施和思路，并加以开发、创造、利用。二是要详细研究竞争对手的相关情况，对竞争对手的市场份额价值链，包括财务情况、产品结构、成本管理方法、合作伙伴、顾客的消费动态等进行收集测算分析，并在此基础上做出正确的市场定位。三是要从目前实际情况出发，以高效益和价值提升为原则，切实围绕战略来分析并制定企业的长期发展目标，再按照这个目标制订出一个完整的发展规划，战略管理会计应自觉地保持和发展规划的一致，并以此为依据建立组织、流程等相关结构，组织战略管理会计的实施。

（五）加强对企业管理层和会计人员的培训力度

战略管理是一种面向未来的管理活动，有很大的不确定性和风险性，特别需要战略管理会计运用灵活、多样的方法和手段提供信息支持和智力支持。在各种新思路和新方法生成的各个环节和具体形成过程中，传统文化直觉顿悟与经验必须摆脱各种既有思维框架和管理模式的束缚，设计出新理论、新模式和新思路，为企业的战略管理部门提供多种有效的管理方法和管理方案，这样才有助于企业战略管理人员高瞻远瞩、审时度势，应对各种复杂的形势。新时期的战略管理会计人才，必须适应企业经营管理环境的变迁、管理思想的发展和管理方法的变革。

当前中国电信，一是要着力培养领导者的战略管理会计意识，这是战略管理会计得到大力推广的重要前提。与普通会计人员相比，企业领导者的战略管理会计知识和素质的培养更为重要。如果领导者没有战略管理会计意识，会计人员在预测、决策、规划、控制中的作用将得不到重视，战略管理会计的作用也就无法体现。要促使企业在管理中尽可能地应用战略管理会计技术与方法，就必须提高企业管理层对战略管理会计的认识，深化企业管理层对战略管理会计的理解，从而为战略管理会计营造在企业运行的良好氛围。二是要加强对全员的战略管理会计知识普及，这是战略管理会计发展的重要保证。战略管理会计是企业战略管理与管理会计结合的产物。战略管理是一项全方位的工作，仅靠财务人员是不能很好地完成的，应该大力培养具有战略管理会计素质的人才。在中国电信实施战略转型的大背景下，企业应更加强调和重视战略管理会计对其保持持续竞争力的重要意义，并日益重视信息的价值。为此，必须在企业内部大力普及战略管理会计的理论知识，加强企业员工的学习和培训，提高管理会计应用水平，建立和培养一支高质量的战略管理会计队伍，形成战略管理会计全员参与和创新、实践应用的良好氛围。三是要加强高素质战略管理会计人员的培养，这是战略管理会计为企业服务的重要保障。新时期的战略管理会计人员应视企业为一个整体，从整体上分析和评价企业的一切战略管理活动，抛弃传统孤立、片面和从局部利益出发看问题的思维方式。在目标上，只有整体目标才是最高目标；在管理对策上，只有追求整体最佳才能成为最优管理对策；在资源利用上，着眼于整体资源的最优利用；在经营活动上，既重视主要活动也重视辅助活动，既重视生产制造也重视其他价值链活动。这是新时期战略管理会计人员必须具备的素质。只有高素质、高质量的战略管理会计人员队伍，才能促进战略管理会计理论和实践的结合，提高战略管理会计在中国电信的应用水平。

第三节　战略管理会计在保险公司中的应用

一、保险公司经营特点分析

（一）保险业务丰富了价值链理论

企业的价值是与风险联系在一起的，也可以说，企业的价值是与保险业联系在一起的，正所谓有风险才有保险。按照迈克尔·波特教授的观点，价值链是由各种纽带联系起来的一系列相互依存的价值活动的集合，相互依存的价值活动形成了一个系统，这个系统中各项活动相互联系，形成价值链条。

迈克尔·波特还将这些价值链分解为内部价值链与外部价值链（企业与供应商、买方及购销渠道），企业的发展战略就是在对内、外部价值链进行整合的基础上形成的。通过对价值链的分析，可以找出企业在进行何种方式的价值活动和企业在行业的价值链中所处的位置等；通过将企业的价值活动的成本与产品价值收益进行对比，可以确定企业真正增值的部分。

保险业之所以对企业价值有很大的影响，是因为有风险的存在，企业的各种价值活动并不必然实现增值。企业面临的风险可分为人为风险与自然风险。人为风险包括经济、政治、法律等方面的风险。人为风险中的有些风险是由于信息的不对称而产生的，如逆向选择与道德风险，这些风险都可以通过人为的努力加以改变或消除。而非人为因素形成的自然风险是企业在价值活动中无法回避的，如火灾造成的企业财产损失导致公司无法履行合同，企业内部价值链的断裂导致外部价值链的断裂等。但是企业通过投保方式，在缴纳了一定数量的保费后，情况就发生了很大变化，同样的损失，企业可以很快得到经济补偿，迅速恢复生产，继续进行正常的价值创造活动。对比投保前后企业价值链的变化可以看出，在参加保险后，企业原先脆弱的价值链变得更加牢固，更经得起风险的冲击。下面通过一个肉食品加工厂的例子来说明保险业务对企业内外价值链的改变。

肉食品加工厂的上游是养鸡厂，下游分别是肉食品批发商、零售商，最终用户是消费者。肉食品加工厂在投保前积累了大量风险，这使得同行业间其他企业的价值链也存在一定风险，内、外价值链显得很不牢固。虽然投保后的价值链变细，但是风险转移给了保险公司，使价值链变得更加结实。可以说，保险业务是在对企业内、外价值链进行维护与保障。

（二）保险公司财务管理与成本构成的特点

保险公司根据与投保人签订的合同，在收取保险合同规定的保费后开始履行责任。经营方式是保费收入在先，业务开展前就有大量现金流入。保险公司财务管理的复杂性在于保险合同中嵌入了衍生性金融工具，具有投资、储蓄、保险三种功能，要求财务管理借助大量的金融技术。

一般企业成本管理开始于原材料采购阶段，而保险业务在投保人缴纳保费、保单生效后才开始成本管理。在成本核算上，保险产品的成本具有很大的不确定性，它依赖于各种准备金的计提，而且计提的量只是精算人员的估计。因此，准备金计提的准确性，是成本核算的前提与基础。一般来讲，保险产品的成本与风险发生的频率及损失程度直接相关。

从成本的构成因素来看，保险业务成本由营业成本与风险成本组成。营业成本产生于各种服务性业务中；风险成本包括由保险公司自己承担损失的成本、再保险的成本、用于预计将来的偿付额的货币投资以及用于安全资本金投资的利息，具体影响保单成本的因素有佣金、费用支出、死亡率、退保率及退保金、准备金变化等。

需要注意的是，权责发生制反映的只是理论上的资金运作形式，它产生的资产负债表并不能反映公司的资金流动性，原因如下：其一，在权责发生制的负债项目中占很大比例的各种准备金是精算出的负债，并不是真正意义上的负债，但其确实又对公司的现金流量有很大影响。其二，与未满期责任准备金部分对应的负债以投资的形式存在，具有很强的流动性，特别是在我国保险法规定保险资金只能投资国债与证券基金、金融债券、企业债券、投资基金的情况下，保险公司资金的流动性非常强，单纯注重短期的流动性是不够的。

在会计政策上，保险公司与一般企业对于灾害损失的确认明显不同，保险公司通过准备金的形式将收入进行递延，而一般企业把它当作营业外支出进行会计处理。

（三）保险公司是金融衍生产品的提供者

保险公司为了应对业务经营中的风险，需要设计出用于金融交易的衍生金融工具，主要有投资联结类证券、整合风险管理计划、多险种（多年期）产品、多触发原因产品等。投资联结类证券在定价、附加再保险、信用等级等方面具有优势，如发行巨灾债券的投资联结类债券有指数债券、自然触发债券、自然触发互换债券等；多触发原因产品包括天气衍生产品、能源产品、供热产品、降温产品及期权；整合风险管理计划、多险种（多年期）产品等也是保险公司常用的金融工具。

二、战略管理会计在保险企业的必要性

（一）为企业的经营管理提供决策

战略管理会计的决策包括经营决策和投资决策，运用一个好的决策，可以正确指导企业的经营活动和决策行为，提高保险企业的经济效益。

经营决策是决定企业的生产经营目标和达到生产经营目标的战略和策略，是企业管理中的核心。经营决策是指企业在未来发展中为实现经营目标而进行的最佳选择。将财力、人力和物力的作用发挥到最大，降低生产成本，将企业的利益最大化。经营决策主要从成本决策、定价决策、生产方案决策三个方面进行考虑，战略管理会计参与规划经营目标和控制经济的过程，保险企业可以根据战略管理会计包含的信息进行经济活动，控制生产成本并把生产成本降到最低。定价决策可利用消费者对保险的特定心理或者保险产品的性质来定价，保险企业推出新的保险项目时，没有同类产品竞争又适应了市场的需求之时，可以通过提高产品价格来达到利润的最大化。在新的保险产品并不是出于一个成熟期的时候可适当降价，增大此产品的占有率。

在保险企业中，投资决策是指投资者为了实现其预期的目标，运用一定的科学手段，通过分析消费者对保险产品的需求，进行一系列的决策的行为。投资决策是有投资目标、投资规模、投资方向的，根据潜在市场对保险项目做一个定位。从企业的角度来说，投资决策一般是需要投入大量资金，在较长时间内持续发挥作用和影响的决策，又称为长期决策。投资决策必须考虑期初投资、各期追加投资、支出费用等经济因素。战略管理会计是从会计中脱离出来的，它超越了会计主体的范围，战略管理会计分析的是企业内外存在的竞争问题，并且分析保险公司对手的竞争力和在这个社会中占有的比重是多少。关注竞争对手的市场消息，企业本身可根据对手的经济活动采取相应的措施。所以说，分析竞争对手是战略管理会计的一个关键。管理会计提供相关的经济前景信息，保险企业对此进行分析，再来决策是否投资此类保险产品。投资决策的正确与否关系着保险公司在保险行业中的发展，分析企业当前所处的社会链条层次，对企业的管理会计战略进行调整是确保保险企业在社会中继续生存发展的前提。

（二）控制保险企业的经营偏差

控制企业的经济活动过程是战略管理会计的一项基本内容，其中，控制经济活动过程包括控制成本投入和人员管理。管理会计可根据保险企业的经营情况，制定相应的目标成

本，严格监控各项成本投入使用，对每一项支出都有一定的限制。战略管理会计在分析、计算企业以往的生产成本的基础上结合了现阶段市场的发展状况，预测未来的变化趋势，综合多个方面，实现利益最大化。

三、保险企业战略管理会计的目标和职能

保险公司的职能分为基本职能和高级职能。保险公司的基本职能是建立责任中心，进行公司负债类业务管理，这一职能同传统管理会计职能基本一致。然而，传统的管理会计存在大量短期行为。如固定成本与变动成本的划分建立在相关范围前提下，本量利分析中假设销售数量与销售收入间存在线性关系等。同时，传统的管理会计忽视人力资本的投入与积累，将人工成本作为当期费用，未能反映出人力资源的增值价值，这是很不完整的。显然，传统的管理会计在知识经济时代已经落后，必须进行系统再造，突破传统的单纯靠内部货币计量来获取信息的局限，建立能同时处理内、外信息的管理会计系统，从而既能处理财务信息与非财务信息，又能处理定性信息与定量信息，从中发现具有竞争优势的关键因素。战略管理会计还应该广泛采用"相对成本动态分析""顾客盈利性动态分析""产品的生命周期分析"等方法，并借助保险公司精算师的力量，将精算技术运用到管理会计之中。

产业分析是保险公司战略管理会计的主导方面。迈克尔·波特认为，一个产业内部的竞争来自潜在的进入者、替代品的威胁、买方还价能力、卖方还价能力、现有竞争对手五种力量，它们决定了产业结构、产业竞争强度，最终决定了企业的利润潜力。而企业的这种利润潜力是以长期投资回报来衡量的，它们随着五种合力的变化而变化。就保险业而言，竞争对手是指提供相同保险产品的其他保险公司，潜在的进入者是准备进入保险业进行混业经营的其他公司，供方是指保险公司要素的供给方，买方是指保险公司的客户，替代方是指提供保险服务的非保险公司，如汽车公司提供的汽车保险、跨国集团公司提供的内部自保业务等。

随着市场经济的发展，保险业竞争越来越激烈，要求保险公司战略管理会计善于综合分析各种非财务信息，分清质量、货物发送、市场地位、人力资源等方面与竞争对手的差异。通过对价值链避险需求的分析，找到薄弱环节，找到改善管理的着力点，从而保证公司竞争战略得以实施。

实现资产与负债相匹配是管理会计的重要职能，它要求对资产负债表中的资产与负债项目进行统筹管理，借鉴现代金融理论与风险管理理论，结合保险业务的实际，运用一系列金融衍生工具来实现资产与负债的平衡。例如，公司的巨灾业务风险过大，可以发行巨灾债券规避负债项目的风险，不过发行时间与规模需要进行精确计算。保险公司战略管理会计服务于战略目标，既能对现有业务进行监控，又能对竞争对手的战略、成本、利润等方面进行跟踪，通过比较竞争对手与本公司的优势与劣势，明确公本模型进行分析，充分发挥战略管理会计的职能作用。

四、战略管理会计方法在保险公司的应用

(一)SWOT 分析法的应用

SWOT 分析法对企业的优势与劣势、机会与威胁进行分析。对于保险公司来说,优势和劣势分析是针对其内在环境的分析,机会与威胁分析是针对公司外在环境而进行的分析。

运用 SWOT 分析法对保险公司进行战略分析时,首先需要调查研究公司所处的各种环境因素。内部环境因素包括管理、组织、经营、财务、销售、人力资源等,外部环境因素包括经济、政治、人口、产品和服务、技术、竞争、市场等。保险公司在调查分析这些内外部环境因素时,既要考虑到公司的历史,还要考虑到现状和未来发展。完成这个过程后,保险公司可以先将与发展有直接或久远影响的因素排列出来,再将间接与次要影响因素排列在后面,确认公司的能力和限制后,进行战略分析。

(二)企业价值链分析法的应用

企业价值链分析法,是企业对内部、对手、行业价值链上下游的分析。利用价值链管理成本的可能性,寻求降低企业成本的方法。

保险公司在公司内部价值链中,通过尽力消除价值链体系中的"无价值的作业",对可能产生"有价值的作业"环节尽可能提高运作效率,减少资源消耗来最大限度地优化保险公司内部"价值链",这使公司在开源节流方面取得了强于对手的优势。对于保险公司,引入价值链分析法,可以发现其竞争优势的源泉。保险公司通过对价值链中的各个资本、经营要素的分析和与竞争者对比,发现"有价值的作业",为了有效利用资源,甚至可以采用"外包"的形式主动放弃某些功能,如呼叫业务等,确保核心竞争活力的不断提升。

(三)成本动因分析法的应用

要找到成本变动的原因,就需要对成本动因进行分析,多个成本动因的结合可以决定既定管理活动的成本。准确识别和分析战略成本动因是帮助认识保险公司成本地位及变化的有效方法,为加强成本管理提供有效途径。保险公司的成本主要有营业成本和风险成本。营业成本是保险公司日常经营活动中产生的营业费用,风险成本是保险公司用于承担损失的成本、再保险成本等。与其他行业不同,风险成本不仅包括实际发生的赔付损失,还依赖各种保险责任准备金的计提。保险公司精算人员根据风险发生的频率及损失程度计提保险责任准备金,这导致风险成本具有很大的不确定性,管理难度比较高。

保险公司成本动因分析包括战略性成本动因分析和执行性成本动因分析。业务规模、险种结构、风险偏好、承保技术及人力资本是成本动因分析的分析要素构成。业务规模是一个重要的结构性成本动因,企业规模的扩张速度将引起结构成本变动,从而影响企业效益。不同的险种结构对应不同的赔付率和赔付趋势,影响成本的高低。风险偏好对应的风险成本是成本分析的关键环节。识别成本动因是搞清成本形成和变化的主要方法,同时为

改善保险公司价值活动和强化运营成本控制提供有效途径。由于每家保险公司的运营特点和自身条件不同，在运用成本动因法分析时，除了分析一般动因之外，还需要结合保险公司自身实际情况，重点分析对保险公司影响重大的成本动因因素。

（四）平衡计分卡的应用

保险公司平衡计分卡围绕公司战略展开，从财务、客户、内部运营和公司成长与发展四个维度确保公司战略目标切实有效地执行。实现平衡计分卡要求保险公司在制定企业的战略发展指标时，综合考虑企业发展过程中的财务指标和一系列非财务指标的平衡。

在平衡计分卡四个维度的框架中，最终目标是财务维度，关键是顾客维度，企业内部流程作为基础，企业学习与成长是构成四个维度的核心。

①财务方面，主要是对企业战略实施和执行是否为最终经营结果做贡献的一系列财务测评指标。常见的指标包括应收保费率、综合成本率、保费完成率、保费收入增长率、净资产收益率等。②客户方面，主要是确定在既定的客户群体与市场份额中，计量出营业单位的业绩状况。平衡计分卡的客户方面衡量包括客户满意度、顾客投诉率、新客户增长率、退保率、客户收益等。③内部流程方面，主要是对一些对客户满意度影响较大的企业流程、决策的关注和分析，如内部运营效率、成本降低、质量和服务水平的提高、生产流程优化和周期缩短、新产品开发速度等因素。④学习与成长方面，主要是强调员工的能力，包括员工满意程度、核心员工流失率、员工的生产率等指标。

参考文献

[1] 陆志龙.企业管理会计信息化建设中的问题与对策 [J].理财，2022(12)：47-49.

[2] 王一涵.基于供应链管理的管理会计创新研究 [J].投资与创业，2022，33(22)：59-63.

[3] 余彤.浅论数字经济背景下企业管理会计创新 [J].中小企业管理与科技，2022(22)：138-140.

[4] 刘璐.财务共享视角下国有企业管理会计体系构建的思考 [J].财经界，2022(33)：84-86.

[5] 严静.大数据时代企业管理会计实践研究 [J].中国管理信息化，2022，25(22)：89-91.

[6] 朱志斌.数字化转型下中国管理会计创新与应用研究 [J].财会学习，2022(32)：4-6.

[7] 牛威力.新业态形势下国有企业管理会计创新的探讨 [J].老字号品牌营销，2022(21)：132-134.

[8] 彭文平.财务共享环境下企业管理会计信息化研究 [J].商场现代化，2022(20)：119-122.

[9] 牛永妍.企业经济管理创新与战略管理会计研究 [J].科技经济市场，2022(10)：74-76.

[10] 张艳杰.论管理会计与公司治理内在化 [J].营销界，2022(19)：149-151.

[11] 杨伟才.石油企业管理会计创新发展探析 [J].财经界，2022(29)：141-143.

[12] 张玲，马向阳."一带一路"背景下企业管理会计创新研究 [J].财务管理研究，2022(9)：88-93.

[13] 戴旭东.大数据背景下企业财务会计向管理会计转型策略研究 [J].全国流通经济，2022(23)：148-151.

[14] 苏海燕.论大数据时代的管理会计创新 [J].财会学习，2022(23)：72-74.

[15] 马玲."一带一路"背景下物流企业管理会计研究 [J].商讯，2022(19)：45-48.

[16] 黄小娟.基于价值创造的企业管理会计体系创建分析 [J].财会学习，2022(22)：82-84.

[17] 马芳.财务会计向管理会计转型探究 [J].质量与市场，2022(14)：145-147.

[18] 汤乐雯.数字化转型下 A 企业智能化管理会计平台评估与优化研究 [D].重庆：重庆理工大学，2022.

[19] 曹晓昱. 不同商业模式下管理会计工具综合应用与企业创新绩效研究 [D]. 大连：东北财经大学，2021.

[20] 高稚窈. 环境不确定性、管理会计应用与企业价值创造 [D]. 南京：南京审计大学，2021.

[21] 钟文静. 基于业财融合的企业管理会计信息系统构建研究 [D]. 绵阳：西南科技大学，2019.

[22] 刘忠全. 技术创新对企业成本管理创新的影响机制研究 [D]. 武汉：中南财经政法大学，2019.